书山有路勤为径，优质资源伴你行
注册世纪波学院会员，享精品图书增值服务

轻松通关PMP考试
模拟题及解析
（第2版）

邱平华 卓晓磊 徐 炜 严 佳 编著

电子工业出版社
Publishing House of Electronics Industry
北京·BEIJING

图书在版编目（CIP）数据

轻松通关 PMP 考试：模拟题及解析 / 邱平华等编著. —2 版. —北京：电子工业出版社，2022.5
ISBN 978-7-121-43172-2

Ⅰ. ①轻…　Ⅱ. ①邱…　Ⅲ. ①项目管理－资格考试－题解　Ⅳ. ①F224.5-44

中国版本图书馆 CIP 数据核字（2022）第 047163 号

责任编辑：刘淑丽
印　　刷：三河市良远印务有限公司
装　　订：三河市良远印务有限公司
出版发行：电子工业出版社
　　　　　北京市海淀区万寿路 173 信箱　邮编：100036
开　　本：787×1092　1/16　印张：15.5　字数：339 千字
版　　次：2018 年 8 月第 1 版
　　　　　2022 年 5 月第 2 版
印　　次：2022 年 5 月第 1 次印刷
定　　价：68.00 元

　　凡所购买电子工业出版社图书有缺损问题，请向购买书店调换。若书店售缺，请与本社发行部联系，联系及邮购电话：（010）88254888，88258888。

　　质量投诉请发邮件至 zlts@phei.com.cn，盗版侵权举报请发邮件至 dbqq@phei.com.cn。

　　本书咨询联系方式：（010）88254199，sjb@phei.com.cn。

前　言

中国目前是除美国外拥有 PMP 持证人数最多的国家。项目管理引入中国 20 多年来，在中华大地得到了蓬勃发展。其增长速度就如同我国经济的发展速度，在全世界绝无仅有！

《国家中长期人才发展规划纲要》强调："我国要培养一批在战略规划、资本运作、科学管理及项目管理等领域的专门人才，以满足中国企业发展的需要。"由此可见，项目管理在中国发展了 20 多年，已经开始在中华大地上纵深普及。

项目管理这门学科已不再是仅仅面向项目经理专业人士，而是面向社会大众进行深入普及和宣传。因此，目前阶段正需要进一步的项目管理普及书籍，帮助每个人成功获取 PMP 认证，以期更好地提升日常工作和生活的效率和效益。

本人从事项目管理和 PMP 培训工作已经十几年，《轻松通关 PMP 考试——模拟题及解析》一书出版后，深受广大 PMP 考生的喜爱，也成为很多项目管理培训机构的 PMP 备考的必备读物。在国内外，我们已经帮助 10 万多名学员拿到了 PMP 认证证书。

为了结合 PMP 考试新考纲的要求，慧谷教研团队撰写了《轻松通关 PMP 考试——模拟题及解析》（第 2 版）。此版本对 PMP 考试新考纲的各个知识点进行了梳理，也增加了多选题和敏捷项目管理的题型，以帮助更多的人理解项目管理思维，并顺利通过考试。作为项目管理的推广者和从业者，帮助每名想在项目管理上有所发展的学员掌握全面的项目管理知识和正确的项目管理思维，是我们一直追求的目标。

在多年的 PMP 培训过程中，我们发现，许多学员对项目管理知识的学习充满了热情和渴望，但在如何正确理解项目管理知识体系，以及运用正确的项目管理思维去处理和解决问题方面，还存在很多误区。有的时候，越是工作经验丰富的项目经理，表现得越明显。这也导致他们在 PMP®考试中，无法取得好的成绩。

中国地区的 PMP 考生，在 2021 年之后的 PMP 认证考试，采用了新考纲，试题由 200 道题调整为 180 道题，考试题型由单选题调整为单选和多选两种题型，试题中加入了大量的敏捷或混合型项目管理的元素。而相应的考试时间由 240 分钟调整为 230 分钟，考试计分从原先的项目管理五大过程组（启动、规划、执行、监控、收尾）调整为人（42%）、过程（50%）、商业环境（8%）。

- 人（42%）——强调跟高效领导团队相关的技能和项目工作；
- 过程（50%）——强化管理项目的技术领域；
- 商业环境（8%）——突出项目和组织战略之间的联系。

本书之所以命名为《轻松通关 PMP 考试——模拟题及解析》（第 2 版），主要是因为我们结合十几年的教学经验，并汇总 PMP®考试中的考点和难点，将《PMBOK®指南》的五大过程组、十大知识领域、49 个子过程的内容，通过模拟题的形式展现给广大考生，帮助大家厘清学习思路，巩固对项目管理知识的了解，从而提高做题的准确率。

目 录

第1章

项目管理标准和基础

1.1 | 重点考点解析

▶"项目管理引论"考点

1. 项目是为创造独特的产品、服务或成果而进行的临时性工作,由项目驱动变更并创造商业价值。

2. 项目经理的道德与专业行为规范包含期许标准和强制标准,而价值观则包括责任、尊重、公正与诚信。

3. 项目集关注相互关联且被协调管理的项目,以便获得分别管理所无法获得的利益。

4. 项目组合是为了实现战略目标,管理同时进行的多个项目集和项目(并不一定具备关联关系)。

5. 运营是生产重复性结果的持续性工作,保证业务运作持续高效地将输入转变成输出。

6. 在项目早期,相关方影响力、风险与不确定性最大,变更的代价较小。随着项目开展,相关方影响力、风险与不确定性逐步减小,而变更的代价逐步增大。

7. 预测型生命周期又称瀑布型生命周期,适合充分了解拟交付产品、有厚实行业实践基础,或者一次性交付有利于相关方的项目环境,强调在项目早期进行详细规划。

8. 迭代型生命周期通过一系列重复的循环活动来开发产品,项目范围通常于项目生命周期的早期确定,并通过多次交付降低项目的复杂度。其时间及成本估算将随着项目团队对产品理解的不断深入而定期修改。

9. 增量型生命周期是通过在预定的时间区间内渐进增加产品功能的一系列迭代来产出可交付成果，直到最后一次迭代完成，才会交付最终的可交付成果。

10. 适应型生命周期又称变更驱动方法或敏捷方法，通过快速迭代和需求排序进行产品开发，适合应对快速变化的环境，或者需求和范围难以事先确定时使用，强调"持续且适应式规划"。敏捷方法强调四项价值宣言：

- 个体和互动高于流程和工具。
- 可以工作的软件高于详尽的文档。
- 客户合作高于合同谈判。
- 响应变化高于遵循计划。

11. Scrum 是目前使用较多的一种敏捷方法，通过 2～4 周的短迭代（也称冲刺），以小批量频繁交付的方式，帮助客户实现商业价值。Scrum 项目团队包括三个角色，分别为 Product Owner（产品负责人）、Scrum Master（敏捷教练）和开发团队。其中开发团队由 5～9 名具备复合技能或跨职能的专家组成，他们以集中办公的方式在一起工作。当项目规模较大时，由多个 Scrum 团队互相配合完成一个产品，这种模式称为 Scrum of Scrums。

12. 项目的生命周期由阶段组成，项目管理团队需要确定在各个阶段执行的一个或多个过程。一个阶段可能只包括一个过程组，也可能同时包括启动、规划、执行、监控、收尾五大过程组。

13. 工作绩效数据是原始的观察结果和测量值，工作绩效数据与基准或标准对比分析后产生工作绩效信息，工作绩效报告最终汇总绩效信息并将其正式发布。

14. 项目的成功标准除了确保范围、进度、成本和质量的目标实现，还包括项目效益管理计划和商业论证中的财务测量指标的完成，以及达到组织的战略方向和目标。

15. 商业论证是文档化的经济可行性研究报告，列出了项目启动的目标和理由，用于辅助项目启动、继续或终止的决策。其中包括业务需要、形势分析、推荐和评估，以及商定的财务测量指标（如 NPV、IRR、BCR、ROI 及回收期等）。

16. 项目效益管理计划描述了项目实现效益的方式和时间，以及应制定的效益衡量机制。效益的关键要素，包括目标效益、战略一致性、实现效益的时限、效益责任人、测量指标、假设、风险等。

17. 启动过程组定义和授权开始项目，目的是协调相关方期望与项目目的，在项目章程获得批准后，项目得以正式立项。

18. 规划过程组是明确项目目标，并为实现目标而制订行动方案的过程，输出的项目管理计划确定了项目执行、监控和收尾方式，并包含项目的范围、进度、成本等方面的基准，项目管理计划需要在项目收尾前通过不断更新来渐进明细。

19. 项目管理计划完成后，需要召开项目开工会议对项目管理计划进行沟通、审查和批准，并在会议上传达项目目标、获得团队对项目的承诺，以及阐明每个相关方的角色和职责。项目开工会议代表着规划阶段结束和执行阶段开始。

20．执行过程组旨在完成项目管理计划中确定的工作，通过协调资源，管理相关方参与来整合实施项目。

21．监控过程组包含跟踪、审查和调整项目进展与绩效，识别必要的变更并启动相应变更的一组过程。

22．收尾过程组是为完结项目活动，以正式结束项目、阶段或合同而实施的一组过程。只有经过收尾过程直到资源遣散，项目才能正式完成。

▶ "项目运行环境"考点

1．组织过程资产是用于执行和治理项目的正式和非正式计划、流程、政策、程序及知识库，还包括经验教训和历史信息。

2．事业环境因素是项目团队不能控制，但会对项目产生影响、限制或作用的内外部条件，它可能提高或限制管理的灵活性，也可能产生积极或消极的影响。常见的事业环境因素包括市场条件、商业数据库、信息技术软件、组织文化、基础设施、政治环境和资源可用性等。

3．组织系统由治理框架、管理要素和组织结构类型组成。其中治理框架决定了企业的政策、规则和程序，管理要素决定了组织内部的职能分配和一般管理原则，组织结构类型则决定了企业的组织架构。

4．职能型组织有利于员工的职业发展和部门内沟通协调，但项目经理几乎没有权限，跨部门的工作协调困难。职能型组织可分为集中式组织（按职能分工划分部门）和多部门式组织（按产品线划分部门）。

5．项目型组织由独立的项目团队构成，有专属的项目经理和项目成员，项目经理权力充分，但资源使用效率低，员工在项目结束后缺乏归属感。

6．矩阵型组织兼有职能型组织和项目型组织的特点，有利于资源的合理化利用，但由于职能工作和项目工作的冲突，容易出现多头领导的情况，从而引发矛盾和冲突。根据职能经理与项目经理权力的强弱对比，矩阵型组织又分为弱矩阵、平衡矩阵和强矩阵结构组织。

7．项目管理办公室（Project Management Office，PMO）的职责和具体形式由所在组织的需求来决定，主要职能包括管理共享资源、识别最佳实践和标准、指导与培训、监督与协调，以及政策、程序和模板的制定。根据对项目的控制和影响程度不同，PMO 可分为支持型 PMO（担当顾问）、控制型 PMO（提供支持并要求服从）和指令型 PMO（直接管理和控制）。

▶ "项目经理的角色"考点

1. 项目经理是由执行组织委派，领导团队实现项目目标的个人，需要为团队的成果负责。

2. 项目经理的影响力体现在不同领域：在项目中带领团队实现项目目标和相关方期望，在组织内部积极和其他项目经理互动，掌握行业最新的实践和知识，对专业知识的学习和传播，以及跨领域知识的传递和整合。

3. 项目经理的能力由技术项目管理、领导力、战略和商务管理这三个关键技能组成。

4. 领导和管理的最终目的是"办好事情"，项目经理可以依据个性、团队和组织环境的不同特点选择领导力风格。

5. 领导力的风格包括放任型、交易型、服务型、变革型、魅力型和交互型。

6. 敏捷项目中的项目领导者（如 Scrum Master）属于服务型，也被称为仆人式领导，他们鼓励合作、积极聆听，愿意为团队提供支持，他们会排除团队工作中遇到的阻碍和干扰，并负责敏捷价值观和原则在团队中得以应用。

7. 领导力的特点是以人为本，关注愿景和创新，运用影响力做正确的事；而管理的特点是以事为本，关注稳定和有序，运用权力正确地做事。

8. 项目的复杂性来自组织的系统行为、人类行为，以及组织或环境中的不确定性。

9. 执行项目整合时，要关注过程层面、认知层面和背景层面发生的整合。

1.2 | 项目管理标准和基础练习（共 50 题，单、多选题）

1. 参阅下图，请问这是什么组织结构的例子？

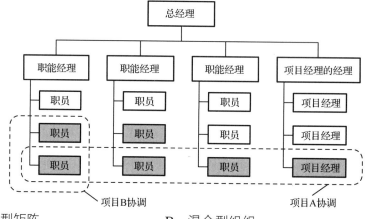

A. 职能型矩阵　　　　　　　　B. 混合型组织

C. 项目型矩阵　　　　　　　　D. 平衡型矩阵

2.　由于公司产品缺陷率太高，公司任命你为项目经理，对生产设备和流程进行改造，以降低缺陷率。项目出自以下哪种启动背景？

A.　符合法律、法规或社会要求

B.　满足相关方的要求或需求

C.　执行、变更业务或技术战略

D.　创造、改进或修复产品、过程或服务

3.　高级管理层识别了一个新仓库管理系统的初步范围和高层次需求。启动该项目必须发生下列哪项？

A.　需要定义外部和内部相关方

B.　项目经理需要批准项目范围说明书

C.　需要批准项目计划

D.　需要最终批准财务预算

4.　公司的一个子公司承接了一个为期一年的集成项目，在第二个月月底，项目状态报告显示项目按计划进展，但公司办公室宣布该子公司将在三个月内出售。项目经理接下来应该怎么做？

A.　与项目发起人和关键相关方沟通，核实项目是否仍然继续

B.　立即中止项目，等待子公司出售的最终结果

C.　立即取消项目，因为子公司将被出售

D.　继续项目，直至子公司的出售最终确定

5.　公司正在启动一个项目。公司的组织结构授予项目经理的职权比职能经理高。这是什么组织结构类型的实例？

A.　强矩阵型组织　　　　　　　　B.　职能型组织

C.　弱矩阵型组织　　　　　　　　D.　项目型组织

6.　你正在负责一个软件系统项目的实施，该项目的需求复杂且不稳定，但客户希望多个可交付成果可以更快地进入市场，这适用于哪种开发生命周期方法？

A.　适应型　　　B.　增量型　　　C.　迭代型　　　D.　预测型

7.　首席信息官告知项目经理，项目使用公共文件共享网站的行为违反了公司的安全要求。项目经理应在下列哪份文件中找到这项要求？

A.　项目安全计划　　　　　　　　B.　事业环境因素

C.　组织过程资产　　　　　　　　D.　项目管理信息系统

8.　为制订项目管理计划，项目经理与相关方合作，并获得必要批准。审查计划之后，

项目团队对项目目标以及对他们的期望感到困惑。若要避免这种情况，项目经理应该做什么？

    A. 制定更为详细的角色和职责   B. 召开项目开工会议

    C. 制订沟通管理计划   D. 提供一份项目章程

9. 项目管理委员会将要从提交的一份清单中选择项目。应该使用下列哪项选择标准？

    A. 战略一致性、目标效益和测量指标

    B. 根据首席执行官的决定排列项目的优先级顺序

    C. 启动具有最佳计划文件的项目

    D. 解决主要相关方的需求

10. 企业有多个不同层面的项目需要执行，而且这些项目需要不同技术知识，以下哪种组织类型最有效？

    A. 弱矩阵型   B. 项目型

    C. 平衡矩阵型   D. 混合型

11. 组织要求项目的回报率至少为 10%。现有如下项目：

项　　目	收　　益	成　　本
项目 A	145 000 美元	125 000 美元
项目 B	120 000 美元	105 000 美元
项目 C	118 000 美元	104 000 美元
项目 D	108 000 美元	102 000 美元

若要获得最大的回报率，应该选择下列哪个项目？

    A. 项目 A   B. 项目 B   C. 项目 C   D. 项目 D

12. 控制型 PMO 会采取各种手段保证项目服从其项目管理要求，以下哪两项是项目需要服从的内容？（选出 2 个答案）

    A. 服从培训   B. 采用项目管理框架或方法论

    C. 提供经验教训   D. 使用特定的模板、格式和工具

    E. 服从 PMO 直接管理

13. 项目正在进行过程中，客户向项目经理提出一系列新的需求。项目经理答应制作下个月的迭代计划时把这部分需求添入需求清单，并根据需求优先级进行开发。项目经理在使用什么开发模式？

    A. 预测型生命周期   B. 适应型生命周期

    C. 迭代型生命周期   D. 增量型生命周期

14. 项目经理和职能经理对一个项目的项目资源分配意见不一致，而职能经理负责监管团队成员的任务。这定义了哪种组织结构类型？

　　A. 项目型　　　　B. 弱矩阵型　　　C. 强矩阵型　　　D. 虚拟型

15. 项目经理被分配管理一个项目范围已经定义的项目。但项目经理难以快速对时间和成本做出估算。下列哪个项目生命周期模型可以协助项目经理通过定期修改时间和成本的估算，为相关方提供最大价值？

　　A. 迭代型生命周期　　　　　　　　B. 适应型生命周期

　　C. 预测型生命周期　　　　　　　　D. 增量型生命周期

16. 在一个弱矩阵型组织中，职能经理作为项目团队成员和项目经理产生了共事困难的情况。该团队成员负责的项目任务没有按照进度计划完成。项目经理就这个问题已经不止一次与该团队成员讨论过，但仍无任何改进。项目经理接下来应该怎么做？

　　A. 将问题上报给人力资源部门解决

　　B. 与项目发起人沟通这个问题，并请求支持

　　C. 安排一次团队会议，讨论目前状态和决定处理方案

　　D. 更新风险登记册和问题日志

17. 项目经理完成一个新产品开发项目的规划过程，在继续进入执行过程组之前需要完成的最后一个重要里程碑是什么？

　　A. 最终确定项目章程

　　B. 接收执行项目的项目资金

　　C. 获得项目发起人和相关方的支持和批准

　　D. 执行相关方管理策略

18. 项目经理要求团队成员审查项目状态，团队成员开始收集和分析测量结果，以及预测趋势。项目经理正处于下列哪个过程？

　　A. 指导和管理项目工作　　　　　B. 监控项目工作

　　C. 执行整体变更控制　　　　　　D. 管理项目知识

19. 项目经理意识到相关方缺乏对项目以及总体期望的了解。在规划阶段，项目经理应采取什么措施？

　　A. 获得职能经理对资源分配的批准

　　B. 制订并公开项目进度计划

　　C. 与人力资源总监一起制订资源管理计划

　　D. 在项目开工会议上沟通项目管理计划

20. 项目经理与销售经理一起合作答复建议邀请书，客户对一个仍处于开发阶段的新产品功能感兴趣。销售经理要求项目经理在答复中包含可提供该功能的内容。项目经理应该怎么做？

A. 按照销售经理的建议答复　　　　　B. 将该问题上报给项目发起人

C. 通知客户无法提供该产品功能　　　D. 拒绝答复该建议邀请书

21. 项目经理与项目发起人针对一个新的多阶段复杂项目，共同制定项目章程。项目经理应该从哪个过程组开始审查经验教训文件？

A. 规划过程组　　　　　　　　　　　B. 执行过程组

C. 收尾过程组　　　　　　　　　　　D. 启动过程组

22. 项目经理之前受雇于一个职能型组织 A 公司。目前，该项目经理就职于一个强矩阵组织 B 公司。项目经理在 B 公司比在 A 公司增加的新职责是什么？

A. 项目组合管理和战略开发　　　　　B. 责任保持不变

C. 预算和资源管控　　　　　　　　　D. 人员雇用和提拔

23. 项目团队分散在多个国家。当安排团队会议时，应该考虑下列哪个方面？

A. 认可文化多样性　　　　　　　　　B. 理解语言差异

C. 认可时区差异　　　　　　　　　　D. 理解国家特定习俗

24. 项目已经完成约 60%，而且和进度计划保持一致。负责实施和测试活动的有 9 位成员。项目经理在事后接到通知，一位职能经理从项目上抽调了 2 名成员。为此，部分项目进度落后。发生这种情况的原因是什么？

A. 工作范围发生了变更　　　　　　　B. 弱矩阵型组织结构

C. 未识别的风险　　　　　　　　　　D. 由于补偿问题引起的士气低下

25. 项目章程已被批准，在接洽相关方时，项目经理发现项目章程包含不完整的信息。谁应该负责为项目经理澄清详细情况？

A. 项目章程制定者　　　　　　　　　B. 项目集经理

C. 项目启动者或发起人　　　　　　　D. PMO

26. 一个互联网应用的大型敏捷项目已经启动。多个团队正在参与多个新功能的实施。项目经理为确保不同功能的创建并协作，正面临严峻的挑战。若要解决这种情况，项目经理应该做什么？

A. 将工作划分为多个阶段　　　　　　B. 执行充分的总体规划并进行分配

C. 通过多个团队并行协作进行交付　　D. 将团队集中进行开发、集成和测试

27. 公司任命了一位 PMO 经理。公司声称虽然项目按时、按预算交付了，但是结果不满足公司的业务需求，并且与战略计划不一致。PMO 经理应提议下列哪项来纠正这种情况？

    A. 识别没满足期望的风险，并在下次项目周例会上提交

    B. 持续执行质量审计，确保项目结果满足期望

    C. 审查沟通管理过程，确保高效的绩效报告

    D. 审查组织项目章程的输入，确保考虑到项目效益管理计划和商业论证

28. 一个全球性项目的项目团队分布在多个地点，他们对项目管理计划并不清楚，包括里程碑和项目期望。在开展项目期间，项目经理意识到这是个错误，且所有信息应该与所有项目团队分享。项目经理应在何时与项目团队共享信息以避免出现这个问题？

    A. 在项目团队发展期间　　　　　　B. 在项目启动阶段

    C. 在每次状态审查会上　　　　　　D. 在项目开工会议上

29. 项目即将进入新的阶段，发起人、高级经理和项目经理在讨论项目工作的完成情况。其中部分高级经理对当前的工作并不满意，指出有些可交付成果并没有完全达到要求，但是发起人认为这些问题并不影响后续工作的完成。项目经理应该如何处理？

    A. 由于不影响后续工作的完成，项目进入下一阶段

    B. 可交付成果没有完全达到要求，项目停留在当前阶段

    C. 引导发起人和高级经理达成一致意见

    D. 查看项目文件中关于生命周期的定义

30. 某城市的公路立交桥在一次交通事故后发生了倾斜，市政部门紧急发起一个公路立交桥修复的项目，这属于以下哪两种项目发起的因素？（选出 2 个答案）

    A. 符合法律、法规或社会要求　　　B. 满足相关方的要求或需求

    C. 执行、变更业务或技术战略　　　D. 创造、改进或修复产品、过程或服务

31. 一名新团队成员加入项目。由于新团队成员没有任何经验，项目经理建议他查看公司之前项目的项目文件。这是利用下列哪项的实例？

    A. 基础设施　　　　　　　　　　　B. 项目管理信息系统

    C. 组织过程资产　　　　　　　　　D. 事业环境因素

32. 你被分配到一个正在进行中的项目上担任项目经理，项目进度落后两周。职能经理根据最初的进度计划，准备将团队成员分配到另一个项目上。项目所在的组织类型是什么？

    A. 项目型　　　B. 职能型　　　C. 平衡矩阵型　　　D. 弱矩阵型

33. 由于不可预料的天气原因，一个建设项目遇到了很多进度方面的变更。谁最应该知道这些变更信息？

    A. 相关方   B. 发起人   C. 项目团队   D. 职能经理

34. 项目经理参与一个指导委员会召开的扩大会议。会议上，一位高级管理人员提出，项目团队要能保证每位成员在要求的时间完成指定的工作。这属于以下哪项管理范畴？

    A. 组织结构   B. 项目治理

    C. 管理要素   D. 事业环境因素和组织过程资产

35. 公司的另一个部门发布了一款新的打印机产品，受到市场的广泛欢迎。你的上司通知你，为了完成本年度的业绩，你所属的部门需要在年底前完成进行中的投影产品研发任务。你所在的组织属于下列的哪项？

    A. 职能型   B. 项目型   C. 多部门型   D. 矩阵型

36. 在一个开发项目中，客户供应专业设备协助开发产品。在项目结束时，项目经理将设备归还给客户。下列哪项是该行动的描述？

    A. 产品完工和交付   B. 客户验收

    C. 合同收尾   D. 项目收尾

37. 公司启动一个软件产品的实施项目。作为项目经理，你认识到产品的复杂性，需要对产品的各个模块分别实施，并在最终集成后进行交付，这适用于以下哪种开发生命周期方法？

    A. 增量   B. 预测   C. 敏捷   D. 迭代

38. 在一个弱矩阵型组织中，职能经理、项目发起人和项目经理在项目执行期间讨论如何提高团队成员的专业能力。谁应该负责解决这些需求？

    A. 职能经理   B. 人力资源部门

    C. 项目经理   D. 项目发起人

39. 在一个多部门型组织中，谁负责管理预期将有多个变更的项目成本核算？

    A. 承包商   B. PMO   C. 职能经理   D. 项目经理

40. 项目经理被分配管理一个项目，客户要求十分严格。由于项目不确定因素很多，要求持续改进以及响应客户反馈。项目经理应为该项目采用下列哪种方法？

    A. 增量项目管理方法，因为项目目标不明确

    B. 敏捷项目管理方法，因为其快速且具有迭代性

    C. 传统项目管理方法，因为其简单且直观

    D. 精益六西格玛管理方法，因为其适合项目的约束和限制

41. 作为一名优秀的项目经理，需要掌握多方面的技能，以下哪项不是必需的？

A. 专业技术能力   B. 技术项目管理能力

C. 领导力   D. 商务管理能力

42. 在一个为期六个月的生产线改造项目中，团队成员发现缺乏相关的项目信息，以下哪两项内容可从组织过程资产中获取？（选出 2 个答案）

A. 配置管理知识库   B. 以往的项目档案

C. 设施和资源的地理分布   D. 现有法律法规

E. 政府或行业标准

43. 在一个内部会议上，项目经理要求每个成员月底前完成指定的工作量，并对完不成工作的成员进行相应的惩罚。项目经理属于以下哪种类型？

A. 放任型   B. 交易型   C. 变革型   D. 服务型

44. 项目经理在项目中应该负责整合多个方面，除了以下哪两项？（选出 2 个答案）

A. 认知层面的整合   B. 技术层面的整合

C. 背景层面的整合   D. 过程层面的整合

E. 商业层面的整合

45. 项目的复杂性来自以下哪几个方面？

A. 独特性、不明确性和临时性

B. 独特性、不明确性和系统行为

C. 人类行为、系统行为和不明确性

D. 人类行为、系统行为和组织行为

46. 项目在进行到一个关键阶段时遇到了困难，项目经理急需一名经验丰富的业务专家。经过谈判，项目经理和一家公司签订了合同，从该公司获取了所需人员。项目经理执行的是以下哪类过程？

A. 仅开展一次或者仅在项目预定义点开展的过程

B. 根据需要定期开展的过程

C. 贯穿项目始终执行的过程

D. 持续和重复开展的过程

47. 项目经理和发起人在一个项目的执行阶段，因为团队成员的考核产生了冲突。项目经理认为，该项目需要成员的密切配合，应忽略个人的差异，通过整体项目绩效对整个项目团队来进行考核。而发起人认为，项目成员的考核应该按照公司的制度，对每个成员单独考核。他们的分歧体现在下面哪项中？

    A. 团队和个人的差异　　　　　　B. 项目经理和发起人职责的差异

    C. 领导力和管理的差异　　　　　D. 政治和文化的差异

48. 项目经理的领导力风格有很多种，以下哪项是项目经理需要考虑的因素？

    A. 领导者、团队成员、组织和环境的特点

    B. 领导者、团队成员、政治和文化的特点

    C. 尊重、诚实、责任和公平

    D. 组织、环境、政治和文化

49. 一家化妆品公司为海外市场研发一款新产品，并将该产品投入运营。在此期间管理者需要关注运营的哪些重点方面？（选出 2 个答案）

    A. 独特性　　　　　　　　　　　B. 持续性

    C. 临时性　　　　　　　　　　　D. 渐进明细

    E. 重复性

50. 团队成员向项目经理反映，项目中出现了计划外的问题，没有处理的经验。项目经理了解情况后，决定召开一次头脑风暴会议，和团队成员一起讨论如何采取措施解决面临的问题。项目经理属于以下哪种类型？

    A. 放任型　　　　B. 交易型　　　　C. 变革型　　　　D. 魅力型

1.3 习题解答

1. B

解析：组织结构中出现多种项目参与的方式，既有跨部门的项目 A，也有部门内部的项目 B，因此属于混合型组织。

2. D

解析：对现有生产设备和流程进行改造，属于创造、改进或修复产品、过程或服务的项目启动背景。

3. A

解析：启动过程组包括制定项目章程和识别相关方，在定义初步范围和高层次需求之后，下一步应识别那些将相互作用并影响项目总体结果的内外部相关方。

4. A

解析：项目发起人是为项目提供资源和支持的个人或团体。对于那些超出项目经理控制范围的事项，将向上汇报给项目发起人。因此，由于本题发生了组织结构变化，这属于事业环境因素改变，项目团队不能控制，应和项目发起人进行沟通，获取项目是否继续执行的决定。

5. A

解析：该公司组织结构中包括项目经理和职能经理，属于矩阵型组织。同时，项目经理的职权比职能经理高，因此属于矩阵型组织中的强矩阵结构。

6. A

解析：适应型生命周期也称敏捷或变更驱动型生命周期，适用于快速变化的环境，或者在需求和范围难以事先确定时使用。

7. C

解析：组织过程资产包括制度、流程、政策、模板及任何正式或非正式的文件、资料知识库，也包括经验教训总结。本题的公司安全要求属于组织政策、制度，因此选择组织过程资产。

8. B

解析：项目开工会议是规划阶段的最后一项工作，其作用是传达项目目标，获得团队对项目的承诺，以及阐明每个相关方的角色和职责。

9. A

解析：项目在制定项目章程时应该由商业文件提供决策依据。商业文件包括商业论证和效益管理计划，其中效益管理计划包括目标效益、战略一致性、实现效益的期限、效益责任人、测量指标、假设和风险。

10. D

解析：不同的技术知识涉及多职能部门，而不同层面的项目既要包括覆盖整个组织的项目，也要包括部门内部的项目，因此应选择混合型组织。混合型组织在不同的组织层级上用到职能型、矩阵型和项目型等多种结构。

11. A

解析：回报率=（收益−成本）/成本×100%，A、B、C、D 四个项目的回报率分别为16%、14.3%、13.5%、5.9%，项目 A 的回报率最大且大于 10%。

12. B、D

解析：控制型 PMO 不仅给项目提供支持，而且通过各种手段保证项目服从其项目管理要求，包括：采用项目管理框架或方法论；使用特定的模板、格式和工具；服从治理。A 和 C 属于支持型 PMO，E 则属于指令型 PMO。

13．B

解析：适应型生命周期也被称为敏捷或变更驱动开发。在开发过程中，用户可以随时提出新需求，项目组对提出的需求进行优先级排序，并在每次迭代开始前对需求进行定义和批准。

14．B

解析：本题中存在项目经理和职能经理，组织结构应为矩阵型。同时，职能经理负责监管团队成员的任务，说明职能经理控制项目的资源和预算，因此为弱矩阵型组织结构。

15．A

解析：迭代型生命周期的特点是，项目范围通常在项目生命周期早期确定，但时间和成本估算将随着项目团队对产品理解的不断深入而定期修改。

16．B

解析：弱矩阵型组织保留了职能型组织的大部分特征，其项目经理的角色更像协调员或联络员，不能亲自制定或推行决策。对于那些超出项目经理控制范围的事项，在多次沟通无效后，应向上汇报给项目发起人。

17．C

解析：完成规划过程的输出即项目管理计划。项目管理计划完成后，应召开项目开工会议，以获得项目发起人和相关方的支持和批准，项目管理计划被批准之后成为项目基准。

18．B

解析：监控项目工作是跟踪、审查和报告项目整体进展，以实现项目管理计划中确定的绩效目标的过程，包括收集和分析测量结果，以及预测趋势，以便推动过程改进。

19．D

解析：项目开工会议是规划阶段的最后一项工作，其作用是传达项目目标，获得团队对项目的承诺，以及阐明每个相关方的角色和职责。

20．B

解析：对建议邀请书的答复，说明尚未获得合同和项目章程，目前仍处于项目边界之外。在项目边界之外和项目启动过程中，项目发起人始终领导着项目，直到项目正式批准。

21．D

解析：经验教训文件属于组织过程资产，是制定项目章程的输入，因此在项目的启动过程组就应被制定和审查、引用与参考。

22．C

解析：在职能型组织中项目经理几乎没有权限，资源极少，预算由职能经理控制。而在强矩阵组织中项目经理的职权为中到高，可用资源大大增加，预算由项目经理控制。

23．A

解析：很多项目都存在于文化多样性的环境中，包括地理位置、民族传统或所讲语言。项目管理团队要理解并利用文化差异，创建一个互相信任和共赢的氛围。

24．B

解析：项目经理在事后才接到通知，说明没有足够的职权对资源进行管控或决策，这是弱矩阵型组织结构的特点。弱矩阵型组织保留了职能型组织的大部分特征，其项目经理的角色更像协调员或联络员，职责权力很小。

25．C

解析：项目章程由项目以外的实体启动，如发起人、项目集或 PMO、项目组合治理委员会主席或授权代表，统称项目启动者或发起人。他们应该具有一定的职权，能为项目获取资金并提供资源。

26．C

解析：大型敏捷项目中，使用多个团队并行协作的方式来完成交付，一种常见的方式称为 Scrum of Scrums。

27．D

解析：项目需要符合组织的战略目标并为组织提供效益。商业论证列出了项目启动的目标和理由，项目效益管理计划则描述了项目效益的实现方式、时间，以及效益衡量机制。制定项目章程时应由这两项文件提供决策依据。

28．D

解析：项目管理计划及相关信息不可见，这影响团队的项目实施。项目开工会议在规划阶段结束和执行阶段开始时召开，其作用是传达项目目标，获得团队对项目的承诺，以及阐明每个相关方的角色和职责。

29．D

解析：项目生命周期中定义了项目的阶段。阶段属性包括名称、数量、持续时间、资源需求、项目进入某一阶段的准入标准，以及项目完成某一阶段的退出标准。因此通过查看项目阶段的定义可以了解阶段准入和退出的标准。

30．A、D

解析：市政项目的发起属于符合法律、法规或社会要求，立交桥修复属于创造、改进或修复产品、过程或服务。

31．C

解析：公司之前项目的项目文件属于组织过程资产中的共享知识库。共享知识库是组织用来存取信息的知识库，包括以往项目的项目档案。

32．D

解析：职能经理控制资源，说明其权限高于项目经理，因此为弱矩阵型。

33．A

解析：项目中发生变更，应该与适当的相关方就这些变更及其对项目时间、成本和风险等方面的影响进行沟通。选项 BCD 都是相关方的组成部分。

34．C

解析：运行项目时要考虑组织结构类型、治理框架和管理要素等系统因素。其中管理要素是指组织内部关键职能部门或一般管理原则的组成部分，包括在正确的时间让正确的人用正确的材料做正确的事情。

35．C

解析：多部门型又称事业部型组织，指公司按产品、地区或客户分成若干个事业部，实行单独核算、独立经营，公司总部只保留人事决策、预算控制和监督权，并通过业绩指标对事业部进行控制。

36．D

解析：归还客户供应的专业设备，属于结束项目或阶段的释放项目资源，因此属于项目收尾。收尾时的工作包括移交可交付成果、总结经验教训、完成收尾报告、存档项目文件和释放资源等。

37．A

解析：增量型生命周期通过在预定的时间区间内渐进增加产品功能的一系列迭代来产出可交付成果。只有在最后一次迭代之后，可交付成果具有了必要和足够的能力，才能被视为完整。

38．A

解析：本题中的组织结构为弱矩阵，说明其项目经理的角色更像协调员或联络员，无权亲自制定或推行决策。在弱矩阵型组织中，职能经理负责控制预算和资源，因此提高成员的专业能力属于职能经理的职权范畴。

39．C

解析：在多部门型组织中，职能经理负责控制预算和资源。

40．B

解析：适应型项目管理生命周期又称敏捷项目管理，适用于需要应对快速变化的环境，需求和范围难以事先确定，或者能够以有利于相关方的方式定义较小的增量改进的情况。在敏捷项目管理中，发起人和客户代表应该持续参与项目，在可交付成果的创建过程中提供反馈意见，从而确保反映他们的当前需求。

41．A

解析：项目经理需要具备的能力包括三个关键技能组合，分别是技术项目管理、领导力及战略和商务管理，专业技术能力并不是项目经理必须掌握的技能。

42．A、B

解析：组织过程资产中包含配置管理知识库、财务数据库、历史信息与经验教训知识库、问题与缺陷管理知识库、测量指标数据库和以往的项目档案。只有 A 和 B 符合。其他均为事业环境因素。

43．B

解析：通过绩效和目标考核来进行奖惩的管理风格属于交易型，其关注目标、反馈和成就以确定奖励。

44．B、E

解析：项目经理整合的三个层面为认知层面、背景层面和过程层面。

45．C

解析：项目的复杂性来源于组织的系统行为、人类行为以及组织和环境中的不明确性。

46．B

解析：项目经理正处于实施采购过程中，该过程属于项目中根据需要定期开展的过程类别。常见的场景如在需要资源时执行获取资源，在需要采购之前执行实施采购。

47．C

解析：领导力和管理侧重点不同，其中管理依赖控制、接受现状，关注正确地做事情，而领导力激发信任、挑战现状，关注做正确的事情。

48．A

解析：项目经理领导团队的方式可以分很多种，项目经理可能根据个人偏好或者综合考虑项目有关的多个因素后选择领导力风格。要考虑的因素包括领导者、团队成员、组织和环境的特点。

49．B、E

解析：运营的特点是重复性和持续性，项目的特点是临时性、独特性和渐进明细。

50．C

解析：当项目出现问题的时候，项目经理通过头脑风暴促进创新和制订解决方案，这属于变革型领导的特点。变革型领导通过理想化特质和行为、鼓舞性激励、促进创新，以及个人关怀提高追随者的能力。

第 2 章

项目整合管理

2.1 | 重点考点解析

▶ "制定项目章程" 考点

1. 项目章程最重要的意义在于任命和授权项目经理，明确项目与组织战略之间的直接关系，是项目启动的正式批准文件，记录着主要相关方的初步要求。

2. 项目发起人是项目章程的负责人和资源的提供者，发起人最好尽早指定项目经理，由项目经理参与项目章程的制定，这可以有效地提高项目成功率。

3. 商业文件是项目是否投资、是否继续的"参考文件"，包括业务需要、成本效益分析、项目合理性论证及项目边界等信息。项目发起人通常负责项目商业文件的制定和维护。在敏捷方法中，这一角色则由产品负责人担任，敏捷商业文件中通过产品愿景来体现商业价值，并通过产品路线图将产品愿景与公司的业务目标联系起来。

4. 项目章程由专家通过头脑风暴和引导技术等工具进行编写，其构成主要为"高层次""宏观""总体性"三个层面的内容，是启动过程组的主要产物。

5. 头脑风暴用于团队环境下短时间内获得大量创意，需要引导者引导，由创意产生和创意分析两部分构成。

6. 假设日志记录着整个项目生命周期中的所有假设条件和制约因素，其中高层次的应纳入项目章程，低层次的活动和任务假设条件则随项目活动开展而产生。

▶ "制订项目管理计划" 考点

1. 项目管理计划是规划过程组的产物。制订项目管理计划包括定义、准备和协调项目计划的所有组成部分，并将其整合为一份综合项目管理计划，用于确定所有项目工作的基础及其执行方式。

2. 项目管理计划是项目经理实施管理的主要工具，确定了项目执行、监控和收尾的工作内容，其内容应基准化，并采取渐进明细的方式不断更新。

3. 项目管理计划由 10 个子计划和 3 个基准构成，还包括变更管理计划、配置管理计划、绩效测量基准、项目生命周期描述、开发方法和管理审查，总计 18 个组件。

4. 除项目管理计划以外的文件记录，都属于项目文件，将根据管理项目的需要而编制，以实现高效管理。

5. 项目开工会议通常意味着规划阶段结束和执行阶段开始，目的在于获得主要相关方群体对项目管理计划的正式认可，传达项目目标，获得团队对项目的承诺，并沟通每个相关方的角色和职责。

6. 敏捷方法在每个迭代中都会定期举办下列会议来推进项目，包括：

- 迭代规划会议，在迭代第一天召开，对本次迭代的工作内容和验收标准做出详细规划。

- 每日站会，每天定时召开，讨论当天的工作安排和进展情况。

- 迭代评审会议，在迭代最后一天上午召开，团队对完成的功能进行演示，以获取产品负责人、客户代表及其他相关方的反馈，确保产品能够符合业务要求。

- 迭代回顾会议，在迭代最后一天下午召开，团队讨论迭代中的问题和不足，总结经验教训，以对未来的工作形成改进意见。

▶ "指导与管理项目工作" 考点

1. 指导与管理项目工作是为实现项目目标而领导和执行项目管理计划中所确定的工作，并实施已批准变更的过程。

2. 变更请求包括预防措施（针对风险的处理，确保未来绩效符合计划）、纠正措施（使当前绩效与计划重新一致）、缺陷补救（针对质量缺陷，修正不一致的产品或组件）和更新（针对相关方要求、变更文件或计划，反映修改和增加的内容）。

3. 项目管理信息系统是项目中使用的计算机辅助管理工具，如进度计划软件工具、工作授权系统、配置管理系统、信息收集与发布系统，以及进入其他自动化系统的界面等。

4. 工作授权系统的主要功能是防止"镀金"。"镀金"是指项目团队在工作范围之外，主动增加的客户未要求的工作，会造成顾客对项目产生不合理的期望值，并产生不必要的费用支出和风险。

5. 可交付成果在指导和管理项目工作过程中产生，经过控制质量过程输出核实的可交付成果，经过确认范围过程输出验收的可交付成果，最终经过结束项目或阶段过程输出移交的可交付成果。

6. 问题日志是记录和跟进所有问题的项目文件，帮助项目经理有效管理问题，确保它们得到调查和解决。

▶ "管理项目知识"考点

1. 管理项目知识旨在采取知识分享和知识集成活动，管理显性知识和隐性知识，以重复使用现有知识并生成新知识。

2. 知识管理的最重要环节在于营造相互信任的氛围，激励人们分享与关注他人的知识。

3. 隐性知识的管理与分享可以通过面对面的方式建立信任，并用虚拟互动的方式维护信任关系。

4. 显性知识的管理与分享可以通过创建人与知识的联系，并用互动和信息管理工具来维护信息的传递。

5. 经验教训登记册应尽早创建，记录项目遇到的挑战、问题及意识到的风险与机会等内容，并在项目或阶段结束时归入经验教训知识库。

▶ "监控项目工作"考点

1. 监控项目工作跟踪、审查和调查项目进展，以实现计划中确定的绩效目标，其输出包括汇总的整体绩效报告和针对绩效所要采取的行动。

2. 监控贯穿项目管理全过程，包括收集和分析测量结果，以及预测趋势，以便推动过程改进。

3. 监控过程中使用的数据分析工具包括备选方案分析、成本效益分析、挣值分析、根本原因分析、趋势与偏差分析等，而决策方式则包括一致同意、大多数同意和相对多数同意。

4. 本过程的一项主要输出是将各子领域的绩效信息汇总成项目绩效报告，全面评价项目状态并以此作为制定决策和采取行动的依据，示例包括状态报告和进展报告等。

▶ "实施整体变更控制"考点

1. 实施整体变更控制是审查所有变更请求，批准变更，管理对可交付成果、项目文件和项目管理计划的变更，并对变更处理结果进行沟通的过程。

2．任何相关方都可以提出变更请求，但只有正式的书面变更才会被接纳并处理。

3．项目通过配置控制来关注可交付成果的功能特征和物理特征，并控制、记录和报告每项变更及其实施状态。配置活动包括识别配置项、记录并报告配置项状态和配置项核实与审计。

4．变更控制委员会负责对所有变更进行审查、评价、批准、推迟或否决。

5．变更请求在正式登记提交变更控制委员会审批前，项目经理应与变更提出人进行充分沟通，并评估变更的影响，然后对变更进行书面登记、审批，接下来登记变更日志、更新项目管理计划和项目文件，并根据更新的项目计划执行变更，跟踪变更的实施。

6．无论变更是否获得批准，都应在变更日志中记录，并纳入组织过程资产。

7．敏捷方法中的变更无须通过正式的整体变更控制程序，而是通过产品待办事项的不断更新和维护完成的。产品待办事项由产品负责人掌管，并根据业务价值对产品待办事项的优先级进行排序。

▶ "结束项目或阶段" 考点

1．结束项目或阶段的主要工作包括确认项目工作已完成、确认项目采购合同已关闭、移交可交付成果、交付最终收尾报告、进行满意度调查、总结经验教训、存档项目文件、释放团队资源。

2．为关闭合同，通常需要查阅协议、采购文档和采购管理计划，对绩效信息、合同变更文档、支付记录和检查结果等信息进行归类收录。

3．结束项目或阶段时需要举行必要的会议，包括收尾报告会、客户总结会、经验教训会及庆功会等。

4．项目若在中途终止，也必须进行项目收尾，并将终止原因记入组织过程资产。

5．可在本过程更新所有项目文件，并标记为最终版本。其中值得注意的是，包含收尾最终信息的经验教训登记册和总结项目绩效的最终报告。

2.2 ｜ 项目整合管理练习（共 50 题，单、多选题）

1．负责商业交易的高级经理识别到控制交易风险的某个系统需求。高级经理起草了发放项目资金所需的商业文件，要求项目经理立即开始项目。项目经理首先应该怎么做？

（选出 2 个答案）

    A．识别相关方   B．收集需求

    C．定义项目范围   D．编写项目管理计划

    E．制定项目章程

2．一个新组建的团队正在执行一个敏捷项目，项目领导者和团队讨论了项目任务并分配给每一位成员，当团队成员完成了所分配的工作后，发起人认为团队未能实现业务目标。项目经理本应采取什么措施来避免发生这种情况？

    A．为新团队成员提供敏捷技能培训

    B．和团队成员一起审视产品愿景和产品路线图

    C．重新召开启动会议，并确保团队成员参加

    D．事先对项目任务进行更详细的定义

3．估算成本为 500 万美元的项目已获批准且资金已到位。如果项目在 500 万美元以内完成，项目经理将根据节省的成本获得 1% 的奖金。在项目完成时，应记录并存档节省的实际成本和支付的奖金金额。该信息应如何供未来项目使用？

    A．作为项目的预算估算方法   B．作为项目经理的奖金计算方法

    C．添加到供应商选择标准中   D．添加到经验教训文档库中

4．经过严格质量控制之后，产品满足标准。运营部门请求添加多个新功能，并认为这些新功能很容易实施。但是，添加这些新功能将使项目进度延迟，并导致成本超支。为了管理运营相关方的期望，并提供进度和成本透明度，项目经理应该怎么做？

    A．参考缺陷控制图，向相关方展示新功能对产品稳定性的影响

    B．遵循整体变更控制流程，评估在产品中添加的新功能

    C．推迟所有新产品功能，直至启动新项目，交付改进产品为止

    D．要求客户接受较低的质量控制标准，让项目可以更快实施新功能

5．客户 A 要实施一个新系统，将实施阶段授予外部供应商 B 来执行，并与供应商 B 签订合同。供应商 B 会将该合同描述为下列哪项？

    A．制定项目章程的输入   B．制定项目章程的输出

    C．制订项目管理计划的输入   D．制订进度计划的输入

6．某个延期项目的客户请求增加功能。该功能可以在不对进度或成本产生重大影响的情况下嵌入。项目经理下一步该怎么做？

    A．接受该提议作为对客户项目延期的补偿

    B．不需进一步咨询，立即拒绝该请求

C. 搁置该功能，作为未来改进功能

D. 创建一份变更请求，并将其提交给变更控制委员会

7. 你将要接管一个被管理层认为失控的项目。但你问管理层问题出在哪里时，他们也说不出具体原因，只是告诉你进度落后、成本超支、客户不满意。那么你应该最关心以下哪项问题？

A. 项目超支、进度落后　　　　　　B. 关于项目的文档不全

C. 客户非常不满意　　　　　　　　D. 管理层的不满

8. 人力资源总监每年都要开展书面形式的员工绩效审查，他希望将这种低效率过程替换为一种网络在线自动化解决方案。下一步将制定哪个文件？

A. 项目管理计划　　　　　　　　　B. 项目章程

C. 工作分解结构　　　　　　　　　D. 建议邀请书

9. 生产某个项目可交付成果所需的设备既旧又不可靠，工厂经理建议订购一台新机器。工厂经理向项目经理提交变更请求记录下列哪项？

A. 纠正措施　　　B. 缺陷补救　　　C. 预防措施　　　D. 更新

10. 完成项目蓝图设计阶段之后，项目经理安排了一次阶段收尾会议。在这次会议上，会发生什么事情？

A. 项目经理审查项目团队成员的绩效

B. 高级管理层分析项目经理的绩效

C. 审查项目可交付成果，并做出继续项目的决定

D. 记录项目的经验教训，项目收尾

11. 为解决项目交付的性能问题，一份质量报告建议对项目测量过程进行变更。但是，如果实施变更，将影响客户的交付日期。项目经理接下来应该怎么做？

A. 通知发起人，并询问处理这种情况的相关建议

B. 实施变更，满足要求的性能

C. 为实现客户的交付日期，不实施变更

D. 评估实施变更的影响

12. 一家互联网企业正在采取敏捷方法实施最新的 App 应用程序，在项目后期，客户要求调整需求，从而为其产品带来显著的竞争优势。但是，项目团队不愿意进行变更，因为他们不确定这些变更的商业价值以及这些变更会对项目造成什么影响。项目经理应该做什么？

A. 和客户讨论变更的原因，并评估其影响

B. 将该需求添加到产品待办事项中并排列优先级顺序

C. 要求客户填写书面变更单

D. 告诉客户项目后期的变更代价太高，建议取消

13. 五个项目在一名发起人的授权之下，计划在一年内完成。一名拥有项目资源的职能经理开始按照发起人的要求执行所有项目。但是，项目经理却认为由于资源和预算有限，无法完成所有项目。项目经理应该在启动阶段怎么做来记录该问题？（选出 2 个答案）

A. 执行成本和时间分析，确定五个项目是否能够在一年内完成

B. 遵循发起人的要求

C. 退出该项目

D. 将该问题记录为所有项目共有的制约因素

E. 在启动文件中记录这些高级别风险

14. 项目 A 完成时，项目经理开始行政收尾，公司是项目型组织，项目 A 的多名团队成员必须马上分配到项目 B。项目 B 的项目经理很担心资源获取问题。解散项目 A 的项目员工属于下列哪项的责任？

A. 项目 B 的项目经理
B. 项目 A 的职能经理
C. 项目 A 的项目经理
D. 项目 B 的职能经理

15. 项目发起人和项目经理正在为新的能源厂制定项目章程。有很多厂址可供考虑，但可能影响项目成本。若要选择最适合的厂址，项目发起人和项目经理必须首先执行下列哪项工作？

A. 商业需求
B. 项目范围说明书
C. 商业论证
D. 项目预算

16. 一个金融项目已被启动，由于项目缺乏有经验的专家，团队成员对一个技术问题一筹莫展。为了解决这个问题，项目经理应该查阅以下哪个文件？

A. 商业论证
B. 问题日志
C. 风险登记册
D. 组织过程资产

17. 项目经理被派往一个因产品质量问题而多次取消和重新启动的项目。为了避免项目再次出现同样问题，项目经理应该先怎么做？

A. 确保遵守公司的质量方针
B. 查阅经验教训文件
C. 为项目指派一名质量经理
D. 额外申请一项质保预算

18. 项目经理必须创建项目管理计划。下列哪项应包含进项目管理计划中？
A. 成本绩效基准、质量控制计划、绩效报告和进度基准

B. 项目范围说明书、范围基准、进度基准和风险管理计划

C. 采购文档、工作分解结构、变更请求和质量管理计划

D. 采购管理计划、成本绩效基准、质量绩效报告和采购文档

19. 项目经理带领 20 名团队成员执行一个项目，客户终止了项目并选择与其他供应商合作。项目经理接下来应执行下列哪项工作？

A. 尝试较低的工作报价

B. 从客户场所移除项目文件

C. 确保客户接受已完成的可交付成果

D. 解散团队

20. 项目经理的前老板对项目经理之前的项目表示不满。因为项目投入运营后，设备操作员找不到用户手册中的相关操作说明。项目经理在以下哪个过程执行得不够彻底？

A. 执行质量保证　　　　　　　　B. 结束项目或阶段

C. 控制范围　　　　　　　　　　D. 识别风险

21. 项目经理计划召开项目开工会议，他需要提交下列哪项？

A. 项目制约因素、项目开发方法和质量审计报告

B. 商业论证、战略背景和问题日志

C. 项目目标、制约因素和偏差分析

D. 管理审查、项目生命周期和沟通管理计划

22. 项目中会产生大量知识，其中哪些属于隐性知识？

A. 信念、洞察力、经验和诀窍　　B. 信念、经验、图片和文字

C. 信念、诀窍、政治和文化　　　D. 图片、文字、数字和洞察力

23. 项目经理确认并执行客户的变更请求，但是变更导致了额外成本的发生。根本原因分析表明，项目经理未在项目管理计划中识别负责批准变更的职权。项目经理应识别下列哪项来批准变更？

A. 变更管理执行人　　　　　　　B. 配置管理执行人

C. 发起人　　　　　　　　　　　D. 变更控制委员会

24. 项目经理收到客户的一封请求变更紧急邮件。项目经理接下来应怎么做？

A. 记录请求并开始变更控制过程

B. 要求项目发起人紧急批准

C. 实施变更，然后通知变更控制委员会

D. 评估变更请求，并执行变更

25. 项目经理收到一个新项目的已批准项目章程。项目章程授予了哪项职权？

A. 为项目预算组织资金的职权　　B. 批准项目章程的职权

C. 为完成项目组织资源的职权　　D. 批准项目范围变更的职权

26. 项目经理与客户召开项目收尾会议。议程包括收集客户的反馈并评估他们的满意度。这个信息可以让项目经理进行下列哪项工作？

A. 帮助未来项目获得成功　　B. 确保与该客户的未来合作

C. 评估项目绩效　　D. 更新责任分配矩阵

27. Scrum 团队正在进行一个冲刺的过程中，并且准备开展可交付成果的验收。PMO 要求 Scrum 团队提供召开经验教训会议的日期。项目经理下一步应该做什么？

A. Scrum 主管和产品负责人商量一个合适的时间

B. 把会议时间安排在 PMO 和项目团队都方便的时候

C. 请 PMO 为 Scrum 团队安排一次经验教训会议

D. 在冲刺最后一天安排冲刺回顾会议，收集经验教训

28. 项目经理正在收尾项目第二阶段，并准备好启动下一个阶段。项目经理下一步该怎么做？

A. 开始为下一个阶段招募新资源的过程

B. 开始收集下一个阶段的需求

C. 确保与之前阶段有关的所有活动均已完成

D. 确保前一个阶段所使用的资源已释放

29. 项目经理指派项目协调员管理那些与变更有关的内容。项目协调员确定了所有必须通过变更来进行更改的工件，他执行的是何种活动？

A. 确定变更管理计划　　B. 确定配置管理计划

C. 确定项目基准　　D. 确定变更控制工具

30. 项目收尾期间，项目经理希望核实项目是否按标准执行。但是，一些必要的数据未能提供。项目经理应该使用下列哪些方法？（选出 2 个答案）

A. 头脑风暴　　B. 文件分析

C. 专家判断　　D. 决策树

E. 德尔菲技术

31. 客户提出需求变更，项目团队收到该变更请求的批准通知，下一步项目经理应对基准进行哪些变更？

A. 修改目前的成本基准以响应变更

B. 建立一个新的基准，以体现从现在起发生的变更

C. 对基准没有影响

D. 更新老的基准并同时建立一个新的基准

32. 信息技术部将开发一个市场营销部的接口程序，信息技术部经理承诺近期交付接口程序。一名项目经理和一些技术资源被分配到该项目上。项目经理与团队开会讨论，由于项目的高优先级，必须立即开始接口程序的相关工作。项目经理首先应该做什么？

A. 制定项目章程　　　　　　　　B. 识别风险

C. 制订沟通管理计划　　　　　　D. 制订项目管理计划

33. 一个国际项目团队分布在四个国家。其中一个外包团队签订的是固定总价合同，该团队预计项目进度难以按计划完成，估算延迟 12 个星期。项目经理应该怎么做？

A. 重新谈判合同　　　　　　　　B. 启动项目变更请求

C. 更新预测　　　　　　　　　　D. 更新项目管理计划

34. 一个实施新学习系统的项目被创建，该项目是首席信息官战略优先级最高的项目之一。但是，公司宣布该首席信息官离职，并任命新的首席信息官。与团队开会之后，项目经理下一步该怎么做？

A. 告知新首席信息官这个学习系统的重要性

B. 中止该项目，直至新首席信息官的目标确立

C. 更新风险登记册，执行风险并记录结果

D. 分析事业环境因素，审查项目章程

35. 一个项目变更势在必行。但是，由于整个项目的风险较高，变更控制委员会拒绝变更。项目经理接下来应该怎么做？

A. 与 PMO 沟通

B. 安排纠正措施

C. 在变更日志记录拒绝的变更请求

D. 更新项目范围说明书

36. 一个最近实施项目的客户要求项目经理调查项目交付后业务中断和损失的问题。项目经理向客户解释该请求必须转给运营团队，因为项目已正式验收。客户不同意并且进行了投诉。项目经理应执行下列哪项工作？

A. 要求项目团队评估根本原因，纠正问题并记录经验教训

B. 审查收尾文件，将其提交给客户，并让运营团队介入问题解决过程

C. 将客户的投诉上报给项目发起人，分配资源解决该问题

D. 审查风险管理计划，确定是否提前识别和规划该问题

37. 公司的一款新产品将在两个月内发布，95%的项目任务均已完成。但是管理层决定终止产品发布并取消项目。项目经理下一步该怎么做？

A. 立即停止所有项目任务
B. 按照计划完成项目
C. 释放资源并记录项目状态
D. 收尾项目并更新经验教训

38. 一名设计师为一座桥梁制作了设计图纸，并将在下一次会议上提交给客户。在内部设计评审会议上，该名设计师意识到设计存在缺陷需要修改。设计师下一步应该怎么做？

A. 提出需求变更

B. 遵循整体变更控制流程，修改设计

C. 将问题上报给相关方

D. 修订设计图纸，并将其提交给团队

39. 一名新项目发起人接管一个处于执行阶段的项目。项目发起人要求项目经理停止批准项目资源时间表。相反，发起人将该任务分配给另一名团队成员。若要重新确立控制权，项目经理下一步应该做什么？

A. 组织项目发起人召开会议，确定新的批准流程

B. 遵循新项目发起人的指示，将任务委托给团队成员

C. 和项目发起人讨论资源管理计划

D. 和项目发起人讨论项目章程中提供的职权

40. 一个为期五年项目的项目经理得知，可通过一项新技术促进多个项目可交付成果的质量，并有效提高验收通过的概率。谁有权接受或拒绝采用新技术的变更申请？

A. 项目经理　　B. 客户　　　C. 变更控制委员会　　　D. 发起人

41. 以下哪些事项通常会出现在项目收尾阶段？

A. 衡量客户满意度，撰写项目最终报告，申请项目范围变更

B. 撰写项目最终报告，存档项目文件，解散团队成员

C. 创建经验教训报告，更新关键相关方，确保项目可交付成果符合已建立的质量标准

D. 采购审计，获取经验教训并准备最终报告，解散团队成员

42. 由于政府法规的变化，最终产品需要增加功能。这属于哪种类型的变更请求？

A. 纠正措施　　B. 工程设计　　C. 更新　　　D. 缺陷补救

43. 在监控阶段，一名客户声称只需开展 13 个原始计划测试中的其中 8 个。项目经

理下一步该怎么做？

  A．变更范围基准   B．查看合同中的风险奖励条款

  C．查看合同中的惩罚条款   D．让客户提交一份变更请求

44．在开展某软件项目的中途，客户希望添加一项额外功能，但不增加成本。项目经理该怎么做？

  A．提交变更请求并评估变更影响

  B．上报高级管理层，并征求意见

  C．同意添加功能以增加客户满意度并显示灵活性

  D．拒绝这一请求，因为它不属于批准的工作范围

45．在项目结束会议上，项目经理向客户详细阐述了项目的最终交付物。项目经理接下来将如何顺利实现项目收尾？（选出 2 个答案）

  A．将产品、服务或成果移交给最终用户

  B．展示项目状态报告及偏差分析

  C．更新项目范围、进度和成本基准

  D．提供项目收尾报告并更新组织过程资产

  E．完成项目可交付成果的验收

46．在开展项目期间，项目经理收到需要交付物满足新需求的通知。项目经理还了解到两名成员将从项目离开，从而影响进度。为了评估这些变更和风险对项目执行的影响，项目经理应查阅哪份文件？

  A．项目管理计划   B．工作分解结构

  C．资源进度计划   D．变更管理计划

47．在项目启动期间，一名关键相关方声称项目不再可行。为评估项目的可行性，项目经理应该怎么做？

  A．将该相关方推荐给项目发起人

  B．拖延项目再评估，直至项目资金在启动阶段结束时用完

  C．检查是否与商业论证保持一致，并提交给项目发起人和关键相关方

  D．立即开始项目收尾过程

48．在项目完成后的两周，项目经理联系客户完成一份在线调查。在查看客户的反馈之后，项目经理下一步应该怎么做？

  A．对正面的反馈给予感谢   B．更新项目管理计划

  C．执行配置核实与审计   D．更新组织过程资产

49. 有关知识管理，以下哪两项说法是正确的？（选出 2 个答案）

A. 项目经理只在项目收尾时总结经验教训，生成知识

B. 知识管理是指将所有项目知识逐一记录

C. 并非所有的知识都可编撰

D. 显性知识虽易表达，却因缺乏情境，而作不同解读

E. 隐性知识可通过登记经验教训进行分享

50. 在总体项目计划制订完毕并获批准后，项目经理将正式宣布项目进入实施阶段，并向所有相关方提供项目预期里程碑概要。项目经理接下来该怎么做？

A. 向团队成员发送项目计划   B. 安排周进度审查会议

C. 开展团队建设活动   D. 与团队成员召开开工会议

2.3 习题解答

1. A、E

解析：当项目被批准后，项目进入启动过程，启动过程组包括两个子过程，即制定项目章程和识别相关方。

2. B

解析：敏捷商业文件中通过产品愿景来体现商业价值，并通过产品路线图将产品愿景与公司的业务目标联系起来。

3. D

解析：项目实施过程中产生的知识、信息和经验教训，在项目收尾时都将归档到组织过程资产中，并为以后的项目提供参考。

4. B

解析：运营部门提出变更请求，项目经理应该遵循整体变更控制流程，对变更进行影响评估和分析，并获取变更请求的批准。

5. A

解析：协议用于定义启动项目的初衷，为外部客户做项目时，通常以合同的形式出现。

6. D

解析：客户的变更请求会造成项目范围的改变，无论其影响大小，都需要经过正式的整体变更控制流程处理。

7. B

解析：管理层只能描述项目的现象而"说不出具体原因"，说明绩效报告、过程文档等一系列项目文件可能缺失，因此对于接管的项目经理而言，最应该关心文档和基础数据的完整性。

8. B

解析：人力资源总监对于自动化解决方案的期望是一个新的项目，应首先通过制定项目章程启动项目。

9. C

解析：变更针对的问题是设备陈旧且不可靠，尚未发生绩效偏差，因此选择预防措施。变更请求包括纠正措施、预防措施、缺陷补救和更新。其中，纠正措施是为了保持项目工作绩效和计划的一致，预防措施针对未来事件，缺陷补救针对质量缺陷，更新反映相关需求。

10. C

解析：每个阶段结束时应进行阶段关口审查。将项目的进度和绩效与计划和业务文件相比较，并根据比较结果做出进入或者不进入下一阶段的决定。

11. D

解析：变更请求应遵循整体变更控制流程。当变更请求提出后，首先应评估实施变更的影响。

12. B

解析：敏捷方法中提倡响应变化胜于遵循计划，因此变更无须通过正式的整体变更控制程序，而是由产品负责人随时响应变化的需求，将其添加到产品待办事项中并排列优先级顺序。

13. D、E

解析：项目经理在启动过程组首先应制定项目章程。该过程输出项目章程和假设日志。其中项目章程包括整体项目风险，假设日志记录项目假设条件和制约因素。

14. C

解析：在项目结束时，项目经理要完成结束项目或阶段过程，其中包括资源的再分配。因此项目 A 的团队解散应由项目 A 的项目经理负责实施。

15. C

解析：商业论证是制定项目章程的输入，用来对尚缺乏充分定义的可选方案的收益进行有效论证，是启动后续项目管理活动的依据。其内容包括从多个备选行动方案中选择一套有效的方案。

16. D

解析：项目中出现的技术问题可以通过查阅组织过程资产的知识库来寻求解决方案。

所有项目在执行过程中都会产生知识，这些知识会记录在组织过程资产中。

17. B

解析：项目经理若要避免再次出现相同的问题，应了解项目取消和重新启动的详细原因，从历史信息和经验教训中规避风险，因此可查阅组织过程资产，其中包括项目的经验教训知识库。

18. B

解析：项目管理计划包括 10 个子管理计划、3 个基准以及其他组件，除此以外的文档属于项目文件。本题答案 A 的质量控制计划不属于子管理计划，绩效报告属于项目文件，答案 C 的采购文档、变更请求属于项目文件，答案 D 的质量绩效报告和采购文档属于项目文件。

19. C

解析：无论项目是正常结束，还是中途被客户终止，项目经理都需要完成项目收尾工作。在实施结束项目或阶段过程时，必须确认已完成的可交付成果已交付给客户，并得到客户的正式验收。

20. B

解析：用户手册作为项目可交付成果，需要在结束项目或阶段过程中确认完成并正式移交给客户。

21. D

解析：项目开工会议作为项目规划过程组结束的最后一项工作，其主要目的是传达项目目标，获得团队对项目的承诺，以及阐明每个相关方的角色和职责。而答案 A 的质量审计报告、答案 B 的问题日志以及答案 C 的偏差分析，都不属于启动和规划过程组的输出。

22. A

解析：知识通常分为显性知识（易使用文字、图片和数字编撰的知识）和隐性知识（个体知识以及难以明确表达的知识，如信念、洞察力、经验和诀窍）。

23. D

解析：变更请求的批准或否决必须有明确的责任人，若未在项目管理计划中明确责任人，则应该由变更控制委员会来开展整体变更控制的过程。变更控制委员会是一个正式组成的团体，负责审查、评价、批准、推迟或否决项目变更，以及记录和传达变更处理决定。

24. A

解析：相关方提出变更请求，项目经理应正式受理并根据变更控制流程进行处理。直接批准、拒绝或执行变更都不可取。

25. C

解析：项目章程是任命项目经理的文件，并授予项目经理动用组织资源完成项目的职责和权力。A 和 B 属于项目发起人的职权，D 则是变更控制委员会的职权。

26．A

解析：测量相关方的满意程度是项目收尾的主要工作之一，其目的是获取客户反馈及满意度数据，并将其记入组织过程资产，作为经验教训为未来所有项目提供知识库数据。

27．D

解析：Scrum 在每个冲刺最后一天召开冲刺回顾会议，团队讨论冲刺中的问题和不足，总结经验教训，以对未来的冲刺形成改进意见。

28．C

解析：在阶段结束时，项目经理需要执行结束项目或阶段过程，因此应先确保与之前阶段有关的所有活动已经完成。

29．B

解析：配置管理计划应规定哪些项目工件受控于配置管理程序。对配置要素的任何变更都应该提出变更请求。

30．B、C

解析：结束项目或阶段时，可以使用专家判断，通过具有专业知识或受过专业培训的任何小组或个人来协助处理工作。也可以使用数据分析，包括文件分析、回归分析、趋势分析和偏差分析。

31．B

解析：对于基准的变更，只能基于最新版本的基准并且针对将来的情况，而不能变更以往的绩效。这有助于保护基准和历史绩效数据的严肃性和完整性。

32．A

解析：项目章程是项目启动的标志，是对项目经理的正式任命和授权。在项目中，应尽早确认和任命项目经理，便于项目经理规划、执行和控制项目。

33．B

解析：在监控过程中发现项目的绩效与原定计划存在偏差，应提出变更请求，并在获得批准后更新项目管理计划，而不能在未经变更流程批准的情况下直接更新。

34．D

解析：重要相关方更换可能带来战略层面的调整，因此项目经理应该分析事业环境因素，审查项目章程，对项目的目标和可行性进行重新评估。

35．C

解析：项目根据批准的变更请求进行计划调整，而未获批准的变更请求不得实施。项目中发生的所有变更都应记录于变更日志中。

36．B

解析：项目已正式验收，代表可交付成果获得了客户的验收并交付。目前的问题属于项目边界之外，项目经理应该审查收尾的验收文件并与客户确认。同时为解决现场问题，应让运营团队介入。

37. D

解析：无论项目是正常完成还是中途终止，都应通过结束项目或阶段来执行收尾工作。包括移交已完成的可交付成果、最终报告，总结经验教训和解散资源等工作。

38. B

解析：由于可交付成果发生质量缺陷，返工和修复可能影响项目进度和成本，这属于变更，因此应遵循整体变更控制流程。

39. D

解析：项目已处于执行阶段，项目经理的任命和授权都已确立，而此时新任的发起人要求调整工作分配和权限，因此需要和新发起人审查项目章程的有效性。项目章程记录了项目经理的职责和职权。

40. C

解析：项目中由变更控制委员会负责变更的审查、评价、批准和否决，以及记录和传达变更处理决定。在部分项目中，发起人或项目经理也有权批准、否决或推迟变更，但变更控制委员会更为正式。

41. B

解析：项目收尾阶段的主要工作包括交付最终可交付成果，交付最终报告，总结经验教训，项目文件归档，客户满意度调查和解散团队。答案 ACD 中的申请项目范围变更，确保可交付成果符合质量标准和采购审计都属于监控过程组。

42. C

解析：变更请求包括纠正措施、预防措施、缺陷补救和更新。其中更新是由于受内、外部因素影响，对项目管理计划或文件进行增加或修改。本题为外部法规的变化，并非项目本身绩效或质量存在问题。

43. D

解析：项目的任何相关方都可以提出变更，但所有变更请求都必须以书面形式记录并纳入整体变更控制流程，所以应正式提交变更请求。

44. A

解析：客户要求增加功能，虽然不影响成本，但可能对范围、进度等其他方面造成影响。需要提交变更请求并评估变更影响，经批准后再执行变更。

45. A、D

解析：当项目收尾时，结束项目或阶段过程的输出包括最终产品、服务或成果移交，完成项目收尾报告以及组织过程资产更新。

46．A

解析：评估变更和风险对项目的影响，需要将实际情况与项目管理计划进行对比分析。根据题设，需要对比的文件包括风险管理计划、资源管理计划、进度基准等，因此项目管理计划最为全面。

47．C

解析：商业论证作为项目是否应该启动、继续、终止的参考文件，也是论证项目是否可行的主要依据。

48．D

解析：项目已完成，因此对原先客户的满意度评测及意见收集都属于历史信息和经验教训，应纳入组织过程资产，用于支持未来项目。其他选项都是项目执行过程中的工作。

49．C、D

解析：答案 A 错误，项目管理协会提倡知识应在项目生命周期中持续不断地进行管理。B 错误，只有显性知识可记录分享。E 错误，隐性知识可通过人际交流和互动分享。

50．D

解析：项目开工会议意味着规划阶段的结束和执行阶段的开始，旨在传达项目目标，获得团队的承诺，以及明确每个相关方的角色和职责。

第3章

项目范围管理

3.1 | 重点考点解析

▶"规划范围管理"考点

1. 范围管理包括产品范围和项目范围，其中产品范围是产品、服务或成果所具有的特性和功能，而项目范围是为了交付产品、服务或成果而必须完成的工作。

2. 预测型方法在项目开始时就对范围进行定义，经过批准的项目范围说明书、工作分解结构和相应的工作分解结构词典构成项目范围基准。只有通过正式变更控制程序，才能进行基准变更。

3. 适应型或敏捷型方法在项目开始时通常无法明确项目的范围，通过多次迭代来开发可交付成果。在此过程中，需要相关方持续参加项目，并提供反馈和意见。

4. 敏捷方法使用产品待办事项来记录需求，在每次迭代开始时都要确定产品待办事项中哪些最优先项应在本次迭代中交付。在每次迭代中，都会重复开展收集需求和定义范围活动，以确保产品待办事项反映相关方的当前需求。

5. 范围管理计划和需求管理计划是指南和规范，而项目的具体范围和需求则记录在范围基准和需求文件中。

▶"收集需求"考点

1. 需求来自相关方，是指可交付成果必须具备的条件或能力，应在项目过程中不断地进行确定、记录并管理。

2. 需求的类别包括业务需求、相关方需求、解决方案需求、过渡和就绪需求、项目需求和质量需求。

3. 头脑风暴用来产生和收集对项目需求与产品需求的多种创意，而访谈的形式为"一对一"或"多对多"的互动沟通，有助于获取大量直接信息或机密信息。

4. 焦点小组由受过训练的主持人引导相关方和主题专家进行互动讨论，往往比访谈更热烈。

5. 问卷调查通过设计一系列书面问题，向众多受访者快速收集信息，适用于受众多样化，需要快速完成调查，受访者地理位置分散，并且适合开展统计分析的情形。

6. 标杆对照是与可比组织（组织内部或外部）的最佳实践进行比较，以形成改进意见的技术。

7. 决策技术包括进行集体决策的"投票"，一个人负责制定决策的"独裁型决策制定"，以及借助决策矩阵，用系统分析方法对众多创意进行评估和排序的"多标准决策分析"。

8. 亲和图是对大量创意进行分组，以便审查和分析；思维导图将创意整合成一张图，反映创意之间的共性和差异，激发新创意。

9. 名义小组技术通过投票排列最有用的创意，以便进一步开展头脑风暴或优先排序。

10. 观察和交谈包括直接察看、工作跟随和观察体验，以便挖掘隐藏的需求。

11. 引导式主题研讨会召集相关方定义产品需求，可用于快速定义跨职能需求并协调相关方的需求差异，如联合应用开发、质量功能展开和用户故事。

12. 敏捷方法中使用的产品待办事项由用户故事组成。产品负责人维护产品待办事项及其优先级排序，并将其作为与商业管理者、客户代表以及团队之间沟通的媒介，敏捷方法中所有的活动和交付物都围绕着产品待办事项来进行。常见的优先级排序方法包括：MoSCoW 法则、KANO 模型等。

用户故事是对所需功能的简短文字描述，描述哪个相关方将从功能中受益（角色），他需要实现什么目标，以及他期望获得什么利益。

13. 系统交互图对产品范围进行可视化描绘，显示业务系统及其与人和其他系统之间的交互方式。

14. 原型法先造出产品的模型，将抽象的需求描述变为相关方可以体验的最终产品，并通过不断反馈获得足够完整的需求。故事板是一种原型技术，通过图像和图示来展示顺序和导航路径。

15. 需求文件是客户验收的主要依据之一，而需求跟踪矩阵则是跟踪需求从其来源到能满足需求的可交付成果的表格，有助于确保需求文件中被批准的每项需求在项目结束的时候都能交付。

▶"定义范围"考点

1. 定义范围旨在描述产品、服务或成果的边界和验收标准，定义最终的项目需求，制定出范围的详细描述。

2. 项目章程作为定义范围的输入，记录了项目概述以及将用于制定详细需求的高层级需求。

3. 产品分析通过产品分解、需求分析、系统分析、系统工程、价值分析和价值工程等方法，把高层次的产品或服务描述转变成有意义的可交付成果。

4. 项目范围说明书记录了整个范围，包括项目和产品范围，详细描述了产品范围、可交付成果、验收标准和项目的除外责任。

▶"创建工作分解结构"考点

1. 工作分解结构以可交付成果为导向，由项目团队共同制作，经逐层分解后形成，分解的详细程度根据项目特性而定。

2. 范围基准由批准的项目范围说明书、工作分解结构及工作分解结构词典构成，其中工作分解结构词典是对每个工作分解要素的详细说明。

3. 工作分解结构底层的组成部分称为工作包。工作包应具备如下特点：能被可靠估算、较快完成、有标志的开始和结束、由一个人或团队负责。

4. 工作分解结构包含了全部的产品和项目工作，包括项目管理工作。通过把工作分解结构底层的所有工作逐层向上汇总，来确保没有遗漏的工作，也没有多余的工作。这称为 100%规则。

5. 要在未来远期才完成的可交付成果或组件，当前可能无法分解。项目管理团队因而通常需要等待对该可交付成果或组成部分达成一致意见，才能够制定出工作分解结构中的相应细节。这种技术有时被称为滚动式规划。待分解的组件也被称为规划包，工作内容已知，但详细的进度活动未知。

6. 控制账户是一个管理控制点。在该控制点上，把范围、预算和进度加以整合，并与挣值相比较，以测量绩效。每个控制账户拥有一个或多个工作包，但每个工作包只与一个控制账户关联。

▶"确认范围"考点

1. 确认范围是与客户或发起人正式验收已完成项目可交付成果的过程，在验收可交付成果之前，应确保可交付成果已通过控制质量过程完成核实。

2. 确认范围与控制质量两个过程都是对可交付成果进行处理，但两者的实施主体和参照标准都不相同，应先由项目内部人员实施控制质量，确保可交付成果符合质量要求，再由客户进行范围确认，按照验收标准正式验收可交付成果。

3. 可交付成果、核实的可交付成果、验收的可交付成果及最终可交付成果移交，代表了可交付成果在不同项目管理过程中的演变状态。

4. 只有对可交付成果进行签字批准，获得正式文件，才能证明相关方对项目可交付成果的正式验收。

5. 对已经完成但未通过正式验收的可交付成果及其未通过验收的原因，应记录在案。可能需要针对这些可交付成果提出变更请求，开展缺陷补救。

▶"控制范围"考点

1. 控制范围通过监督项目和产品的范围状态，在项目期间维护范围基准并管理其变更。

2. 范围蔓延是指由客户提出的，未经控制的范围变化，需要通过整体变更控制系统来避免，而镀金则是指为讨好客户，项目组主动增加范围以外的工作，需要通过工作授权系统来预防。

3. 偏差分析用于将基准与实际结果进行比较，旨在确定偏差是否处于临界值区域或是否有必要采取纠正或预防措施。

4. 趋势分析旨在审查项目绩效随时间的变化情况，以判断绩效是否在改善或恶化。

5. 敏捷方法中产品负责人和客户代表应该持续参与项目，以确保产品待办事项反映他们的当前需求。在每个迭代最后一天召开的评审会议上，团队通过展示可以使用的产品原型来获取客户反馈。敏捷团队根据反馈确认验收或重新明确需求，并将反馈内容放入产品待办事项，以便在后续迭代处理。

3.2 项目范围管理练习（共 50 题，单、多选题）

1. 高级管理层让项目经理针对必须优先推进的新项目实施快速评估。项目经理未完全掌握提供粗略评估所需的全部要素。项目经理首先应该怎么做？

A. 建立工作分解结构　　　　B. 确定活动

C. 收集需求　　　　　　　　D. 估算成本

2. 公司总裁要求项目经理实施一个新的财务系统。项目经理应使用什么技术获得高层次项目范围？

  A. 开展自制或外购分析   B. 与财务部门开会分析需求

  C. 与发起人和相关专家定义需求 D. 收集财务应用程序供应商的需求

  3. Scrum 团队编写了一个用户故事：作为一名新注册用户，我需要能够通过产品名称和描述内容来进行模糊搜索，从而快速地在购物车中添加产品。这个用户故事中的角色是指？

  A. Scrum 团队   B. 注册用户

  C. 产品名称和描述内容   D. 购物车

  4. 当地政府和学校管理人员连续四周开会，讨论商定一个预算严格的学校翻新项目范围。他们应采用下列哪项工具或技术？

  A. 滚动式规划   B. 假设情景分析

  C. 产品分析   D. 分解

  5. 一个软件开发项目正在规划当中，项目组决定在项目中执行敏捷开发流程，他们应该如何完成需求的收集和范围的定义？

  A. 在项目的前期收集需求和定义完整的项目范围

  B. 在项目前期收集需求和定义范围，在后续阶段不断渐进明细

  C. 在项目的每个阶段重复地收集需求和定义范围

  D. 在项目的每个阶段收集需求，并通过变更控制范围变化

  6. 项目范围的变更数量上升，并且变更控制委员会正在审批变更。然而，项目经理担心变更控制委员会没有看到这些变更请求的累积效应，并认为项目目前已严重超出原范围。项目经理应采用何种工具和方法向变更控制委员会展示该问题？

  A. 流程图   B. 偏差分析

  C. 专家判断   D. 石川图（又称"因果图"或"鱼骨图"）

  7. 一个项目的范围在多次讨论后终于确定，该项目的范围说明书应包含下列哪项？（选出 2 个答案）

  A. 工作分解结构和词典   B. 项目可交付成果和验收标准

  C. 产品需求文件和设计说明书 D. 工作包和规划包

  E. 项目除外责任

  8. 项目工作交付后三个月，客户继续请求对可交付成果进行一些小变更，声称项目仍在继续进行。客户的运营团体已经使用这些可交付成果，并无任何问题，但是管理层仍未验收该项目。项目经理应该采取什么措施？

  A. 联系法律部门，根据合同启动法律诉讼

B. 根据范围核实的验收文件协商项目收尾

C. 通知客户所有活动均已执行并宣布项目收尾

D. 进行变更，因为是有必要的，并且可能对未来客户关系有利

9. 项目规划阶段结束时，细节信息不足以完成规划。项目经理接下来应该怎么做？

A. 获得开始项目的批准，并在执行的同时，完善后续阶段的规划

B. 持续执行，直至所有必要细节均在规划中最终确定为止

C. 持续执行，并向专家咨询，获得继续执行的必要细节

D. 获得开始项目的批准，但是通知发起人，如果项目不能满足截止期限，项目经理概不负责

10. 项目将在两周内结束。但是有个需求还有一个任务未完成。在移交给运营团队之前，项目经理应该怎么做？

A. 收集项目文档，以便将来使用

B. 与团队开展经验教训审查

C. 确认可交付成果，获得客户的验收

D. 召集相关方取消未完成任务

11. 客户向敏捷项目经理抱怨团队在当前迭代选择了之前定义的一些重要用户故事，而未能及时处理客户提交的最新需求。敏捷项目经理应该做什么？

A. 告诉团队停止当前的工作，马上着手处理客户的新请求

B. 告诉客户新需求需要经过变更控制委员会的审批

C. 告诉客户所有工作都是根据优先级进行选择的

D. 建议客户参加敏捷培训以更好地了解流程

12. 项目后期，项目经理与客户和相关方核实所有可交付成果。项目可交付成果满足项目范围内定义的所有需求。项目经理接下来应该怎么做？

A. 开展项目评估调查，收集项目反馈

B. 确保客户和相关方正式验收最终产品

C. 更新项目收尾文件，正式完成项目

D. 更新项目文件并结束合同

13. 项目经理被任命管理一个现有项目，需要了解项目可交付成果。项目经理应该参考下列哪份文件？

A. 项目章程　　　　　　　　　B. 项目需求文件

C. 项目范围说明书　　　　　　D. 项目进度表

14. 新任命的项目经理对于一个创新项目的范围感到困惑，为了更好地管控项目范围，该项目经理向主题专家征询建议，他是为了制订哪两项计划？（选出 2 个答案）

    A. 范围管理计划   B. 进度管理计划

    C. 产品管理计划   D. 需求管理计划

    E. 变更管理计划

15. 项目经理参加一个客户的新系统开发项目的需求收集，项目经理意识到来自多个部门的不同客户对需求有不同理解。项目经理接下来应该怎么做？

    A. 制作产品原型

    B. 编写一份问卷调查客户需求

    C. 安排一次与客户的会议，引导需求

    D. 通过标杆对照参考其他企业的最佳实践

16. 项目经理在项目开展的过程中持续地收集项目需求，并不断地对项目范围进行更新和定义。每个月，项目经理从范围文件上选择部分需求实施。项目经理使用了哪份文件？

    A. 项目范围说明书   B. 产品待办事项

    C. 需求文件   D. 需求跟踪矩阵

17. 客户对项目可交付成果有疑问，为了澄清问题和提升客户的支持，项目经理应该如何向客户展示最终产品符合最初的业务需求？

    A. 工作分解结构   B. 项目范围说明书

    C. 需求跟踪矩阵   D. 项目管理计划

18. 新上任的项目经理接手了一个停滞中的项目，并对项目的可交付成果重新进行了定义。项目经理应该用以下哪一项记录这些内容？

    A. 项目范围说明书   B. 需求文件

    C. 项目章程   D. 商业论证

19. 项目经理与客户一起进行检查，确认项目可交付成果是否符合产品验收标准并满足客户的期望。这些行动属于下列哪个过程？

    A. 控制质量   B. 结束项目或阶段

    C. 控制范围   D. 确认范围

20. 项目经理正在管理一个在组织中处于高优先级的电信项目。定义范围之后，项目团队下一步将进行下列哪个过程？

    A. 创建工作分解结构   B. 制定预算

    C. 制订资源管理计划   D. 定义活动

21. 项目发起人交给了项目经理一份项目需求的详细描述，项目经理应该使用下列哪项工具和技术来制定项目范围说明书？（选出 2 个答案）

A. 思维导图
B. 备选方案分析
C. 产品分析
D. 名义小组技术
E. 标杆对照

22. 项目团队正在完成前期定义的一个需求，但是项目经理发现需求的实现难度比预计的大，可能导致对项目的范围产生重大影响。项目团队接下来应该怎么做？

A. 访谈用户，对需求进行澄清
B. 执行偏差分析，并提出纠正措施
C. 修订需求文件和项目范围说明书
D. 登记风险，并按原计划执行

23. 项目经理召集团队成员开会，就项目技术平台的实现要求进行讨论，团队成员提出了多个想法，并对每个想法进行了投票。项目经理使用了什么技术？

A. 引导式研讨会
B. 焦点小组会议
C. 名义小组会议
D. 需求评审会议

24. 项目团队在为一个项目创建工作分解结构。项目的完工取决于未来多个子项目的交付。为顺利完成项目，项目团队应该怎么做？

A. 对子项目进行讨论，直至分解到工作包
B. 使用滚动式规划技术，包含所有可交付成果并达成共识
C. 列出子项目可交付成果的详细验收标准
D. 将子项目可能缺失的可交付成果列为风险登记册中的一个风险

25. 项目团队在项目规划阶段收集需求，项目经理记录了每个需求，并描述了需求相关方、需要实现的目标，以及期望获得的效果。项目经理采用了什么技术？

A. 用户故事
B. 系统交互图
C. 需求跟踪矩阵
D. 产品原型

26. 项目经理计划召开引导式主题研讨会收集需求，以下哪项不是引导式主题研讨会的例子？（选出 2 个答案）

A. 头脑风暴
B. 联合应用开发
C. 用户故事
D. 名义小组技术
E. 质量功能展开

27. 在敏捷项目中，产品负责人要代表敏捷团队和客户进行沟通，并将客户的意见和

需求反馈给团队，以下哪项作为产品负责人和客户、团队之间沟通的常见桥梁？

- A. 敏捷看板
- B. 项目发布计划
- C. 迭代燃尽图
- D. 产品待办事项

28. 新项目经理接管了一个处于执行阶段的项目。项目经理了解到客户没有提供正确的产品需求。项目经理应采用下列哪项计划中的活动？

- A. 范围管理计划
- B. 变更管理计划
- C. 配置管理计划
- D. 需求管理计划

29. 新项目经理接管一个收尾阶段的项目。在项目收尾会议上，客户以没达到合同约定的质量要求为由，拒绝接受可交付成果的正式移交。要想避免这个问题，项目经理应该怎么做？

- A. 安排与客户召开会议之前，确保验收合同约定的可交付成果
- B. 安排质量控制人员对可交付成果进行全面检查
- C. 审计项目过程，确保与项目管理计划一致
- D. 和客户就合同约定的质量要求进行讨论

30. 业务分析员为一个新项目收集需求。相关方来自不同部门并且需求也各不相同。项目预算有限只能交付一半需求。为了确定应包含哪些需求，业务分析员应使用下列哪个方法？

- A. 引导式研讨会
- B. 焦点小组
- C. 标杆对照
- D. 头脑风暴

31. 在 Scrum 的冲刺评审会上，客户提供了反馈意见，并且由于商业环境的变化而请求一项紧急的新改进，敏捷项目经理下一步应该怎么做？

- A. 将反馈和新需求添加到产品待办事项
- B. 尽快召开变更会议讨论新需求，并评估影响
- C. 在下一个迭代规划会上讨论新需求
- D. 要求团队马上开始为新需求工作

32. 客户向项目经理提交了一份项目需求清单，但是部分需求定义模糊不清，项目经理与客户一起将需求涉及的输入和输出进行了讨论，并定义了需求之间的交互方式。项目经理使用了哪种方法或工具？

- A. 原型法
- B. 产品分析
- C. 系统交互图
- D. 引导

33. 一个设计项目经历了两个月后，客户要求修改产品，项目经理对此事并不知情。在最终测试阶段，测试结果和计划规定不符。这是以下哪个问题造成的？

- A. 范围控制
- B. 管理沟通
- C. 质量控制
- D. 管理相关方参与

34. 一个施工项目的项目团队完成了第一版工作分解结构。团队成员询问是否有必要将项目管理团队的工作包含进工作分解结构中。项目经理应向该团队成员提供下列哪项建议？

　　A. 没有必要包含这项工作，因为这不属于产品范围的组成部分

　　B. 这项工作应包含在预算中，但不包含在工作分解结构中

　　C. 没有必要包含这项工作，因为它属于一项间接成本

　　D. 这项工作应包含在工作分解结构中，因为它属于项目范围的部分

35. 一个由公司内部团队以及供应商共同开发的项目出现了问题。因此，公司总裁雇用了一名新项目经理。在第一次项目评审期间，新项目经理发现在第一阶段未定义一个关键项目可交付成果。项目经理接下来应该怎么做？

　　A. 进入下一阶段，并在后续工作中弥补

　　B. 按照当前项目管理计划完成第一阶段的交付

　　C. 与发起人和关键相关方一起确认项目范围

　　D. 更新项目章程并获得关键项目相关方的支持

36. 一个旨在创造新产品系列的项目包含三种新产品。一号产品和二号产品将同时发布，并立即开始详细开发。三号产品将在两年内发布，并按发布日期在未来进行详细开发。范围管理计划已经制订完成。下列哪项描述是正确的？

　　A. 工作分解结构应采用滚动式规划技术创建

　　B. 工作分解结构不应包含三号产品，因为它将在较晚日期发布

　　C. 一号和二号产品因为同时发布，应该合并它们的工作包

　　D. 工作分解结构应包含项目的全部工作范围，三种新产品都应分解成工作包

37. 在执行一个适应型生命周期的项目迭代过程中，项目经理通过召开评审会议和客户一起审查可交付成果。项目经理试图进行下列哪一项工作？

　　A. 质量控制　　　　　　　　　　B. 确认范围

　　C. 监控项目　　　　　　　　　　D. 结束项目或阶段

38. 新任项目经理接手了一个创新型项目。该项目的第一阶段范围已经定义完成。然而该项目经理对于 WBS 分解比较陌生。WBS 的分解方法可使用以下哪两种？（选出 2 个答案）

　　A. 以阶段作为第二层　　　　　　B. 以基准作为第二层

　　C. 以需求作为第二层　　　　　　D. 以主要可交付成果作为第二层

　　E. 以资源类型作为第二层

39. 一名项目经理被任命管理一个正在进行中的项目，该项目经理可以在下列哪份文件中找到范围基准方面的信息？

A. 项目管理计划
B. 项目范围说明书
C. 项目章程
D. 项目需求

40. 在完成一个分配的可交付成果工作之后，团队成员决定添加新功能。项目经理接下来应该怎么做？

A. 请求项目发起人许可更新项目章程
B. 允许团队成员继续工作，因为新功能将改进最终产品
C. 将新功能添加进需求文档中
D. 与团队成员审查需求和工作分解结构任务，控制可能的范围蔓延和镀金

41. 在项目规划阶段，项目团队采用多名团队成员在多种场合收集客户的需求。下列哪项数据收集技术将帮助项目团队和客户产生与需求有关的多种创意？

A. 访谈
B. 问卷调查
C. 原型法
D. 头脑风暴

42. 在项目施工阶段，项目发起人决定对内部设计进行重大修改。项目经理通过一对一的方式获取相关需求，这属于哪项技术？

A. 观察和交谈
B. 焦点小组会议
C. 访谈
D. 引导

43. 在项目实施期间，项目经理与客户和主题专家一起讨论项目需求。客户提出，他们需要在项目中提供相应的培训，项目经理应该将其记为哪项需求？

A. 项目需求
B. 过渡和就绪需求
C. 业务需求
D. 相关方需求

44. 在项目执行期间，公司被出售，相关方发生变化。一名新相关方询问项目如何与公司的业务需求保持一致。项目经理应与相关方一起查阅下列哪份文件？

A. 项目管理计划
B. 相关方参与计划
C. 相关方登记册
D. 需求文件

45. 在项目执行期间，客户识别出没有包含在合同之内的新需求。项目经理首先应该怎么做？

A. 向高级管理层报告问题，并要求授权
B. 登记变更请求，并执行整体变更控制流程
C. 审查影响，如不影响进度，则接受新需求
D. 更新范围，并向客户收取完成新需求所需的费用

46. 项目团队在对项目范围进行定义。一名团队成员认为按行业惯例，在项目中应使用 A 材料制作产品原型，但是另一名团队成员提出 B 材料也可以实现同样的功能，并且更便宜。项目经理应如何处理？

A. 上报发起人做出决定　　　　　B. 执行备选方案分析

C. 使用德尔菲技术　　　　　　　D. 按行业惯例处理

47. 在一个产品开发项目结束时，客户满意度调查结果显示，客户对于多个有价值的功能未包含进最终产品中感到失望，这些调查结果的可能原因是什么？

A. 工作分解结构定义不良　　　　B. 需求定义不良

C. 风险登记册未保持更新　　　　D. 团队在地理上是分散的

48. 制定项目范围说明书后，团队已准备好继续进行其他项目活动，团队成员要求项目经理对后续的活动和成果提供指导。项目经理接下来应该怎么做？

A. 列出限制团队更新项目范围的制约因素

B. 收集需求，创建需求跟踪矩阵

C. 将活动清单排序，估算活动资源

D. 审查之前项目的政策、程序和经验教训，创建工作分解结构

49. 制造预期产品原型供相关方进行实验和提供反馈后，项目经理可完成制定下列哪项？

A. 项目章程　　　B. 需求文件　　　C. 项目管理计划　　　D. 项目文件

50. 项目经理告诉用户，项目可交付成果交付后，必须由该领域的专家进行操作。如果因未经培训的人员使用而造成严重影响，将由客户承担后果。项目经理应该把这些要求记录在哪里？

A. 可交付成果　　B. 假设前提　　　C. 制约要素　　　　D. 除外责任

3.3 习题解答

1. C

解析：题目中的活动按照项目时间先后顺序分别为收集需求、建立工作分解结构、确定活动和估算成本。

2. C

解析：高层次的项目范围、进度、成本都是项目章程的内容。项目章程由发起人签署

并予以澄清，因此应通过发起人及相关专家获取相关信息。

3．B

解析：用户故事由三段组成，其中第一段代表了故事的角色。

4．C

解析：商定项目的范围属于定义范围过程，选择定义范围的工具——产品分析。

5．C

解析：在适应型或敏捷型生命周期中，通过多次迭代来开发项目可交付成果，并在每次迭代中重复收集需求、定义范围。在预测型生命周期中需求和范围在早期创建，并通过整体变更控制来进行更新。

6．B

解析：偏差分析是控制范围时常采用的数据分析方法，具体是指将基准和实际结果做比较，以确定偏差是否处于临界值区间内或者是否有必要采取预防或纠正措施。

7．B、E

解析：项目范围说明书记录了整个项目的产品和项目范围，包括产品范围描述、项目可交付成果和验收标准、项目除外责任。

8．B

解析：管理层未验收说明项目收尾并没有完全完成，项目经理应推动项目尽快完成收尾。

9．A

解析：当规划阶段对部分细节信息无法确认时，可以采用滚动式规划。滚动式规划对近期的工作进行详细规划，远期的工作暂时只在工作分解结构的较高层次上进行粗略规划，然后在执行期间渐进明细，不断完善。

10．C

解析：移交可交付成果是项目收尾时的工作，在此之前应先确认范围，获得可交付成果的正式验收。

11．C

解析：敏捷项目在每个迭代第一天的规划会议上，会根据当前产品待办事项中排列的优先级来选择哪些用户故事会被放入本次迭代。

12．B

解析：只有对可交付成果进行签字批准，获得正式文件，才能证明相关方对项目可交付成果的正式验收。

13．C

解析：项目范围说明书是对项目范围和主要可交付成果的详细描述，包括项目范围和产品范围。

14．A、D

解析：规划范围管理的输出是范围管理计划和需求管理计划，其他选项不属于范围知识领域。

15．C

解析：项目对具有不同期望和专业知识的相关方进行需求收集，应使用引导技术。引导和主题研讨会结合使用，把主要相关方召集在一起，用于快速定义跨职能的需求并协调相关方的需求差异。

16．B

解析：适应型项目生命周期的特点是在项目每个迭代中重复收集需求、定义范围和工作分解结构，并将项目范围分解为一系列拟实现的需求和拟执行的工作，也被称为产品待办事项。在每个迭代开始时，团队努力确定产品待办事项中哪些最优先项应在下一次迭代中交付。

17．C

解析：需求跟踪矩阵是把产品需求从其来源连接到能满足需求的可交付成果的一种表格。使用需求跟踪矩阵，把每个需求与业务目标或项目目标连接起来，有助于确保每个需求都具有商业价值。

18．A

解析：项目范围说明书中记录了产品范围描述、可交付成果、验收标准和除外责任。

19．D

解析：确认范围是与客户或发起人正式验收已完成项目可交付成果的过程。

20．A

解析：定义范围是范围知识领域的过程，其输出为项目范围说明书。下一个过程是根据项目范围说明书中记录的可交付成果，创建工作分解结构。

21．B、C

解析：制定项目范围详细描述和提交范围说明书说明项目处于定义范围过程，其工具包括专家判断、备选方案分析、决策、人际关系和团队技能（引导）、产品分析。其他三个答案都是收集需求的工具。

22．B

解析：控制范围旨在监督项目和产品的范围状态，可采用偏差分析将基准与实际结果进行比较，确定偏差是否处于临界值区域或是否有必要采取纠正或预防措施。

23．C

解析：名义小组会议是用于促进头脑风暴的一种技术，它通过投票排列最有用的创意，以便进一步开展头脑风暴或优先排序。

24．B

解析：创建工作分解结构时，由于子项目是远期工作，分解存在困难，所以应该使用滚动式规划。对近期的工作进行详细规划，远期的工作暂时只在工作分解结构的较高层次上进行粗略规划，然后在执行期间渐进明细，不断完善。

25．A

解析：用户故事是对需求的简短文字描述，描述哪个相关方将从功能中受益，他需要实现什么目标，以及他希望获得什么利益。

26．A、D

解析：引导式主题研讨会把相关方召集在一起定义产品需求，可用于快速定义跨职能需求并协调相关方的需求差异，包括质量功能展开、联合应用设计或开发、用户故事。

27．D

解析：产品负责人维护产品待办事项及其优先级排序，并将其作为与商业管理者、客户代表以及团队之间沟通的媒介，敏捷方法中所有的活动和交付物都围绕着产品待办事项来进行。

28．D

解析：执行阶段没有提供正确的需求，意味着要进行需求的收集和确认，应查看需求管理计划，其描述将如何分析、记录和管理需求，包括如何规划、跟踪和报告各种需求活动。

29．A

解析：项目收尾阶段需要执行结束项目或阶段过程，本过程的输入包括验收的可交付成果，也就意味着在收尾之前，需要确保可交付成果已经得到用户的验收。

30．A

解析：引导与主题研讨会结合使用，把主要相关方召集在一起定义产品需求。研讨会可用于快速定义跨职能需求并协调相关方的需求差异。

31．A

解析：在迭代评审会议上，团队通过展示可以使用的产品原型来获取客户反馈。团队根据反馈确认验收或重新明确需求，并将反馈内容放入产品待办事项，根据优先级在后续迭代处理。

32．C

解析：系统交互图是对产品范围的可视化描绘，显示业务系统及其与人或其他业务系统之间的交互方式。系统交互图显示了业务输入、输入提供者和业务输出、输出提供者。

33．A

解析：客户要求修改产品范围而项目经理不知情，随后项目出现了实际范围与范围基准不匹配的问题，属于范围蔓延现象。范围蔓延是指未经控制的产品或项目范围扩大的情况，需要通过范围控制进行管理。

34．D

解析：工作分解结构应包括全部的产品和项目工作，并以可交付成果为导向形成层次关系，确保没有遗漏和多余，这被称为 100%规则。

35．C

解析：可交付成果未确定是由于定义范围未完成，所以当前项目首先应重新确定项目范围。

36．A

解析：由于三号产品发布日期较远，所以应该采用滚动式规划技术，对近期的工作进行详细规划，远期的工作暂时只在工作分解结构的较高层次上进行粗略规划，然后在执行期间渐进明细，不断完善。

37．B

解析：在评审会议上，团队通过展示可以使用的产品原型来获取客户反馈。团队根据反馈确认验收或重新明确需求。确认验收在 PMBOK 中属于确认范围过程。

38．A、D

解析：WBS 分解可以将项目生命周期的各阶段作为分解的第二层，把产品和项目可交付成果放在第三层，或者以主要可交付成果作为分解的第二层。

39．A

解析：范围基准属于项目管理计划的组成部分之一，而范围说明书只是范围基准的一部分。

40．D

解析：团队成员主动为产品添加新功能属于镀金现象。镀金会对范围基准产生影响，并增加新的风险。项目经理应通过整体变更流程进行控制，以防止范围蔓延和镀金。

41．D

解析：头脑风暴是数据收集技术的一种，用来产生和收集项目需求和产品需求的多种创意。

42．C

解析：访谈是通过相关方的直接交谈，来获取信息的正式或非正式方法。访谈经常是一个访谈者和一个被访谈者之间的"一对一"谈话。

43．B

解析：过渡和就绪需求描述了从"当前状态"过渡到"将来状态"所需的临时能力，如数据转换和培训需求。

44．D

解析：需求文件描述各种单一需求将如何满足与项目相关的业务需求。

45．B

解析：出现新的需求，意味着客户提出可能影响项目范围的变更请求，应该由整体变更控制过程进行审查与处理。

46．B

解析：当前处于定义范围过程，应使用其工具——备选方案分析。备选方案分析用于评估实现项目目标和需求的各种方法。

47．B

解析：在项目结束后的满意度调查中客户表达了对于范围的不满意，这意味着客户的需求并没有完整地体现在项目范围之中，因此属于收集需求和定义范围没有做好。

48．D

解析：范围说明书的制定代表着定义范围完成，因此下一步应执行创建工作分解结构过程。

49．B

解析：制造预期产品原型属于收集需求的工具与技术——原型法。因此选择收集需求的输出——需求文件。

50．D

解析：由于客户的原因导致的后果项目团队不承担责任，属于项目的除外责任。其识别排除在项目之外的内容，明确说明哪些内容不属于项目范围，有助于管理相关方的期望及减少范围蔓延。

第4章

项目进度管理

4.1 | 重点考点解析

▶ "规划进度管理" 考点

1. 项目进度计划说明如何以及何时交付项目范围中的产品、服务和成果,为绩效报告提供了进度依据。项目管理团队选择进度计划的方法,如关键路径法或敏捷方法。

2. 具有未完项的迭代型进度计划是一种基于适应型生命周期的滚动式规划。这种方法将需求记录在用户故事中,并将用户故事进行优先级排序,形成了产品待办事项清单。每次迭代开始时,从产品待办事项中选择优先级最高的用户故事进行开发,最后在规定的时间盒内开发产品功能。

3. 按需进度计划通常用于看板体系,基于制约理论和来自精益生产的拉动式进度计划概念,根据团队的交付能力来限制团队正在开展的工作。每次迭代开始时,根据开发团队的能力选择能够完成的任务进入本次迭代。

4. 敏捷方法中通过短期迭代,快速地构建符合产品预期功能的最小功能集合,被称为最小可行产品(Minimum Viable Product,MVP)。MVP 符合快速试错原则,所包含的功能用以满足产品部署的基本要求,并能够让用户基于 MVP 体验产品,给出反馈。

▶ "定义活动" 考点

1. 活动指为完成项目可交付成果而需采取的具体行动,由工作包分解而来,作为进度估算、规划、执行、监督和控制的基础。

2．活动属性是指每项活动所具有的多重属性，包括活动唯一 ID、活动描述、紧前活动、紧后活动、逻辑关系、提前量和滞后量、资源需求、强制日期、制约因素和假设条件等。

3．滚动式规划并非仅仅规划紧迫的事务，而是在整体规划的前提下对近期工作进行详细规划，对远期工作进行粗略规划。

4．里程碑不是活动，而是项目中重要的时点或事件，分为强制性和选择性两种，其特点为持续时间为零。

▶"排列活动顺序"考点

1．排列活动顺序旨在定义工作之间的逻辑关系，在所有制约因素下获得最高的效率，将活动列表转化为图表，生成项目进度网络图。

2．紧前关系绘图法又称单代号法、节点法，有完成到开始、开始到开始、完成到完成和开始到完成四种逻辑关系，是大多数项目所使用的排列活动顺序的方法。

3．活动依赖关系可分为强制依赖或选择依赖、内部依赖或外部依赖，并通过明确活动的提前和滞后量，使项目进度计划更现实可行。

4．路径汇聚和路径分支受到多个活动的影响或能够影响多个活动，因此存在更大的风险。

▶"估算活动持续时间"考点

1．估算活动持续时间是根据资源估算的结果，估算完成单项活动所需工作时段数的过程。应该由项目团队中最熟悉具体活动的个人或小组提供持续时间估算所需的各种输入，根据输入数据的数量和质量，对持续时间的估算也应该渐进明细。

2．估算持续时间时应考虑收益递减率、资源数量、技术进步和员工激励，特别是学生综合症和帕金森定律的影响。

3．类比估算是基于过去类似项目数据的自上而下估算，项目的相似度越高或估算知识越专业，则估算准确度越高。类比估算往往在项目早期信息不足时使用，具有成本低、耗时少和准确性较低的特点。

4．参数估算利用历史数据之间的统计关系和其他变量进行估算，其准确性取决于参数模型的成熟度和基础数据的可靠性。

5．三点估算基于 PERT，是考虑到估算中的不确定性和风险后所做的加权计算，有三角分布和贝塔分布两种算法。

6．自下而上估算通过逐层汇总得到项目估算，如果无法获得合理的可信度，则应将工作进一步细化后再自下而上估算，使估算的结果更为可靠。

7．考虑进度储备，以应对进度的不确定性，包括针对已知风险的应急储备和未知风险的管理储备。

8．敏捷估算使用相对估算，估算单位为故事点，常见的估算方法包括敏捷扑克、亲和估算和斐波那契数列。

▶"制订进度计划"考点

1．制订进度计划时应进行进度网络分析，如关键路径法、资源优化技术、建模技术、评估进度储备、审查网络等。

2．关键路径法用于进度模型中估算项目最短工期，以确定逻辑网络路径的进度灵活性大小。这种方法在不考虑任何资源限制的情况下，通过顺推和逆推，计算出项目中历时最长的一条或多条路径。

3．关键路径上的活动称为关键活动，关键活动的总浮动时间最少，其浮动时间可以为正、为负、为零。在正常情况下，关键路径的总浮动时间应为零，代表关键活动不可推迟。关键路径的总浮动时间如为负数，代表了项目工期紧张，需要压缩进度。

4．次关键路径是时间长度与关键路径最为接近的路线，两者的长度越接近，则项目的风险就越大。

5．总浮动时间指活动在不延误总工期的前提下，可以调整的进度灵活性。自由浮动时间指不延误紧后活动最早开始日期的前提下，可以推迟的时间量。

6．资源优化技术包括资源平衡和资源平滑两种。资源平衡通过调整开始和完成时间解决资源的限制或过度分配，往往会导致关键路径的改变。资源平滑通过在浮动时间内调整活动来解决资源限制，不会导致关键路径变化，但可能无法实现所有资源的优化。

7．项目进度计划的编制可以通过假设情景分析来评估项目进度计划在不同条件下的可行性，以及为应对意外情况的影响而编制进度储备和应对计划，也可以通过蒙特卡洛分析来估算项目进度概率分布的情况。

8．当需要压缩进度以缩短工期时，可采用对关键路径增加资源的赶工和调整活动顺序的快速跟进。赶工可以有效缩短工期，但会带来成本和风险的增加。而快速跟进会导致并行工作增加，带来质量风险。除非题目中说明通过调整活动顺序来压缩进度，一般默认赶工。

9．在敏捷方法中，可以通过敏捷发布规划来提供高度概括的发布进度时间轴，发布计划定义了发布次数，以及每次发布的迭代次数。在每次迭代开始时，需要制订迭代计划。迭代计划中使用故事点来估算纳入本次迭代的用户故事大小，并将用户故事分解为任务，用小时估算每个任务的时间。

10. 一个迭代期间，团队所有完成用户故事的故事点总和称为速度。每个迭代第一天召开的规划会议上，团队参考历史速度对当前迭代进行规划，其中越是靠近当前迭代的速度越具备参照性。

11. Scrum 的冲刺周期一般是 2～4 周，这是一个开始时间和完成时间固定的时间盒，任何工作都不允许打破冲刺完成日期的约束，如果当前冲刺未能完成所有规划的内容，剩余用户故事将纳入下个冲刺。

12. 项目进度计划输出不同的图表，横道图（甘特图）和里程碑图提供了高层次的项目概况，适合用来和管理层及客户进行沟通，详细的进度计划则适合项目团队开展进度控制使用。

13. 项目日历规定了可以开展进度活动的工作日和工作班次。

▶ "控制进度" 考点

1. 控制进度是监督项目活动状态、更新项目进展、管理进度基准变更，以实现进度计划的过程。

2. 关键路径法控制进度时，如果部分活动延期但是进度正常，说明活动不在关键路径上。同样，进度绩效指标小于 1 但显示进度符合计划，往往是因为非关键活动出现了延期的情况。

3. 采用敏捷方法控制进度时，使用迭代燃尽图来追踪迭代待办事项中尚待完成的工作，先用对角线表示理想的燃尽情况，再每天画出实际剩余工作，最后基于剩余工作计算出趋势线以预测完成情况。

4. 分析进度数据的方法包括挣值分析、趋势分析、偏差分析、假设情景分析、绩效审查和燃尽图。其中绩效审查用于测量、对比和分析进度绩效。

4.2 | 项目进度管理练习（共 50 题，单、多选题）

1. 项目团队在为当前迭代制作进度计划，项目经理从产品未完项中选取了优先级最高的部分用户故事，并将其分解为任务，项目经理应使用什么评估工作量的大小？（选出 2 个答案）

A. 人天　　　　B. 两周　　　　C. 故事点　　　　D. 人时　　　　E. 速度

2. 公司必须在没有延期的情况下按规定日期交付项目。然而，当前项目已经落后于进度，而且项目的资源有限，项目经理应该怎么做？

A. 赶工　　　　　　　　　　　　B. 快速跟进

C. 向项目发起人沟通延迟问题　　D. 向关键路径活动分配额外资源

3. 估算活动持续时间和活动资源之后，项目经理准备制定项目进度网络图。该表显示了支持项目进度网络图的数据。但是，项目经理发现一名开发人员同时兼任了测试人员的角色，而且开发和测试工作是同期进行的。项目经理应该使用什么技术来重新计算新的完成日期？

活动	持续时间（天）	需要的资源	资源类型
A	3	1	团队领导
B	4	2	业务分析师
C	2	4	开发人员
D	3	2	测试人员

A. 关键路径法　　　　　　　　　B. 蒙特卡洛分析

C. 资源平滑　　　　　　　　　　D. 资源平衡

4. 原进度计划如下，如活动 2 的完工时间推迟 3 天，这将对项目的交付日期造成多少天的影响？

活　动	持续时间（天）	前置任务	依赖关系
1	5	无	开始
2	8	1	FS
3	10	1	FS
4	9	2 和 3	FS
5	10	4	FS
6	12	4	FS

A. 0　　　　　　B. 1　　　　　　C. 2　　　　　　D. 3

5. 活动清单、横道图和网络图属于下列哪项的内容？

A. 工作分解结构　　　　　　　　B. 项目章程

C. 进度管理计划　　　　　　　　D. 项目进度计划

6. 进度网络分析所使用的分析技巧包括下列哪项？（选出 2 个答案）

A. 三点估算　　　　　　　　　　B. 资源日历

C. 关键路径法　　　　　　　　　D. 紧前关系绘图法

E. 建模技术

7. 任务 A 的成本估算为 1 000 美元，计划完成日期是 12 月 30 日，总工期为 10 天。项目经理在 12 月 27 日查看任务进度发现，任务 A 完成 50%，分配给任务 A 的资源已经花费 500 美元。项目经理决定增加一名资源，这属于以下哪项的实例？

    A. 制定预算　　　B. 快速跟进　　　C. 赶工　　　　D. 风险控制

8. 审查一个高风险项目的进度之后，发起人认为项目必须在本月完成，但是项目验收前必须经过政府机关的审批，这属于以下哪项？

    A. 外部强制性依赖　　　　　　　B. 外部选择性依赖

    C. 内部强制性依赖　　　　　　　D. 内部选择性依赖

9. 项目当前的成本进度图如下：

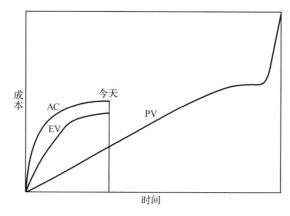

项目的当前状态是什么？

    A. 超出预算，并超前于进度　　　B. 超出预算，但落后于进度

    C. 低于预算，但超前于进度　　　D. 低于预算，并落后于进度

10. 项目 A 的活动 1 有一个来自项目 B 活动 2 的外部依赖关系（结束到开始）。这个外部依赖关系被识别为项目 A 的一个进度延期风险。然而，项目经理接受风险，并导致延期。接受这个风险之后，项目经理应该完成哪项工作来尽可能地降低影响？

    A. 与项目发起人沟通风险的存在　　B. 在一个项目群中协调两个项目

    C. 确定应急储备　　　　　　　　　D. 建立管理储备

11. 项目的成本绩效指数（Cost Performance Index，CPI）为 1.25，进度绩效指数（Schedule Performance Index，SPI）为 0.81。项目经理希望进度能和计划保持一致。项目经理接下来应该怎么做？

    A. 通过并行活动快速跟进进度

    B. 分配多名额外的团队成员，加快项目进度

C. 请求额外资金

D. 分析关键路径

12. 项目经理被要求提供三个新项目的工期测算。项目经理分析了三个新项目，发现它们在规模和需求方面与之前两个项目相近。要为三个新项目建立工期测算，项目经理应该使用以下哪种估算方法？

A. 专家判断

B. 参数估算

C. 类比估算

D. 自下而上估算

13. 项目经理必须向高级管理层报告项目状态。项目经理应使用哪项工具从较高层次显示主要可交付成果的状态？

A. 每周状态图　　B. 活动清单　　C. 进度网络图　　D. 横道图

14. 项目需求非常多，且变化很快。当前团队成员共有 7 人，发起人表示现在的团队规模是公司能提供的所有资源。项目经理决定制定需求清单，每周按优先级从需求清单上选取固定工作量大小的任务来完成。项目经理采取的是以下哪项？

A. 产品迭代进度计划

B. 产品增量进度计划

C. 按周进度计划

D. 按需进度计划

15. 项目经理发现一名关键团队成员将在两周内离开组织。该名团队成员正在为处于关键路径上的任务工作。项目经理首先应该做什么？

A. 确定失去该名团队成员的影响

B. 核实是否能够变更范围

C. 更新工作分解结构

D. 更换团队成员

16. 一个创新型项目已被立项，组织之前没有实施过类似的项目，因此没有历史数据可以作为参考，项目经理必须为项目制订一份进度计划，他应该使用什么工具或技术？

A. 自下而上估算

B. 专家判断

C. 参数估算

D. 敏捷发布规划

17. 项目经理接管了一个落后于进度但在预算内的项目。如果任务没有按顺序进行，则剩余任务可能造成重大风险。下列哪项技术可用于恢复项目进度？

A. 要求额外的资源赶工

B. 将经验不足的团队成员替换为经验更丰富的团队成员

C. 通过减少不必要的任务恢复进度

D. 使用快速跟进

18. 项目经理接管一个处于执行阶段的项目，项目已延期且成本超支。项目经理评估有些问题是由于团队成员缺乏技能引起的。项目经理下一步应该怎么做？

    A. 向绩效较低的团队成员分配较不复杂的任务

    B. 将绩效问题上报给直线经理，并设法更换员工

    C. 确定开发需求，并采取纠正措施

    D. 请求人力资源部门更新绩效评估

19. 项目经理通知项目发起人，项目采取敏捷式开发方法。项目发起人要求项目经理发布基于项目路线图的规划，并确定项目的迭代次数。项目经理应使用下列哪项技术？

    A. 敏捷发布计划   B. 迭代规划会议

    C. 冲刺计划   D. 待办事项清单

20. 项目经理完成项目进度计划之后，采购专员表示一个采购已经执行完成。项目经理应该对以下哪个过程做出调整？

    A. 定义活动   B. 排列活动顺序

    C. 估算活动时间   D. 规划进度

21. 项目经理在为一个项目规划进度。他要求团队成员在制订进度计划时，在不延误紧后活动正常开始的情况下，考虑每个活动可推迟的时间，这属于以下哪项？

    A. 总浮动时间   B. 紧后浮动时间

    C. 紧前浮动时间   D. 自由浮动时间

22. 项目经理制作项目活动清单如下：

活　　动	紧前活动	活动历时（天）
A	—	3
B	A	3
C	A	2
D	C	8
E	B	5
F	D，E	10
G	F	6

其中活动 E 的总浮动时间是几天？

A. 0   B. 1   C. 2   D. 3

23. 项目组正在为一个具有多种风险的项目制订进度计划，项目经理通过计算概率分布，确定 3 个月内完成项目的可能性为 95%。项目经理使用了什么技术？

    A. 假设情景分析   B. 蒙特卡洛分析

C. 关键路径法　　　　　　　　D. 资源平衡

24. 项目经理和发起人正在处理某一活动可能被延迟的问题。如果主要零部件按期到货，活动将准时完成；如果供应商发生延期，活动将被迫推迟，并导致相关活动无法正常开展，项目经理正在执行哪项？

   A. 模拟　　　　　　　　　　B. 决策树

   C. 多标准决策分析　　　　　D. 假设情景分析

25. 项目经理正在管理一个价值数百万美元的项目。项目有三条进度网络路径，其中两条网络路径的浮动时间为零，而第三条路径有 5 天的总浮动时间。该项目有几条关键路径？

   A. 无关键路径　　　　　　　B. 1 条关键路径

   C. 2 条关键路径　　　　　　D. 3 条关键路径

26. 项目经理注意到燃尽图上显示项目进度落后，在深入调查原因后，项目经理发现有一名团队成员没有积极参与工作，从而导致整个团队进度落后。项目经理应该做什么？

   A. 要求人力资源部门对该成员进行绩效评价

   B. 要求 PMO 将团队成员分配给其他项目团队

   C. 和这名团队成员一起讨论原因并制订改进计划

   D. 和项目团队一起开会讨论该问题，并将会议记录分发给相关方

27. 项目团队发现关键活动滞后于进度，项目经理必须确定项目何时开始落后于进度。项目经理接下来应该怎么做？

   A. 修改工作分解结构，确定持续时间长的复杂活动

   B. 修改活动持续时间估算，确定关键活动中持续时间最长的任务

   C. 使用专家判断，讨论活动延迟的问题

   D. 将项目各个时点间的状态和进度基准进行比较

28. 项目团队在向客户交付软件代码时落后于进度。为满足期限要求，项目经理要求开发团队和测试团队立即开始同步工作，项目经理接下来应该关注下列哪项？

   A. 可交付成果会产生镀金的效果

   B. 项目开发成本大幅度上升

   C. 代码可能有更多错误，且可能需要额外的功能测试

   D. 由于同步工作导致沟通不畅

29. 项目预算工期为 40 天，项目经理按每天 1 000 美元分配资源,分配的预算为 40 000 美元。在第 20 天结束时，所执行的工作量的计划金额为 16 000 美元。如果资源的生产率

保持相同，项目预计将于何时完成？

 A. 第 55 天　　 B. 第 50 天　　 C. 第 45 天　　 D. 第 40 天

30. 在项目中途，项目经理意识到没有足够的时间来完成所有可交付成果。项目经理接下来应该怎么做？

 A. 评估当前进度延迟的影响程度

 B. 向客户提供项目可交付成果的替代方案

 C. 向客户提交项目延迟预警通知

 D. 获取管理层对项目延期的承诺和支持

31. 项目由于资源紧缺，导致进度受到影响。为了保证项目按期完成，项目经理在查看了项目进度计划后，推迟了部分拥有总浮动时间的活动的开始日期，使资源得到合理配置，项目经理采用了哪项技术？

 A. 赶工　　　 B. 快速跟进　　 C. 资源平衡　　 D. 资源平滑

32. 项目经理在领导一个敏捷项目，迭代开始后的第一天，项目经理邀请客户和团队成员参加会议，讨论本次迭代需要完成的用户故事，并将其分解细化，项目团队正在执行哪一项？

 A. 每日站会　　 B. 迭代规划会议 C. 评审会议　　 D. 回顾会议

33. 根据以下表格，项目经理最需要关注的两条路径是？（选出 2 个答案）

活　动	紧前活动	活动历时（天）
A	—	2
B	A	5
C	B	10
D	B	15
E	B	10
F	C	8
G	E	12
H	D，F	5

 A. A-B-C-F-H　　　　　　　 B. A-B-D-F-H

 C. A-B-D-H　　　　　　　　 D. A-B-E-G

 E. A-B-E-G-H

34. 一个新产品项目处于执行阶段，完成并投入市场的时间点是一个关键项目目标。目前，CPI 为 1.2，SPI 为 0.6。为满足项目目标，项目经理应该怎么做？

 A. 增加资源并批准团队加班

B. 减少范围，将 CPI 和 SPI 平衡到 0

C. 不采取任何措施，因为项目提前于进度，且将满足目标

D. 转用管理储备的资金

35. 一名团队成员告诉项目经理，她负责的活动出了问题，不能在规定的开始时间启动。项目经理在进度报告中反映了这个情况，并给出"项目在进度计划内，会按时完成"的结论。以下哪项可能是项目经理如此汇报的原因？

A. 此活动有浮动时间，可以重新安排它的最早开始时间和最晚结束时间

B. 活动在次关键路径上，活动的浮动时间短于延期的时间

C. 活动在关键路径上，但有多个后续活动

D. 活动有外部依赖关系，所以项目经理可以把它随意安排在进度中的任何位置

36. 一个新产品研发项目中，项目团队每两周会向客户汇报和演示一次产品原型，产品经理为产品定义了太多详细需求，导致团队对需要完成和演示哪些内容感到困惑，项目经理应该给团队提供什么建议？

A. 定义用户故事的基本可运行功能，并对它们进行排序

B. 制订详细的进度计划，并采用符合实际的演示周期

C. 估算所有用户故事的规模，并承诺交付两周工作量可完成的工作

D. 增加团队的规模，以提高团队按时向客户交付的可能性

37. 因为担心项目将延误一个关键里程碑，客户坚持同时实施多项项目活动以便节约时间。批准这个变更之前，项目经理应该开展下列哪项工作？

A. 进度影响分析　　　　　　　　B. 赶工影响分析

C. 依赖关系分析　　　　　　　　D. 成本影响分析

38. 由于外部顾问在没有收到公司内部专家的报告之前无法完成工作，项目超出计划成本。然而，这名内部专家当前正在为其他项目工作。为避免这种情况，项目经理应该做什么？

A. 资源平衡，管理资源约束条件

B. 赶工，为项目增加额外资源

C. 快速跟进技术，安排并行执行任务，并减少时间

D. 成本储备分析，为未规划的成本提供资金

39. 与项目团队一起合作制作一份进度图的时候，项目经理添加了一条辅助对角线，并以此作为基准对项目的偏差进行跟踪。这是哪种监控方法？

A. 横道图　　　　B. 散点图　　　　C. 进度网络图　　　　D. 迭代燃尽图

40. 一个系统集成项目正在顺利进行中，项目经理已申请采购一批网络设备，待设备签收后，便可派遣工程师进入机房进行网络设备的安装和配置工作。在编制进度网络图时要考虑哪个关系和依赖的组合？（选出 2 个答案）

A. 完成到完成（FF）关系   B. 开始到完成（SF）关系

C. 完成到开始（FS）关系   D. 选择性依赖关系

E. 强制性依赖关系

41. 项目团队在以下哪个活动中经常使用数字序列 0, 1, 2, 3, 5, 8, 13？

A. 表示相关性   B. 估算开发小时

C. 指定故事优先级   D. 估计故事点数

42. 在项目规划阶段，项目经理完成进度计划。若要确定总体进度计划的灵活性，项目经理应当首先使用下列哪项工具或技术？

A. 关键路径分析   B. 储备分析

C. 资源平衡   D. 资源日历

43. 一名高级经理在项目执行期间审查项目进度，认为多个任务过高估计了其持续时间，要求项目团队提前完成相关任务。但是团队成员抱怨说工作负荷很高，任务难以提前完成，这是以下哪项的体现？（选出 2 个答案）

A. 帕累托法则   B. 帕金森定律

C. 彼得原理   D. 墨菲定律

E. 学生综合症

44. 项目团队在为项目中的测试活动估算持续时间，一位团队成员建议，根据历史信息每项测试平均用时 0.5 人天，项目中共计有 120 项测试，预计测试持续时间为 60 人天，这属于哪种估算技术？

A. 专家判断   B. 类比估算

C. 参数估算   D. 自下而上估算

45. 在一个施工项目的第七个月，挣值绩效数据显示进度偏差为 -150 万美元。但到目前为止，项目符合进度。项目经理预定下周向管理委员会报告项目状态。项目经理接下来应该怎么做？

A. 更新问题日志反映当前问题

B. 从管理储备中转移 150 万美元来弥补短缺

C. 提交变更请求，允许进度延误

D. 审查项目进度计划和关键路径

46. 在与项目团队进行进度估算讨论期间，项目经理被告知：某项活动在最好情况下能够在 4 天内完成，在最坏情况下能够在 9 天内完成，但最可能将需要花 5 天完成，如使用三角分布计划，这项活动的预测工期是多少天？

A. 4　　　　　B. 5　　　　　C. 5.5　　　　　D. 6

47. 一个 IT 布线项目中，项目团队正在确定活动之间的关系，其中设备安装被标记为在布线开始 10 天后开始，项目团队使用的是以下哪种方法？

A. 蒙特卡洛分析　　　　　B. 紧前关系绘图法

C. 箭线图法　　　　　　　D. 假设情景分析

48. 在制定项目进度时，项目经理确定了每个活动的紧前活动和活动持续时间。下列哪项正确描述了在顺推计算中的最早开始日期（ES）和最早完成日期（EF）？

A. 之前任务的 ES 生成后续任务的 ES

B. 之前任务的 EF 生成后续任务的 ES

C. 之前任务的 ES 生成后续任务的 EF

D. 之前任务的 EF 生成后续任务的 EF

49. 一个项目要完成 10 条生产线的技术改造。总工期为 30 天，预算为 60 万元。项目进行到第 10 天，已经完成 4 条生产线的改造，实际花费 25 万元，预计项目完工日期是多少天？

A. 20　　　　　B. 25　　　　　C. 30　　　　　D. 35

50. 项目经理查看项目进度计划，发现关键路径的时差为−15 天，项目经理接下来应该如何处理？

A. 通知管理层项目预计提前 15 天完成

B. 关键路径错误，重新计算关键路径直至时差为零

C. 要求增加资源投入和赶工

D. 查看项目制约，并进行修订

4.3 ｜ 习题解答

1. C、D

解析：在敏捷项目管理中，使用故事点来评估每个用户故事的工作量大小，使用小时来评估每个任务的工作量大小。

2. B

解析：为了缩短项目工期，可采用赶工或快速跟进。其中，赶工通过增加资源来压缩进度，快速跟进将正常情况下按顺序进行的活动改为至少部分并行开展来缩短工期。由于题设中项目资源有限，所以选择快速跟进。

3. D

解析：资源平衡是为了在资源需求与资源供给之间取得平衡，根据资源制约因素对开始日期和完成日期进行调整的一种技术。如果共享资源或关键资源只在特定时间可用，数量有限，或被过度分配，如一个资源在同一时段内被分配两个或多个活动，就需要进行资源平衡。

4. B

解析：原关键路径为 1-3-4-6，共计 36 天，根据题设将活动 2 的时间由 8 天延迟至 11 天后，产生了新的关键路径 1-2-4-6，共计 37 天。

5. D

解析：项目进度计划展示活动之间的相互关联，包括横道图、里程碑图、项目进度网络图。

6. C、E

解析：进度网络分析是创建项目进度模型的分析技术，包括关键路径法、资源优化技术和建模技术等。

7. C

解析：当进度出现延误时，可采取进度压缩，包括快速跟进（按顺序进行的活动改为并行开展）或赶工（增加资源以加快活动完成时间）的方式。

8. A

解析：项目验收之前必须得到批准，属于强制性依赖；政府机构批准不在项目组控制范围之内，属于外部依赖，因此选择外部强制性依赖。

9. A

解析：通过观察图表，在"今天"进行绩效评估，数值显示 EV 大于 PV，计算 SPI 大于 1，所以进度提前；EV 小于 AC，计算 CPI 小于 1，所以成本超支。

10. C

解析：在进行持续时间估算时，需考虑应急储备，以应对进度方面的不确定性。应急储备是包含在进度基准中的一段持续时间，用来应对已经接受的已识别风险。

11. B

解析：本题 CPI 大于 1 且 SPI 小于 1，说明进度延误但成本节约。此时压缩进度的最好方法是赶工，可以利用节约的成本来增加资源，让进度和计划保持一致。

12．C

解析：类比估算是一种使用相似活动或项目的历史数据，来估算当前活动或项目的持续时间或成本的技术。

13．D

解析：根据信息的复杂程度不同，向管理层汇报进度计划宜使用横道图，项目团队内部的进度信息宜使用进度网络图。

14．D

解析：按需进度计划根据团队的交付能力来限制团队正在开展的工作。其不依赖以前为产品开发或产品增量制订的进度计划，而是在资源可用时，根据团队的能力选择能够完成的任务进行开发。

15．A

解析：在控制进度时发现影响关键路径的问题应提出变更请求。在提交变更请求前，应先就变更的影响进行评估。

16．D

解析：创新型项目适用于敏捷方法，因此使用敏捷方法中的进度规划方法——敏捷发布规划。

17．A

解析：需要恢复已经延误的进度，且不能通过调整任务顺序的方式进行快速跟进，因此选择赶工，即增加资源来压缩进度。

18．C

解析：当前项目存在进度延期和成本超支的问题，项目经理评估原因后，应发起变更请求。而纠正措施是变更请求的一种情况，主要是为了让项目工作绩效重新与项目管理计划一致。

19．A

解析：敏捷发布规划基于项目路线图和产品发展愿景，确定了发布的迭代或冲刺次数，使产品负责人和团队能够决定需要开发的内容。

20．C

解析：实施采购过程会根据卖方的可用性，更新与进度计划有关的资源日历。资源日历也是估算活动持续时间的输入。因此应对估算活动持续时间过程进行重新调整。

21．D

解析：自由浮动时间是指在不延误任何紧后活动最早开始日期或不违反进度制约因素的前提下，某进度活动可以推迟的时间量。

22．C

解析：根据关键路径法可得出活动 E 的最早开始时间为第 7 天，最早结束时间为第 11 天，最晚开始时间为第 9 天，最晚结束时间为第 13 天。总浮动时间由最晚结束时间–最早结束时间，或最晚开始时间–最早开始时间，为 2 天。

23．B

解析：模拟是把单个项目风险和不确定性的来源模型化的方法，以评估它们对项目目标的潜在影响。最常见的模拟技术是蒙特卡洛分析，它利用风险和其他不确定资源计算整个项目可能的进度结果，并使用概率分布和不确定性的其他表现形式，来计算出多种可能的持续时间。

24．D

解析：假设情景分析基于已有的进度计划，对各种情景进行评估，通过"如果情景×出现，情况会怎样？"这样的问题进行分析，以预测它们对项目目标的影响。

25．C

解析：关键路径上的总浮动时间一般为零，本题有两条网络路径的浮动时间为零，代表着项目有两条关键路径。

26．C

解析：项目经理在面对团队问题时，需要及时和团队成员沟通，以分析问题原因并制订改进计划。

27．D

解析：确定项目何时落后于进度，需将项目各个时间点的状态和进度基准进行比较，从而找到相关信息。

28．C

解析：开发团队和测试团队开始同步工作，说明当前项目经理采取了快速跟进来追上进度，快速跟进不会导致项目成本上升，但会导致项目返工和风险增加。D 不对是因为同步工作和沟通不畅没有因果关系。

29．B

解析：进度预测的公式为：进度基准/SPI。本题中，SPI=16 000÷20 000=0.8。进度基准给出的是 40 天，因此 40/0.8=50 天，项目预计在第 50 天完成。

30．A

解析：项目无法按期完成，应提出变更请求。变更请求首先应评估变更的影响，确定影响程度。

31．D

解析：资源平滑是对进度中的活动，在其自由和总浮动时间内进行调整，从而使项目资源需求不超过预定的资源限制的一种技术。相对于资源平衡而言，资源平滑不会改变项目关键路径，完工日期也不会延迟。

32. B

解析：敏捷项目每个迭代的第一天，项目团队召开迭代规划会议，选择纳入本次迭代的用户故事，并将其分解为任务，为本次迭代的工作做出详细规划。

33. A、D

解析：本题考查关键路径和次关键路径。根据题意，本题的关键路径为 A-B-C-F-H（30天）。与其最为接近的次关键路径为 A-B-E-G（29天）。项目经理需要关注关键路径和次关键路径，尤其是两者长度较为接近的时候。

34. A

解析：CPI=1.2 表示成本节约，SPI=0.6 说明进度延迟。为确保新产品投入市场的时间，可以采用赶工，即通过增加资源来压缩进度。赶工的例子包括批准加班、增加额外资源或支付加急费用，来加快关键路径上的活动完成时间。

35. A

解析：活动无法按时启动，代表活动将会延期。题设表示单个活动的延期不会造成整个工期的延误，说明活动不在关键路径上，且浮动时间长于延期时间。

36. A

解析：敏捷基于 MVP 进行迭代开发，并通过反馈来不断完善产品功能，而不是事先制订详细的计划。C 不对是因为敏捷交付顺序必须按照优先级来实施，D 错误是因为敏捷鼓励小团队，在大规模复杂项目中使用多团队并行的方式，而非通过增加团队规模。

37. C

解析：客户坚持同时实施工作，是采用快速跟进的方式压缩进度。因此在批准此类改变活动顺序的变更请求前，应先分析活动之间的依赖关系，以确定活动是否可以并行进行。

38. A

解析：由于内部专家被分配到其他项目，资源的不可用造成后续成本超支。因此若要避免该问题，就需要在制订进度计划的时候使用资源优化技术进行资源平衡。

39. D

解析：迭代燃尽图基于迭代规划中确定的工作，分析与理想燃尽图的偏差。在燃尽图中，先用对角线表示理想的燃尽情况，再每天画出实际剩余工作，最后基于剩余工作计算出趋势线以预测完成情况。

40. C、E

解析：只有网络设备到货并签收后，方可进入机房进行施工，所以前者和后者的关系是完成到开始（FS）。另外，设备签收之前，工程师是无法进入机房进行施工操作的，这属于强制性依赖。

41．D

解析：敏捷估算中使用斐波那契数列来估算用户故事的故事点大小。斐波那契数列以 0，1 开头，后续每个数字为前两个数字之和。

42．A

解析：总体进度计划的灵活性体现在活动的浮动时间上。关键路径分析可以沿进度网络路径进行顺推与逆推分析，计算出所有活动的最早开始、最早结束、最晚开始、最晚结束日期以及浮动时间。

43．B、E

解析：帕金森定律指只要还有时间，工作就会不断扩展，直到用完所有的时间。学生综合症又称拖延症，指人们总是在快到期限时才会全力以赴。

44．C

解析：参数估算是一种基于历史数据和项目参数，使用某种算法来计算成本或持续时间的估算技术。

45．D

解析：项目绩效数据显示进度偏差为负，但总体进度符合要求，这说明关键路径上的活动正常完成，但非关键路径上的活动存在延误。因此，应审查项目进度计划和关键路径，找出问题所在。

46．D

解析：三角分布计算公式为：期望时间 =（最乐观时间 + 最可能时间 + 最悲观时间）/3，本题计算为（4+5+9）/3=6（天）。

47．B

解析：本题中使用的是紧前关系绘图法中的"开始到开始"（SS）关系，在箭线图法中则只存在"完成到开始"（FS）关系。

48．B

解析：在关键路径分析中，紧前活动的 EF 将生成后续活动的 ES。

49．B

解析：进度预测=进度基准/SPI，本题中进度基准为 30 天，挣值 EV 为 60 万×4 条/10 条= 24 万（元），计划价值 PV 为 60 万×10 天/30 天=20 万（元），因此 SPI=EV/PV=1.2，预计完工日期=30/1.2=25（天）。

50．C

解析：关键路径的总浮动时间可能是正值、零或负值。总浮动时间为负值，是由于持续时间和逻辑关系违反了对最晚日期的制约因素，说明项目无法在要求的时间内完成，应该增加资源和加班来对进度进行压缩。

第 5 章

项目成本管理

5.1 | 重点考点解析

▶ "规划成本管理" 考点

1. 成本管理包括为使项目在批准的预算内完成而对成本进行规划、估算、预算、融资、筹资、管理和控制的各个过程，从而确保项目在批准的预算内完工。

2. 直接成本指直接归属于本项目工作的费用支出，如材料费、人工费，而间接成本一般指多项目共同分摊的费用，如房租、水电费等。

3. 固定成本是指不受业务量增减变动影响而能保持不变的成本，如房租、管理费，可变成本指随业务量的变化而变动的成本，如材料费、水电费等。

4. 机会成本指选择一个项目时而放弃其他项目的潜在收益，即损失掉的可能盈利。在选择项目时必须考虑项目的机会成本。

5. 沉没成本指由于过去的决策已经发生了的、不能由现在或将来的任何决策改变的成本。当判断项目是否继续下去的时候，不应将沉没成本纳入考虑范围。

6. 收益递减率指随着投入的增加，边际收益是递减的。学习曲线则指根据资源熟练度的提高，工作效率会逐渐增加。

7. 敏捷型项目中由于需求变化快、范围不明确、经常发生变更，因此详细的成本计算可能没有多大帮助。可以采用轻量级估算方法快速生成对项目成本的高层级预测，如果敏捷项目需要遵循严格的预算，通常需要更频繁地更改范围和进度计划，以始终保持在成本制约因素之内。

8. 成本管理计划中要定义用于绩效测量的挣值管理规则，常见的有 50/50 法则、25/75 法则等。50/50 法则代表活动开始时将活动 50%的价值计入完工价值，待活动完成时，再将剩下的 50%的价值计入完工价值。

▶ "估算成本"考点

1. 估算成本是对完成项目工作所需成本进行近似估算。项目估算的准确性应随着项目的进展而逐步提高。在启动阶段可得出项目的粗略量级估算，其区间为–25%至+75%；在规划阶段，随着信息越来越详细，确定性估算的区间可缩小至–5%至+10%。

2. 类比估算以类似项目的数据为基础，常在信息不足时使用，具有快速、低成本的优点，但准确性较低。

3. 参数估算以历史数据和其他变量的统计关系来计算，准确性取决于参数模型的成熟度和基础数据的可靠性。

4. 自下而上估算通过对底层工作包的活动成本进行估算，再向上汇总直至总体预算完成。这种方法最为细致和准确，也更为可靠。

5. 三点估算考虑估算的不确定性和风险，通过最乐观、最可能和最悲观三个估算值来界定成本的近似区间，有三角分布和贝塔分布两种算法。

6. 储备分析是应对预算成本的不确定性，采用应急储备和管理储备为成本估算提供合理性保障。其中应急储备用来应对已知风险，而管理储备用来应对未知风险。

7. 成本估算的支持信息包括估算依据、假设条件、制约因素、考虑的风险、估算区间说明以及最终估算的置信水平说明。

8. 敏捷项目的成本估算使用自上而下估算方法。

▶ "制定预算"考点

1. 制定预算旨在汇总单个活动或工作包的估算成本，建立一个经批准的成本基准，用于据此监督和控制项目的成本绩效。

2. 审核历史信息有助于进行参数估算或类比估算，可以将历史信息用于建立数学模型预测项目的总成本。

3. 项目资金的使用要考虑平衡资金支出的限制、强制日期以及融资必须满足的要求。

4. 成本基准是经过批准的、按时间段分配的项目预算，不包括任何管理储备，只有通过正式的变更控制程序才能变更。成本基准由活动成本、工作包成本、控制账户成本逐级汇总得到，通常用 S 曲线表示。

5. 项目预算或总资金需求由成本基准和管理储备组成，当出现有必要动用管理储备的变更时，则应该在获得变更控制过程的批准之后，把适量的管理储备移入成本基准中。

▶ "控制成本"考点

1. 控制成本是通过综合分析资金支出与实际工作的完成情况，发现实际与计划的差异，以更新项目成本，管理成本基准变更的过程。

2. 挣值管理将范围基准、成本基准和进度基准整合起来，形成绩效基准，以便项目管理团队评估和测量项目绩效和进展。

3. 挣值计算的公式建立在四个基础数据上：应完成的计划工作价值（PV）、已完成的实际工作价值（EV）、已花费的实际成本（AC）及完工预算（BAC）。

4. 进度偏差（SV）和成本偏差（CV）用于评价给定时点的项目绩效情况，偏差>0代表项目成本/进度绩效领先，偏差=0代表项目成本/进度绩效符合计划，偏差<0代表项目成本/进度绩效落后。而 CPI 和 SPI 则是用于测量项目效率的指标，绩效指数>1代表项目成本/进度效率领先，绩效指数=1代表项目成本/进度效率符合计划，绩效指数<1代表项目成本/进度效率落后。

5. 完工偏差（VAC）是对于预算亏空量或盈余量的一种预测，是完工预算与完工估算之差。

6. 进行完工估算预测（EAC）时，如剩下的工作按照当前成本绩效进行，使用典型公式 EAC=BAC/CPI；如剩下的工作按计划进行，则使用非典型公式 EAC=AC+(BAC−EV)；如剩下的工作同时考虑进度和成本的绩效，则使用公式 EAC=AC+[(BAC−EV)/(SPI×CPI)]。一般默认使用典型公式 EAC=BAC/CPI。

7. 完工尚需绩效指数（TCPI）是指若要在原定预算（或完工估算）范围内完成所有工作，剩下的工作所需达到的 CPI。

8. 完工尚需估算（ETC）是指完成项目所有剩下的工作所需的预计成本，公式为 ETC=EAC−AC。

5.2 │ 项目成本管理练习（共 50 题，单、多选题）

1. 下图显示了项目结束时的成本曲线。项目计划工期为 12 个月，但是完工花了 15 个月。下列哪种说法适用于这种情况？

A. 项目按预算交付，但落后于进度

B. 成本在整个项目过程中稳步增加

C. 项目团队在第 6 个月到第 9 个月未按时交付

D. 项目在第 3 个月到第 6 个月处于停顿状态

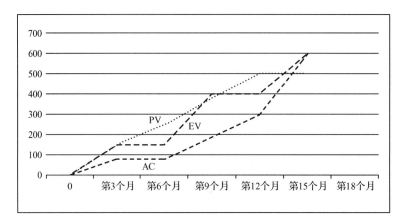

2. 在制定项目成本基准时，项目经理需要考虑以下哪项？

A. 成本估算和应急储备
B. 成本估算和管理储备

C. 应急储备和管理储备
D. 成本估算、应急储备和管理储备

3. 参数估算采用了下列哪两者之间的统计关系？

A. 活动成本与其他变量
B. 最佳情况与其他变量

C. 最差情况与其他变量
D. 历史数据与其他变量

4. 一个新系统的开发项目正在实施。项目经理交付项目预算供项目发起人评估。项目经理在编制预算过程中应考虑什么工具？

A. 项目管理信息系统
B. 自下而上估算

C. 卖方投标分析
D. 储备分析

5. 发起人要求项目经理提供一个潜在新项目的成本估算。项目经理报告项目的成本估算区间为 375 000 ~ 875 000 美元，项目经理提供的估算类型是以下哪种？

A. 滚动式估算
B. 确定性估算

C. 粗略量级估算
D. 预算估算

6. 一个 10 万美元预算的项目中，开发人员完成了 50% 的任务。在阶段的状态评审会上，项目经理发现团队成员需要加班三周来完成该项目剩下的工作。该项目的挣值是多少？

A. 7 万美元　　 B. 6.25 万美元　　 C. 5 万美元　　　　 D. 4 万美元

7. 根据项目计划，截至目前，按每小时 50 美元的费率，应完成 1 000 小时的工作。项目经理计算了实际绩效，发现已完成 1 200 小时的工作，花费 72 000 美元。那么项目的

CPI 是多少？

    A.　1.5   B.　1.2   C.　0.833   D.　0.667

8.　根据项目计划，项目的状态如下：按每小时 28 美元的劳动费率，工作 1 000 小时，计划花费 28 000 美元。监控成本时，项目经理确定 CPI 为 0.8。项目的实际成本为 40 000 美元。项目的进度偏差是多少？

    A.　–12 000 美元 B.　4 000 美元   C.　5 600 美元   D.　12 000 美元

9.　根据下图所示，项目成本状态哪里有问题？

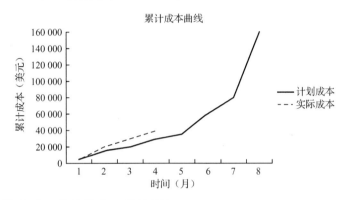

A.　没有有关完成工作的信息，无法得知

B.　没有有关项目风险的信息，无法得知

C.　没有有关质量绩效的信息，无法得知

D.　没有有关预算水平的信息，无法得知

10.　公司必须在 A、B、C、D 四个项目中进行选择。

项目 A 的成本为每月 4 500 美元，预计运行 14 个月，产生收入 80 000 美元。

项目 B 的成本为每月 6 700 美元，预计运行 9 个月，产生收入 75 000 美元。

项目 C 的成本为每月 5 600 美元，预计运行 13 个月，产生收入 90 000 美元。

项目 D 的成本为每月 8 000 美元，预计运行 11 个月，产生收入 100 000 美元。

你作为项目经理应该建议公司选择下列哪个项目？

    A.　项目 A   B.　项目 B   C.　项目 C   D.　项目 D

11.　公司有一个价值 75 000 美元，为期一年的财务管理软件的固定总价合同。在项目的第 11 个月，项目已完成 85%，项目成本为 68 000 美元，客户要求公司执行额外的编程工作，并将增加 25 000 美元的合同价值。项目的 SPI 为 0.93，CPI 为 0.94。该项目的挣值状态是什么？

    A.　超出预算并落后于进度   B.　超出预算但符合进度

C. 符合预算并符合进度   D. 符合预算但落后于进度

12. 一项活动需要一名顾问参与，在估算成本时，团队成员估算顾问费为 4 500 美元，通货膨胀余量为 200 美元，不可预见成本缓冲为 300 美元，项目的 BAC 是多少？

     A. 估算 4 700 美元

     B. 估算 5 000 美元，并附加说明其组成

     C. 估算 5 000 美元，并以此更新成本基准

     D. 估算 4 800 美元

13. 客户要求的一项需求将变更项目范围，项目经理事先未预料到该问题，如果变更控制委员会批准该需求，执行变更的成本将影响项目的预算。项目经理应该从下列哪项储备中拿出资金？

     A. 管理储备   B. 风险储备   C. 发起人储备   D. 应急储备

14. 某个系统升级项目的项目经理了解到升级后的系统达不到预期性能。为了提高系统性能，项目经理要求供应商更改一个组件。更改组件的成本不属于项目成本基准的组成部分。这项新组件的资金应来自下列哪项？

     A. 应急储备   B. 管理储备   C. 质量成本   D. 控制账户

15. 某任务成本结算为 1 000 美元，计划完成日期为 12 月 30 日，总工期为 10 天。在 12 月 30 日，项目经理发现任务只完成 70%，这个项目的实际支出为 600 美元。该任务的挣值为多少？

     A. 400 美元   B. 600 美元   C. 700 美元   D. 1 000 美元

16. 为了应对市场竞争，PMO 批准了一个手机应用项目，该项目面临非常快的市场变化，项目经理必须尽快对项目做出成本预测，项目经理应该使用什么方法？

     A. 三点估算   B. 自下而上估算

     C. 自上而下估算   D. 专家判断

17. 在一个内部项目的启动阶段，主题专家判断项目的可能成本为 10 万元，以下哪两项包括了合理的估算区间？（选出 2 个答案）

     A. 7.5 万元   B. 17.5 万元   C. 9.5 万元   D. 11 万元

     E. 9 万元

18. 某项目已进行了 9 个月，并预计将在 3 个月内结束。使用挣值管理方法，挣值/计划价值的比率大于 1。请问目前项目是什么状态？

     A. 超出预算   B. 进度落后   C. 低于预算   D. 进度提前

19. 你负责的项目具有中等等级的风险，而且定义并不充分。发起人交给你一份项目章程，要求你确认项目能够在预算范围内完成，最好的处理方法是_____。

　　A. 根据各种可能的结果估计一个成本范围

　　B. 要求团队成员根据项目章程进行粗略量级估算

　　C. 根据你现有的信息计算一个参数估算

　　D. 根据历史信息提供一份类比估算

20. 项目处于完工中途，并继续超出预算。当前的项目指标如下：进度绩效指数（SPI）=0.96，成本绩效指数（CPI）=0.98，实际成本（AC）=500 000，完工预算（BAC）=1 000 000，下列哪项属于完成全部工作的预计总成本？

　　A. 1 505 024　　B. 1 101 666　　C. 1 020 408　　D. 990 073

21. 项目相关方要求项目经理分别报告间接成本和直接成本。以下哪两项属于直接成本？（选出 2 个答案）

　　A. 员工差旅费　　　　　　B. 公司办公楼租赁费用

　　C. 机房电费支出　　　　　D. 项目经理的工资

　　E. 总部电话服务成本

22. 项目接近完工，已经花费 100 万美元，但另需 20 万美元来完成该项目。考虑各种情况，项目发起人要求项目经理停止该项目。在这种情况下，实际成本为_____。

　　A. 项目已经支出的花费

　　B. 项目已花费成本和已完成工作的应急储备

　　C. 考虑项目至今的计划支出费用

　　D. 该决定不考虑沉没成本

23. 项目经理报告如下：完工尚需绩效指数为 1.15，完工预算为 157.5 万美元，挣值为 100 万美元，计划价值为 98.5 万美元。那么实际成本是多少？

　　A. 985 000 美元　　　　　　B. 1 061 957 美元

　　C. 1 075 000 美元　　　　　D. 1 132 750 美元

24. 产品负责人管理的未完成项列表中目前有 10 个用户故事，估算的故事点为 60 点，团队当前的速度为 15 点，每个冲刺预计成本是 8 万美元，那么产品的成本估算应该是多少？

　　A. 32 万美元　　B. 48 万美元　　C. 80 万美元　　D. 120 万美元

25. 项目经理被要求为两个潜在项目执行成本效益分析。

　　项目 A 成本为 12 亿美元，潜在效益为 60 亿美元，未来运营成本为 15 亿美元。

项目 B 成本为 14 亿美元，潜在效益为 70 亿美元，未来运营成本为 10 亿美元。项目经理应该推荐哪个项目？

A. 项目 B：因为潜在效益减去执行成本所得的值大于项目 A 的所得值

B. 项目 A：因为执行成本低于项目 B

C. 项目 B：因为潜在效益减去执行成本和未来运营成本所得的值大于项目 A 的所得值

D. 项目 A：因为潜在效益加上未来运营成本所得的值小于项目 B 的所得值

26. 项目经理估算项目成本，其中包括可能随市场价格波动的机械零部件。项目经理应使用哪项技术来确保项目不会超出预算？

A. 成本汇总　　B. 储备分析　　C. 三点估算　　D. 应急预算

27. 项目经理估算一个新软件项目的成本。根据过往经验，公司制定了模块屏幕数量和生产一个模块所需的劳动小时数之间的统计关系。应使用什么成本估算技术？

A. 类比估算　　　　　　　B. 参数估算

C. 自下而上估算　　　　　D. 粗略量级估算

28. 项目经理开始执行一个两年期项目。一台设备计划在项目最终阶段使用，项目经理必须决定何时采购设备。为了降低与装运问题有关的风险，一名团队成员向项目经理建议提前一年采购设备。项目经理应该考虑哪方面的影响？

A. 工作分解结构　　　　　B. 完工预算

C. 挣值　　　　　　　　　D. 计划费用

29. 项目经理需要管理和监控项目的范围、预算和进度，并测量项目的绩效和偏差，他应该使用以下哪项？

A. 工作包　　　　　　　　B. 规划包

C. 控制账户　　　　　　　D. 工作分解结构词典

30. 项目经理收到某个产品的成本估算，其中最乐观为 1 500 美元，最可能为 2 000 美元，最悲观为 4 000 美元。项目经理随后确定产品成本估算值为 2 250 美元，他使用了以下哪种方法？

A. 参数估算　　B. 偏差分析　　C. 三角分布　　D. 贝塔分布

31. 一个项目进入第 6 个月，由于成本问题，一个相关方提出削减项目组件，项目经理确认削减这些组件会导致项目目标无法完全实现，并影响市场表现。项目经理下一步应该怎么做？

A. 向项目指导委员会汇报

B. 和相关方说明项目目标并达成一致

C. 接受提议以满足成本要求

D. 拒绝提议以满足项目目标

32. 在一个新项目的冲刺规划会议中，产品所有者和团队正在讨论其中一个用户故事的机会成本，机会成本代表了以下哪一项？

A. 实现当前用户故事所需要的成本

B. 放弃当前用户故事所损失的收益

C. 实现当前用户故事所放弃的机会的成本

D. 实现当前用户故事所放弃的机会的收益

33. 项目经理正在组建一个团队，并希望确保所有成本估算都正确。项目经理应使用下列哪项工具来确保估算准确？（选出 2 个答案）

A. 敏感性分析　　　　　　　B. 备选方案分析

C. 挣值分析　　　　　　　　D. 储备分析

E. 资金限制平衡

34. 项目落后于进度，但低于预算。下列哪项描述了项目状态？

A. SPI 为 1.1，CPI 为 1.1　　B. SPI 为 0.9，CPI 为 1.1

C. SPI 为 0.9，CPI 为 0.9　　D. SPI 为 1.1，CPI 为 0.9

35. 项目审查表明，按每小时 50 美元的费率，1 000 小时的工作应已完成。但是，进度分析表明已完成 1 200 小时工作，团队已经使用 40 000 美元。进度偏差是多少？

A. 20 000 美元　　　　　　　B. 10 000 美元

C. –10 000 美元　　　　　　 D. –20 000 美元

36. 项目团队报告项目成本超出预期。但是，项目发起人质疑数据的有效性，项目团队必须进行成本分析并核实报告数据。以下哪些信息不应包括在项目成本之内？（选出 2 个答案）

A. 支付给供应商的材料费用　　B. 超出保险合同外的额外补偿

C. 购买项目办公场所内的家具　　D. 服务器租赁费用

E. 暴雨造成的物料损失和处理费用

37. 项目团队正在开发一个之前没有任何数据可参考的新项目，项目经理希望确定开发成本。项目经理应使用什么方法来估算项目成本？

A. 专家判断　　　　　　　　B. 自下而上估算

C. 三点估算　　　　　　　　D. 类比估算

38. 一个持续 30 天的项目目前进展到第 17 天，项目预算为 50 000 美元。工作目前完成了 50%，实际支出 30 000 美元。项目经理必须报告项目能否在预算内完成。项目经理预测的项目完工尚需成本是多少？

  A. 20 000 美元 B. 30 000 美元 C. 50 000 美元 D. 60 000 美元

39. 项目预算为 40 万美元，持续时间为 20 周。预测的项目支出均匀分布在预定的时间范围内。在第 10 周结束时，20 万美元已支出，SPI 为 1.15。项目的状态是什么？

  A. 符合预算但超前于进度   B. 符合预算和进度

  C. 符合预算但滞后于进度   D. 未超出预算并超前于进度

40. 项目预算为 75 万美元。在第 42 天时，项目已完成 40%，成本为 50 万美元。在项目经理报告 CPI 后，客户拒绝为项目增加更多资金。若要按时按预算完成项目，项目完工尚需绩效指数必须为下列哪项？

  A. 0.6   B. 0.8   C. 1.4   D. 1.8

41. 一个为期六个月的项目目前处于第三个月末，并已完成 20%。项目预算为 300 万美元，而当前的花费为 180 万美元。项目经理向项目发起人报告了这个状态。项目当前的 CPI 和 SPI 分别是多少？

  A. CPI=0.33 和 SPI=0.40   B. CPI=0.33 和 SPI=0.50

  C. CPI=1.20 和 SPI=2.00   D. CPI=3.00 和 SPI=2.00

42. 一个历时 10 个月，耗资 100 万美元的项目的工作绩效信息如下：项目在第 5 个月末，已经完成 40%，实际支出 30 万美元，当前 CPI=1.33，SPI=0.8，在同时考虑成本和进度的情况下，项目的完工估算是多少？

  A. 76 万美元 B. 96 万美元 C. 86 万美元 D. 100 万美元

43. 一个已完成 25% 的项目完工预算为 10 万美元，而实际成本为 5 万美元。假设剩余工作将按已发生的相同 CPI 执行，则项目的完工估算是多少？

  A. 200 000 美元 B. 150 000 美元 C. 125 000 美元 D. 75 000 美元

44. 公司启动的一个工程项目中，项目经理完成单个活动的成本估算后，开始着手制定项目总预算。制定项目预算时，可考虑以下哪两种方法？（选出 2 个答案）

  A. 融资   B. 项目资金需求

  C. 自下而上估算   D. 备选方案分析

  E. 资金限制平衡

45. 由于其他项目快要提前完工，客户出现了资金流问题。客户告诉项目经理，他的项目资金到位时间会有限制。目前项目的 CPI 是 1.02，完工估算是 927 000 美元。如果项目经理打算解决资金到位的限制，他最可能对以下哪项内容进行变更？

A. 已分配的资源   B. 变更请求的数量

C. 成本基准   D. 项目进度

46. 在创建项目活动详细清单之后，项目经理希望在不更改项目持续时间或可交付成果的情况下估算项目总成本。项目经理应使用下列哪项估算技术？

A. 三点估算   B. 自下而上估算

C. 类比估算   D. 参数估算

47. 在项目成功完工之后的客户收尾会议上，客户经理通知项目经理即将到来一个类似项目，成本需要在一小时内提交给项目发起人。项目经理应使用下列哪项来估算新项目的成本？

A. 类比估算   B. 粗略量级估算

C. 参考性估算   D. 全面方案估算

48. 在项目规划期间，项目团队收集成本估算，交付主要部件以及具体工程设计时间。若要计算整个项目的可能结果分布，项目团队应使用什么技术？

A. 进度网络分析   B. 蒙特卡洛分析

C. 关键路径法   D. 资源平衡

49. 在项目启动期间，项目经理计算项目的投资回收期。初始成本包含以下成本：

软件	200 000 美元
合同开发人员	150 000 美元
计算机硬件	30 000 美元
其他	25 000 美元

该项目将实现每年收入 160 000 美元，项目回报期应为下列哪项？

A. 2 年   B. 2.5 年   C. 3.5 年   D. 5 年

50. 在月度报告中，项目经理计算并报告项目的 SPI 为 1.2，CPI 为 0.8。项目的状态是什么？

A. 项目按计划正常进展   B. 项目符合进度，但成本超支

C. 项目延迟，且成本超支   D. 项目超前于进度，但成本超支

5.3 习题解答

1. D

解析：项目的状态通过挣值管理中 EV、PV 和 AC 的相互对比，显示成本与进度的偏差程度。本题中项目累计 PV 小于累计 AC，因此项目结束时成本将超支。并且成本曲线呈现折线上升，非稳步增加趋势。项目在第 9 个月时 EV 与 PV 重合，表示 6～9 月符合进度要求。3～6 月中 EV 和 AC 皆没有变化，表示项目在此期间停滞。

2. A

解析：项目的成本基准由成本和应急储备组成，管理储备不包括在成本基准中，但属于项目总预算和资金需求的一部分。

3. D

解析：参数估算是指利用历史数据之间的统计关系和其他变量，来进行项目成本估算的方法。

4. D

解析：本题在制定预算，因此选择制定预算的工具——储备分析。储备分析是考虑到成本的不确定性，为项目预算设定应急储备与管理储备，并进行合理优化的技术。

5. C

解析：在项目生命周期中，启动阶段可得出项目的粗略量级估算，其区间为–25%到+75%，之后，随着信息越来越详细，确定性估算的区间可缩小至 –5% 到 +10%。

6. C

解析：项目成本基准为 10 万美元且已完成 50%，因此挣值为 10 万×50%=5 万（美元）。挣值是对已完成工作的测量值，代表了实际完成工作的预算价值。

7. C

解析：CPI=EV/AC。本题 EV=50 美元×1 200 小时=60 000 美元，而 AC=72 000 美元，因此 CPI≈0.833。

8. B

解析：首先计算出 EV。已知 CPI=EV/AC=0.8，且 AC 为 40 000 美元，因此 EV=32 000 美元。然后将 EV 和 PV 代入进度偏差公式 SV=EV–PV。PV 为 28 000 美元，根据公式，SV=4 000 美元。

9. A

解析：项目预算是否有问题，需要进行成本绩效指数（CPI）或成本偏差（CV）的分析。公式需要参数 EV 和 AC，但本题的图中只提供实际成本（AC）和计划成本（PV），缺少有关项目完成进度的工作价值数据（EV），因此选择答案 A。

10．C

解析:各项目的收益=收入–成本，其中项目 A 收益为 17 000 美元、项目 B 收益为 14 700 美元、项目 C 收益为 17 200 美元、项目 D 收益为 12 000 美元，因此选择项目 C。

11．A

解析：SPI 小于 1，CPI 也小于 1，代表着进度落后且成本超支。

12．A

解析：4 500 美元为直接成本，200 美元是应对已知风险的应急储备，300 美元是应对未知风险的管理储备。估算应包括直接成本、应急储备和管理储备，计 5 000 美元，其中 BAC 包括直接成本和应急储备，为 4 700 美元。

13．A

解析：储备包括应急储备和管理储备，其中应急储备针对已识别风险，而管理储备针对未识别风险。由于项目经理之前并未预料到该变更，因此使用管理储备。

14．B

解析：储备包括应急储备和管理储备，其中应急储备属于成本基准的组成部分，而管理储备属于总预算但不属于成本基准，因此为管理储备。

15．C

解析：挣值为项目实际完成的工作价值，可以通过完成的工作量×总预算价值来计算。得出 EV=BAC×70%=1 000×70%=700（美元）。

16．C

解析：敏捷方法适用于快速变化的环境，敏捷成本估算的方法使用自上而下估算。

17．A、B

解析：项目估算随着项目不断进展，精确性也随之提高。根据题意，在启动阶段估算区间为粗略量级估算，范围为-25% ~ +75%。因此选择 7.5（10-10×25%）万元到 17.5（10+10×75%）万元。

18．D

解析：SPI=挣值/计划价值的比率大于 1，代表进度提前。

19．B

解析：依据项目启动阶段的项目章程，且由于风险和定义不充分，因此只能开展早期的粗略量级的估算。

20．C

解析：全部工作的预计总成本为完工估算（EAC），根据默认的典型公式 EAC=BAC/

CPI=1 000 000/0.98≈1 020 408。

21．A、D

解析：直接成本为项目活动直接产生的成本，间接成本为多项目分摊的成本。项目经理的工资和员工差旅费属于直接成本，其他答案均属于间接成本。

22．A

解析：根据实际成本的定义（在给定时间段内，因执行项目活动而实际发生的成本），实际成本针对项目本身活动而产生，因此选择答案 A。

23．C

解析：根据已给数据，完工尚需估算（TCPI）=（BAC–EV）/（BAC–AC）=1.15，其中 BAC=157.5 万美元，EV=100 万美元，求解 AC。所以 1.15=(157.5–100) / (157.5–AC)，AC=107.5 万美元。

24．A

解析：项目总故事点数为 60 点，每个冲刺的速度是 15 点，可以计算出项目需要 4 个冲刺，产品的成本估算应为 4×8=32（万美元）。

25．C

解析：项目 A 盈利=60 亿收入–（12 亿项目成本+15 亿运营成本）=33 亿（美元）。项目 B 盈利=70 亿收入–（14 亿项目成本+10 亿运营成本）=46 亿（美元），因此选择项目 B。

26．B

解析：题设中识别到机械零部件有市场价格波动的风险。在成本估算过程中，可以通过储备分析来应对成本的不确定性，其中包括应急储备，用来应对已识别的风险。

27．B

解析：本题指出估算时使用过往经验和统计关系，因此选择估算技术：参数估算。参数估算是指利用历史数据之间的统计关系和其他变量，来进行项目工作的成本估算。

28．C

解析：提前采购设备不会影响工作分解结构、完工预算和计划费用，但原计划后期完成的工作提前执行，会影响项目的挣值。

29．C

解析：控制账户是一种管理控制点。在该控制点上，把范围、预算、实际成本和进度加以整合，并与挣值比较，以测量绩效。

30．D

解析：三点估算包括三角分布和贝塔分布两种算法，其中三角分布计算公式为 $cE = (cO + cM + cP) / 3$，贝塔分布公式为 $cE = (cO + 4cM + cP) / 6$，根据计算结果，本题使用的是贝塔分布计算公式。

31. B

解析：相关方提出削减项目组件属于变更请求，项目经理应先就变更内容进行影响评估和沟通，然后再发起变更的审批。

32. D

解析：企业为了实现一项目标而放弃另一项目标，另一项目标应获得的收益即机会成本。在决策的时候需要考虑机会成本。

33. B、D

解析：成本估算的工具包括专家判断、类比估算、参数估算、自下而上估算、三点估算、储备分析、质量成本、备选方案分析、项目管理信息系统和决策技术。

34. B

解析：根据挣值管理，SPI 代表进度绩效而 CPI 代表成本绩效。项目落后于进度而低于预算，因此 SPI 小于 1 而 CPI 大于 1。

35. B

解析：项目进度偏差（SV）=挣值（EV）−计划价值（PV）。其中挣值为实际完成工作量的价值 50×1 200=60 000（美元），计划价值为计划完成工作量的价值 50×1 000=50 000（美元），带入公式算出 SV=10 000（美元）。

36. B、E

解析：题目中 B 属于管理储备，E 属于应急储备，其他选项均属于项目成本。

37. B

解析：由于项目之前没有任何数据，所以无法使用专家判断（经验丰富的专家）、类比估算（类似项目数据）和三点估算（基于经验数据）。因此选择使用自下而上估算，对工作组成部分进行最具体、细致的估算，然后把这些细节性成本向上汇总。

38. B

解析：完工尚需成本公式 ETC=EAC−AC。首先应计算出项目的 EAC（EAC=BAC/CPI）。CPI 根据题目数据可得出 CPI=EV/AC=25 000/30 000=5/6，因此 EAC=50 000/(5/6)=60 000（美元）。代入 ETC 公式可得出 ETC=60 000−30 000=30 000（美元）。

39. D

解析：由题可知 PV=20 万美元，EV=20×1.15=23（万美元），AC=20 万美元，SPI 为 1.15，CPI 为 1.15。所以，项目进度提前，且成本未超出预算。

40. D

解析：由于客户拒绝为项目增加更多资金，所以项目必须在原定预算内完成。完工尚需绩效指数（TCPI）的计算公式为(BAC−EV)/(BAC−AC)。本题中 BAC=75 万美元，EV=40%×75 万美元，AC=50 万美元，代入公式求解 TCPI=1.8。

41．A

解析：本题 BAC=300 万美元，PV=3/6×BAC=150 万美元，AC=180 万美元，EV=20%×BAC=60 万美元。所以 CPI=EV/AC=0.33 且 SPI=EV/PV=0.4。

42．C

解析：同时考虑项目 SPI 与 CPI 对项目进行成本预测的公式为 EAC=AC+ [(BAC−EV)/(SPI×CPI)]，本题中 BAC=100 万美元，AC=30 万美元，EV=40 万美元，SPI=0.8，CPI=1.33，代入后计算为 86 万美元。

43．A

解析：在当前绩效情况下预测项目的完工估算，应使用典型公式 EAC=BAC/CPI，其中 BAC=10 万美元，CPI=EV/AC=（0.25×10）/5=0.5。代入公式求 EAC 得 20 万美元。

44．A、E

解析：制定预算的方法包括成本汇总、储备分析、专家判断、历史信息审核、资金限制平衡和融资。

45．D

解析：项目的资金限制平衡根据对项目资金的任何限制来平衡资金支出。如果发现资金限制与计划支出之间的差异，则可能需要调整工作的进度计划，以平衡资金支出水平。

46．B

解析：要求不更改项目持续时间或可交付成果，说明项目要根据定义的可交付成果和活动来进行估算，并且准确度要高。自下而上估算是对工作组成部分进行最具体、细致的估算方法。首先对单个工作包或活动的成本进行估算，然后把这些细节性成本向上汇总或"滚动"到更高层次，用于后续报告和跟踪。

47．A

解析：新项目的估算有类似项目的参考数据，且要求快速进行估算，因此选择类比估算。类比估算是指以过去类似项目的信息来估算当前项目，其具有快速、低成本的优点，适合在项目信息不足时使用。

48．B

解析：计算整个项目的可能结果分布，是对于未来成本范围的预测，应使用蒙特卡洛分析，它基于单项任务的成本和进度的概率分布，模拟成百上千种可能结果的过程，然后应用这些结果生成项目整体层面的概率分布。

49．B

解析：投资回收期是指以投资净收益与原始投资相等所需要的时间。原始投资合计405 000 美元，每年收益 160 000 美元，投资回收期=405 000/160 000，约等于 2.5 年。

50．D

解析：项目的状态根据 SPI 和 CPI 进行评价，本题项目的 SPI 大于 1，代表进度提前；CPI 小于 1，代表成本超支。

第6章

项目质量管理

6.1 | 重点考点解析

▶"规划质量管理"考点

1. 项目质量管理旨在规划、管理和控制项目及产品的质量要求，并支持过程的持续改进。

2. 有效递增的五种质量管理水平包括客户发现缺陷、通过控制质量过程检查和纠正缺陷、通过质量保证检查和纠正过程、质量融入规划和设计、创建实现过程和产品质量的文化。

3. 等级是对用途相同但技术特性不同的可交付成果的设计级别分类，项目经理和项目管理团队负责权衡恰当的质量与等级水平。等级低（功能少）不见得是个问题，但质量偏低（缺陷多）永远是个问题。

4. 现代质量管理方法的趋势主张：

- 质量应符合要求，达到客户满意；
- 质量应是全员参与的，而非仅仅是质量部门的工作；
- 预防（保证过程中不出现错误）胜于检查（保证错误不落到客户手中）；
- 质量问题高层负 85%的主要责任；
- 质量是持续改进的，常见的改进方法包括"计划—实施—检查—行动"(PDCA)循环、全面质量管理（TQM）、六西格玛和精益等；
- 与供应商的互利合作，稳定的质量依赖于长期合作的稳定供应关系。

5. "公差"针对结果，指结果的可接受范围；"控制界限"针对过程，指过程是否有稳定的边界。

6. 成本效益分析是通过商业论证，对质量活动的可能成本和预期效益进行取舍权衡的技术。

7. 质量成本包括预防成本、评估成本、内部失败成本和外部失败成本。预防成本和评估成本为一致性成本，内部失败成本和外部失败成本为非一致性成本。其中预防成本对质量最为积极，外部失败成本的危害性最大，评估成本虽不能提升现有产品的质量水平，但可以有效地控制外部失败成本的发生。

8. 流程图显示输入转化成输出的过程中，所需要的步骤和可能分支，可帮助改进过程并识别可能出现质量缺陷或可以纳入质量检查的地方。

9. 逻辑数据模型把组织数据可视化，以商业语言加以描述，不依赖任何特定技术。逻辑数据模型可用于识别会出现数据完整性或其他质量问题的地方。

10. 矩阵图使用矩阵结构对数据进行分析。在行列交叉的位置展示因素、原因和目标之间的关系强弱。

11. 规划时还应决定如何测试或检查产品、可交付成果或服务，以满足相关方的需求和期望，以及如何满足产品的绩效和可靠性目标。

12. 质量管理计划说明了如何实施质量政策，以及开展管理质量和质量控制的方法，是进行质量管理的重要依据。

13. 质量测量指标专用于描述项目或产品属性，以及控制质量过程将如何验证符合程度。

14. 敏捷方法要求质量工作贯穿于每个迭代的实施过程中，而不是在面临项目结束时才执行。针对工作完成的标准被称为完成的定义（Definition of Done，DoD），DoD 可被定义在不同的级别，包括发布、迭代、用户故事和任务层面。

15. 敏捷方法中，每个迭代的最后一天会召开团队参加的回顾会议，以检查质量过程的效果，寻找问题或缺陷的根本原因，然后建议实施新的质量改进方法，实现未来工作的改善。

16. 精益开发是敏捷方法的一种，来源于精益生产的理念。精益开发强调七项原则，包括消除浪费、强化学习、延迟决策、快速发布、授权团队、内建质量和系统思考。

▶"管理质量"考点

1. 管理质量将质量管理计划转化为可执行的质量活动，主要目的是把组织的质量政策用于项目，并执行产品设计和过程改进工作。

2. 质量控制测量结果作为管理质量的输入，用于分析和评估项目过程和可交付成果的质量是否符合执行组织的标准或特定要求。

3. 核对单用于核实一系列步骤是否已经得到执行或检查需求列表是否已经得到满足。

4. 过程分析识别过程中的改进机会，检查在过程期间所遇见的问题、制约因素，以及非增值活动。

5. 根本原因分析用于确定产生偏差、出现缺陷的根本原因，解决问题，并杜绝问题再次发生。

6. 石川图用于追溯问题来源，通过问"为什么"发现问题的主要原因和根本原因。

7. 直方图是用于展示数字数据的条形图，可以展示每个可交付成果的缺陷数量、缺陷成因的排列、各个过程的不合规次数，或产品缺陷的其他表现形式。

8. 散点图用于显示两个变量之间是否存在相关性，相关性可能成正比例关系（正相关）、负比例关系（负相关）或不存在关系（不相关）。

9. 质量审计用来确定项目活动是否遵循了组织和项目的政策、过程与程序，识别全部正在实施的最佳实践，其目的包括识别全部差距及不足，积极、主动地提供协助，改进过程的执行和提高生产率等。质量审计应为组织经验教训知识库的积累做出贡献，还可以确认已批准变更请求的实施情况。

10. 面向"X"的设计是产品设计期间采用的技术指南，用于优化设计的特定方面，以控制产品最终属性。

11. 问题解决技术是使用结构化的问题解决方法来消除问题和制订长久有效的解决方案。

12. 质量改进的方法包括持续改进循环以及六西格玛，前者是质量大师戴明的主要理论；后者主要通过关注流程改进，使用统计方法来量化分析质量因素，达到更高的满意度。

13. 管理质量主要输出质量报告和测试与评估文件，前者包括质量管理问题、改善建议、纠正措施建议以及在质量控制中发现情况的概述；后者包括评估质量目标的实现情况、核对单及详尽的需求跟踪矩阵。

14. 敏捷方法中常采用的质量实践包括测试驱动开发、验收测试驱动开发、结对编程、持续集成、价值流分析等。

▶ "控制质量"考点

1. 控制质量是为了评估绩效，确保项目输出完整、正确且满足客户期望，而监督和记录质量管理活动执行结果的过程。其作用在于核实项目输出是否达到质量要求，以供最终验收。

2. 管理质量和控制质量都依据质量管理计划而开展，都是为了质量改进，前者关注过程，后者关注结果。

3. 核实的可交付成果是质量控制过程的输出，也是确认范围过程的输入。这意味着在客户验收可交付成果之前，团队内部应开展质量控制活动，确认可交付成果达到客户需求。

4. 核查表用于合理排列各种事项，以便有效地收集关于潜在质量问题的有用数据。

5. 统计抽样是指从目标总体中选取部分样本用于检查，从而推断目标总体的特征。通常在破坏性实验或全检不现实的时候使用。抽样技术分属性抽样和变量抽样两种，其中属性抽样比较简单，但需要更多的样本数量。

6. 检查是指检验产品，确定是否符合书面标准。测试/产品评估贯穿整个项目，是有组织的结构化审查，目的是找出存在的错误、缺陷、漏洞和其他不合规的问题。

7. 控制图用于确定现有过程是否稳定受控，或者是否具有可预测的绩效。控制界限根据标准的统计原则，通过标准的统计计算确定，代表一个稳定过程的自然波动范围。超出控制上下限或连续七点落在过程均值同侧，都代表着过程失控。

8. 在控制质量的会议上，应审核已批准的变更请求是否确认实施，回顾项目得失与经验教训。

6.2 | 项目质量管理练习（共 50 题，单、多选题）

1. 团队成员在最近的冲刺中感到很吃力，他们希望为团队的效率提出改进的建议。关于这类问题，最好在以下哪项会议中进行讨论？

A. 冲刺回顾会议　　　　B. 冲刺规划会议

C. 冲刺审查会议　　　　D. 每日站会

2. 客户非常重视软件交付的质量，并且多次向项目团队表示产品质量不稳定，项目团队若要确保这一点，首先应该怎么做？

A. 根据客户的反馈构建完善的"已完成的定义"

B. 要求质量管理团队进行额外的测试以保证质量

C. 要求设立单独的质量保证人员对开发过程进行监控

D. 使用自动化测试工具提升测试的效率

3. 公司正在根据现代质量管理方法来制定项目质量方针，其中哪两项不需要考虑？（选出 2 个答案）

A. 通过检查保证问题不出现　　　　B. 持续改进

C. 管理层的责任　　　　　　　D. 监督和管理供应商

E. 客户满意

4. 开发团队观察到两个主要项目变量向相反方向移动，可能导致项目处于风险中。项目经理应使用什么工具或技术来确定这两个变量是如何密切相关的？

A. 散点图　　　　B. 控制图　　　　C. 直方图　　　　D. 偏差分析

5. 客户拒绝了网站的最终交付，认为网站不方便用户使用。需求文件中也规定了网站必须方便用户使用。为避免这种情况，项目经理应该事先做什么？

A. 将管理质量测试外包给一个独立、专业的测试组织

B. 从项目验收标准中删除有关方便用户使用的定义

C. 围绕需求文件和可交付成果实施质量控制

D. 通知客户这是一项新需求，并启动变更管理过程

6. 在冲刺临近结束的时候，项目经理了解到由于发生了一些无法解决的问题和困难，当前冲刺无法完成所有规划的工作，若要在将来避免这种情况，项目经理应该怎么做？

A. 在评审会议上对该问题进行解释和说明

B. 在冲刺回顾会议上讨论该问题

C. 在下一次迭代规划会议上讨论该问题

D. 在下一次每日站会上审查该问题

7. 团队对项目需交付的部件进行了多次评估，每次评估都符合质量指标并满足所有需求。项目团队实施和执行的是哪个过程？

A. 控制质量　　　　B. 管理质量　　　　C. 过程分析　　　　D. 规划质量

8. 项目交付成果已经交付，项目经理需要了解客户对可交付成果的满意度情况，项目经理应该使用哪项工具和技术？

A. 核对单　　　　B. 核查表　　　　C. 问卷调查　　　　D. 统计抽样

9. 在项目执行期间，客户表示对一个交付产品质量非常担忧，项目经理应建议用什么方法解决问题，并制订长久有效的解决方案？

A. 面向"X"的设计　　　　　　　B. 风险审计

C. 统计抽样　　　　　　　　　　D. 问题解决

10. 团队不能遵循项目技术规范，但是没有这个问题的正式报告。项目经理无法确认团队是否有执行工作的技术能力。项目经理接下来应该怎么做？

A. 申请由管理质量团队进行质量审计审查

B. 执行质量控制流程

C. 与项目发起人审查这种情况

D. 询问团队成员有关他们满足项目要求的技术问题

11. 为识别项目可交付成果中的次要缺陷，项目经理使用了一种昂贵的质量测试程序，如果能识别这些缺陷，可交付成果将更可能被验收，且返工成本也将更低。在执行质量检测之前，项目经理应该做什么？

A. 向项目相关方通知涉及质量测试的成本

B. 为该质量测试开展成本效益分析

C. 监控并记录缺陷结果

D. 将实验设计方法用于质量测试分析

12. 下列哪项技术可以用于衡量一个项目是否符合组织政策和程序？

A. 标杆对照   B. 德尔菲技术

C. 根本原因分析   D. 质量审计

13. 下列哪项属于质量成本中的非一致性成本？（选出 2 个答案）

A. 培训   B. 测试

C. 破坏性试验损失   D. 返工

E. 召回已售出的缺陷部件

14. PMO 要求项目经理执行一项质量审计，质量审计的目的是什么？

A. 实施产品变更

B. 衡量客户满意度，并满足功能性需求

C. 检查工作产品和可交付成果，发现缺陷

D. 确定项目活动是否符合组织政策

15. 项目过程中可能发生哪几种质量成本类型？

A. 预防成本、评估成本和失败成本

B. 环境成本、评估成本和预防成本

C. 评估成本、人工成本和预防成本

D. 相关方成本、预防成本和人工成本

16. 项目进度慢于计划，并威胁到交付日期。项目经理发现这个问题的关键原因是在功能性测试期间发现意料之外需要返工的高缺陷率。若要防止这个问题发生，项目经理应该事先做什么？

A. 使用统计工具对比这个项目与其他项目的返工量，并相应调整项目期限

B. 在开始之前，对测试和检查进行规划

C. 安排与项目发起人开会，考虑减少项目范围

D. 通过外包开发团队减轻项目期限风险

17. 项目经理必须为一个新的可交付成果制订质量管理计划，项目经理应该使用什么工具？

A. 自下而上估算　　　　　　　B. 绩效审查

C. 假设情景　　　　　　　　　D. 流程图

18. 项目经理怀疑最近生产的产品批次中存在一个质量缺陷。但是，对这个缺陷执行测试对产品将是破坏性的。公司下一步应该怎么做？

A. 对该产品批次执行全检

B. 从产品批次中随机选择几组来测量缺陷的范围

C. 使用预先定义的标准执行统计抽样检验

D. 发布当前批次产品，按打折价销售

19. 项目经理收到将对项目执行质量审计的通知。项目经理预期会获得下列哪项作为质量审计的输出？

A. 项目验收报告　　　　　　　B. 项目范围报告

C. 项目质量报告　　　　　　　D. 项目绩效报告

20. 企业中最有效的质量管理模式是哪种？

A. 定期检测和纠正缺陷，再将可交付成果发送给客户

B. 纠正可能导致缺陷的过程

C. 倡导持续改进的质量文化

D. 在产品的设计中考虑质量的实现

21. 项目经理在交付的成果上发现一个瑕疵，他知道客户由于对技术理解的欠缺不会发现这个问题，继续提交项目将通过验收。在这种情况下，项目经理应该怎么做？

A. 提交该可交付成果，并获得客户的正式接受

B. 在经验总结中记录此问题，避免后续的项目遇到同样的问题

C. 和客户一起讨论此问题

D. 告诉客户，提交可交付成果的日期将被延迟

22. 项目经理准备提前于进度计划向客户交付最终产品。在检查了质量经理的检测报告后，项目经理注意到少量缺陷，这解释了项目为什么会提前完工。项目经理下一步该怎么做？

A. 对质量经理和团队进行内部处罚

B. 收集质量测量指标并与质量经理重新制定标准

C. 请求执行质量审计

D. 记录经验教训，在后续项目中避免类似问题

23. 项目出现产品性能问题，项目发起人建议项目经理对测试过程实施改进。项目经理接下来应该怎么做？

A. 实施六西格玛方法

B. 与测试团队一起找到原因，实施建议的变更

C. 修改质量管理计划，更新过程测量指标

D. 在质量控制时加强产品的检查频率

24. 项目相关方对项目团队交付的工作质量表示不满，项目发起人让项目经理查找质量不良的原因。项目经理召集项目团队开会，会议上可采用何种方法找到质量不良的原因？

A. 利用控制图确认相关方的不满是否属实

B. 就质量不良的原因向团队征求意见

C. 利用石川图找出质量不良的原因

D. 利用散点图查找质量不良的原因

25. 项目审查之后，项目经理要求技术主管对所有事故开展因果分析，然后将事故原因数量进行展示。项目经理应该使用下列哪项工具和技术？

A. PERT 分析   B. 蒙特卡洛分析

C. 直方图   D. 散点图

26. 项目审计透露，关键项目组件不满足项目要求，从而导致审计团队签发一份非一致性报告。下列哪份项目计划中提供有应对非一致性报告的程序？

A. 质量管理计划   B. 风险管理计划

C. 变更控制计划   D. 过程改进计划

27. 项目团队必须遵循公司的独特文件管理过程。在项目开展过程中，项目经理组织团队会议分享最佳实践，识别差距和缺点，并帮助团队提高生产力。项目经理执行的是下列哪个过程？

A. 实施风险分析   B. 控制质量

C. 管理质量   D. 规划质量

28. 项目团队使用一种质量工具，能用图表描绘在一个特定情况内出现的观测值频率。

团队使用的是什么质量工具?

    A. 散点图   B. 直方图   C. 统计抽样   D. 项目核对单

29. 项目执行期间,团队成员在根据客户需求进行产品设计,并希望了解产品功能与客户需求之间关系的强弱。项目团队应执行以下哪项?

    A. 流程图   B. 逻辑数据模型

    C. 矩阵图   D. 思维导图

30. 以下哪项关于控制图的描述是错误的?(选出 2 个答案)

    A. 控制图用于确定一个过程是否稳定

    B. 控制上限和下限是根据要求制定的,反映了可允许的最大值和最小值

    C. 未超出控制界限说明过程一定在可控范围内

    D. 控制图可用于监测各种类型的输出变量

    E. 超出控制界限往往意味着过程失控

31. 一家公司为一个客户定制产品。质量团队对所有产品执行质量检查,并获得通过。但是客户收到成品后,对质量并不满意,想要将产品退回。若要解决这个问题,应该使用下列哪项技术?

    A. 测试和产品评估   B. 控制图

    C. 过程分析   D. 直方图

32. 一家自行车公司发布了一款拥有五年质保期的新产品。该产品使用的材料能在极端天气条件下使用,但产品只有基本设计,无额外功能。下列哪项是该产品的描述?

    A. 高等级、高质量   B. 低等级、低质量

    C. 高等级、低质量   D. 低等级、高质量

33. 一名新项目经理审查了项目的文档、信息和数据。因为担心项目延迟,新项目经理希望识别变量之间的关系。项目经理应该使用什么工具?

    A. 石川图   B. 控制图   C. 直方图   D. 散点图

34. 因为项目经历过程失败,项目经理应使用哪种方法来确定正确的过程步骤顺序?

    A. 趋势图   B. 亲和图   C. 流程图   D. 头脑风暴

35. 项目经理在和客户一起讨论产品的设计方案,但是客户认为方案技术性太强,很难理解和确定其质量标准,项目经理应该使用哪项技术?

    A. 思维导图   B. 逻辑数据模型

    C. 标杆对照   D. 流程图

36. 精益开发基于一些基本的原则。下列哪两项不是精益的基本原则？（选出 2 个答案）

A. 消除浪费　　　　　　　　　　B. 完整发布

C. 尽早做决定　　　　　　　　　D. 内建质量

E. 强化学习

37. 在测试一个新的软件项目期间，测试团队记录每周发现的缺陷数量。项目经理审查数据确定缺陷数量是否处于可接受限值之内。项目经理使用的是什么工具？

A. 控制图　　　　B. 石川图　　　　C. 散点图　　　　D. 直方图

38. 在产品的最后一次质量检查中，项目团队确定产品不满足技术规范。项目经理要求对不满足规范的原因进行分类分析。应使用以下哪个工具？

A. 燃尽图　　　　B. 直方图　　　　C. 亲和图　　　　D. 流程图

39. 在会议上，一名团队成员表达了对新开发组件性能的担心。在该组件进行压力测试期间，时间响应低于定义的性能参数。项目经理接下来应该怎么做？

A. 要求纠正措施来解决这个问题

B. 利用一个清单来限制失败的概率

C. 提供额外的测试继续检查该组件

D. 使用不同的工具测试组件来证明测试结果

40. 在解决一个项目问题的时候，项目团队希望收集和问题相关的属性数据，以便找出解决方案。项目经理应该使用什么技术？

A. 控制图　　　　B. 核对单　　　　C. 核查表　　　　D. 问卷调查

41. 在客户最终验收项目可交付成果时，发现许多缺陷，这些缺陷可通过下列哪项避免？

A. 经常开展客户调查

B. 对员工开展质量控制方面的培训

C. 对实施过程进行审计和监控

D. 对实施结果进行全面检查

42. 在一个系统集成项目中，项目团队发现产品的可交付成果存在重大质量问题。为了解决这个问题，质量经理应该推荐使用以下哪个工具？

A. 力场分析　　　　　　　　　　B. 面向 "X" 的设计

C. 问题解决　　　　　　　　　　D. 根本原因分析

43. 在项目的系统测试阶段，测试团队发现之前已解决的许多缺陷再次发生。项目经理下一步应该怎么做？

A. 询问技术主管缺陷率突然上升的原因

B. 确认测试团队使用的是正确的测试方法

C. 在测试团队的协助下，分析发生高缺陷率的原因

D. 提交变更请求减少缺陷

44. 项目团队在使用价值流图重新构建某个项目的交付流程，项目团队使用价值流图进行分析的主要目的是什么？

A. 辨识和减少过程中的浪费

B. 分析整个过程中的风险情况

C. 识别整个过程中最高价值的节点

D. 明确整个过程中的分工

45. 在项目执行期间，范围内定义的所有可交付成果都已完成。在客户验收之后，发现了一个非关键性缺陷。项目经理接下来应该怎么做？

A. 分配资源修复缺陷

B. 与发起人和指导委员会一起讨论行动计划

C. 继续项目收尾阶段并收尾项目

D. 提出变更请求，评估修复缺陷的影响

46. 在一个软件项目结束时，项目超前于进度并低于预算。一名关键团队成员建议项目经理增加成本，可以向软件添加对客户有利的新功能。这不会影响初始预算或进度。作为项目经理应该怎么做？

A. 保持原始范围

B. 与客户核实是否需要这些新功能

C. 执行新功能，提高客户满意度

D. 执行风险再评估，如果风险不大，则执行新功能

47. 在一个生产线中，控制下限设为 301，控制上限设为 320，平均值设为 310。该过程在下列哪个系列处于控制中？

A. 321, 319, 315, 316, 317, 310, 311, 313

B. 319, 318, 309, 310, 309, 310, 311, 312

C. 319, 304, 307, 310, 310, 301, 306, 300

D. 311, 312, 319, 316, 312, 311, 317, 322

48. 在一个新系统部署期间，项目团队正在组织进行质量规划。下列哪两个质量活动

应包含在这个过程中？（选出 2 个答案）

    A. 审计系统技术规范的技术要求

    B. 定义项目质量管理程序和活动

    C. 执行过程分析，识别问题并定义预防措施

    D. 定义质量测量指标，以便核实系统是否在正常运行

    E. 检查团队在项目过程中是否使用最佳实践

49. 管理质量团队成员通知项目经理在可交付成果中发现了 100 个缺陷。因此，必须中止项目的后续工作。项目经理接下来应该怎么做？

    A. 与团队会面，审查情况并实施过程改进

    B. 查阅质量管理计划确定缺陷是否超出公差范围之外

    C. 将其登记为风险，并遵循风险管理计划

    D. 按照沟通管理计划通知相关方

50. 最近在一个新产品中发现的缺陷数量上升，高级管理层非常担心，要求项目团队调查这个问题。若要确定根本原因，项目团队应使用什么工具？

    A. 流程图   B. 工作分解结构

    C. 直方图   D. 石川图

6.3 习题解答

1. A

解析：每个冲刺的最后一天会召开团队参加的冲刺回顾会议，以检查质量过程的效果，寻找问题或缺陷的根本原因，然后建议实施新的质量改进方法，实现未来工作的改善。

2. A

解析：为了保证产品质量稳定，首先应该对产品质量进行规划和设计。软件开发项目适合使用敏捷方法，其中针对工作完成的标准被称为 DoD，DoD 可被定义在不同的级别，包括发布、迭代、用户故事和任务层面。

3. A、D

解析：现代质量管理的最新实践包括客户满意、预防胜于检查、管理层的责任、持续改进和与供应商的互利合作关系。检查只是在事后发现问题，而不能保证问题不发生。另外，相对传统的供应商管理而言，与供应商建立合作伙伴关系对组织和供应商都更加有益。

4. A

解析：两个变量之间的关系是否密切，可以通过散点图进行表示。散点图是一种展示两个变量之间关系的图形，它能够展示两支轴的关系，一支轴表示过程、环境或活动的任何要素，另一支轴表示质量缺陷。

5．C

解析：客户对产品交付提出不满，说明项目当前正在确认范围过程。为保证确认范围顺利进行，应在之前通过控制管理质量可交付成果符合要求，形成核实的可交付成果。

6．B

解析：Scrum 中最后一天会召开团队参加的冲刺回顾会议，讨论和分析冲刺中发生的问题，并制定改进措施，以避免未来发生类似问题。

7．A

解析：项目内部对可交付成果的测试和验收活动属于控制质量。控制质量是为了评估绩效，确保项目输出完整、正确且满足客户期望，而监督和记录质量管理活动执行结果的过程。其主要用于核实项目可交付成果和工作已经达到主要相关方的质量要求，可供最终验收。

8．C

解析：在质量控制过程中，问卷调查可用于在交付产品或服务之后收集关于客户满意度的数据。

9．D

解析：问题可能在控制质量过程或质量审计中发现，也可能与过程或可交付成果有关。使用结构化的问题解决方法有助于消除问题和制订长久有效的解决方案。

10．A

解析：为获得质量报告，可以采用管理质量的工具与技术——审计。质量审计是用来确定项目活动是否遵循了组织和项目的政策、过程与程序的一种结构化的、独立的过程。

11．B

解析：虽然可以带来返工成本的降低，但关注的是次要缺陷，同时质量活动本身的成本较为昂贵，因此需要在实施前进行成本效益分析，考虑成本与效益两者间的取舍权衡，决定是否要进行该质量检测活动。

12．D

解析：质量审计是用来确定项目活动是否遵循了组织和项目的政策、过程与程序的一种结构化的、独立的过程。

13．D、E

解析：质量成本包括一致性成本和非一致性成本。其中，一致性成本是规避失败所花费的资金，包括培训、测试、检查、破坏性试验等。而非一致成本是由于失败导致的支出，包括返工、报废部件、召回部件、失去业务等。

14．D

解析：质量审计是用来确定项目活动是否遵循了组织和项目的政策、过程与程序的一种结构化的、独立的过程。其目的包括识别全部正在实施的最佳实践，识别全部差距和不足，分享所在组织中类似项目的良好实践，积极、主动地提供协助，改进过程的执行，提高生产率，为经验教训的积累做出贡献。

15．A

解析：质量成本包括在产品生命周期中为预防不符合要求（预防成本）、为评价产品或服务是否符合要求（评估成本），以及因未达到要求（失败成本）而发生的所有成本。失败成本又分内部失败成本（项目内部发现的）和外部失败成本（客户发现的）两类。

16．B

解析：质量源于预防。项目出现意料外的高缺陷率，最好的方法是通过质量规划来避免。可以使用规划质量的工具——测试与检查的规划，决定如何测试或检查产品、成果或服务，及时避免缺陷发生。

17．D

解析：制订质量管理计划属于规划质量的工作，其工具包括专家判断、数据收集、数据分析、决策、数据表现（含流程图）、测试与检查的规划、会议。

18．C

解析：破坏性试验无法用于全部产品的检验，因此必须采用统计抽样检验。统计抽样是从目标总体中选取部分样本用于检查，但抽样的频率和规模应在规划质量过程中确定，以确保抽取的样本确实能代表目标总体。

19．C

解析：在管理质量过程中，通过质量审计识别全部正在实施的良好及最佳实践，以及所有违规做法、差距和不足，输出的项目质量报告可能是图形、数据或定性文件，其中包含的信息可帮助其他过程和部门采取纠正措施，以实现项目质量期望。

20．C

解析：有效性最高的质量管理是在整个组织内创建一种关注并致力于实现过程和产品质量的文化。

21．C

解析：当项目交付成果不符合质量标准时，应通过管理质量过程对质量控制测量结果进行分析和评估，此题应选 C，即和客户一起讨论此问题。

22．C

解析：检测报告中汇总了项目的质量控制测量结果。当质量控制测量结果不符合要求时，应通过管理质量进行分析和评估，以识别全部差距与不足，改进过程的执行。

23. A

解析：管理质量时可以采用质量改进方法，基于质量控制过程的发现和建议、质量审计的发现，或管理质量过程的问题解决。PDCA 和六西格玛是最常用于分析和评估改进机会的两种质量改进工具。

24. C

解析：查找质量不良的原因，应该使用石川图。石川图将问题陈述的原因分解为离散的分支，有助于识别问题的主要原因或根本原因。

25. C

解析：本题要对事故原因数量进行展示，因此选择直方图。直方图是一种展示数字数据的条形图，可以展示每个可交付成果的缺陷数量、缺陷成因的排列、各个过程的不合规次数，或项目和产品缺陷的其他表现形式。

26. A

解析：关键项目组件不满足要求时的应对是要查看质量管理计划。质量管理计划中描述将如何实施组织的质量政策，以及项目管理团队准备如何达到项目的质量要求。

27. C

解析："分享最佳实践，识别差距和缺点，并帮助团队提高生产力"是质量审计的目的之一，而质量审计是管理质量过程的主要工作。

28. B

解析：直方图是一种展示数字数据的条形图，可以展示每个可交付成果的缺陷数量、缺陷成因的排列、各个过程的不合规次数，或项目和产品缺陷的其他表现形式。

29. C

解析：矩阵图在行列交叉的位置展示因素、原因和目标之间的关系强弱。根据比较因素的数量，项目经理可使用不同形状的矩阵图，如 L 形、T 形、Y 形、X 形、C 形和屋顶形矩阵。

30. B、C

解析：控制界限是根据标准的统计原则计算确定的，代表一个稳定过程的自然波动范围。而规格上限和下限是根据要求制定的，反映了可允许的最大值和最小值。上下控制界限不同于规格界限。另外，如果连续有七个点在控制图均值的上方或下方，哪怕未超出控制界限，也属于失控。

31. C

解析：客户对成品的意见属于验收不合格，若要解决此问题必须就质量不满意的原因进行分析。过程分析可以识别过程改进机会，同时检查在过程期间遇到的问题、制约因素，以及非增值活动。同时，由于产品已经在交付客户前进行了检测，所以 A 已经不起作用。

32．D

解析：该产品能适用于极端环境，属于高质量。但只有基本设计，无额外功能，说明功能有限，属于低等级。一个低等级（功能有限）、高质量（无明显缺陷，用户手册易读）的产品，也许不是问题。一个高等级（功能繁多）、低质量（有许多缺陷，用户手册杂乱无章）的产品，也许是个问题。

33．D

解析：识别变量之间的关系，应使用散点图。散点图又称相关图，是一种展示两个变量之间关系的图形。

34．C

解析：流程图也称过程图，用来显示在一个或多个输入转化成一个或多个输出的过程中，所需要的步骤和可能分支。

35．B

解析：确定质量标准属于规划质量的工作，规划质量的工具——逻辑数据模型，可以把组织数据可视化，以商业语言加以描述，不依赖任何特定技术。

36．B、C

解析：精益开发是敏捷方法的一种，来源于精益生产的理念。精益开发强调七项原则，包括消除浪费、强化学习、延迟决策、快速发布、授权团队、内建质量和系统思考。

37．A

解析：控制图用来确定一个过程是否稳定，或者是否具有可预测的绩效。控制界限根据标准的统计原则，通过标准的统计计算确定，代表一个稳定过程的自然波动范围。

38．C

解析：亲和图可以对潜在缺陷成因进行分类，展示最应关注的领域。而直方图用于展示每个可交付成果的缺陷数量，流程图用于展示引发缺陷的步骤，燃尽图则是敏捷方法中常用的进度控制工具。

39．A

解析：对可交付成果进行质量测试，属于控制质量过程。针对质量不达标的情况，需要输出变更请求来纠正处理。测试结果已显示质量未达到标准，没有必要再重复进行测试。

40．C

解析：核查表又称计数表，用于合理排列各种事项，以便有效地收集关于潜在质量问题的有用数据。在开展检查以识别缺陷时，用核查表收集属性数据特别方便。

41．C

解析：本题关注如何避免质量缺陷。质量缺陷最好是通过过程监控来预防和管理，而非通过检查来进行事后控制。

42．C

解析：问题解决是指发现解决问题或应对挑战的解决方案。它包括收集其他信息，以及具有批判性思维的、创造性的、量化的和逻辑性的解决方法。有效和系统化地解决问题是质量保证和质量改进的基本要素。问题可能在控制质量过程或质量审计中发现，也可能与过程或可交付成果有关。

43．C

解析：测试发现的缺陷属于质量控制测量结果，当质量控制测量结果不符合质量要求时，应通过管理质量过程来进行过程分析，找出缺陷重复出现的原因。

44．A

解析：价值流图是精益开发中的一个工具，目的是辨识和减少过程中的浪费。精益中定义了七大浪费，分别是等待、库存、缺陷、不增值流程、不必要的移动、过度生产和多余动作。

45．D

解析：在客户验收时发现的质量问题属于确认范围过程。对已经完成但未通过正式验收的可交付成果及其未通过验收的原因，应该记录在案，并针对这些可交付成果提出变更请求以进行缺陷补救。

46．A

解析：团队主动给客户提供客户未要求的额外功能、更高质量或是额外超过客户预期的东西，这属于镀金行为。PMI不建议镀金，这不会增加项目的价值，并可能带来较大的机会成本。

47．B

解析：控制图中显示的失控情况有两种：超出控制上下限或者连续7个点落在均值一侧。因此审查答案提供的数据，答案A和D皆存在超出控制界限的情况，C则有连续7点落在均值一侧。

48．B、D

解析：规划质量过程的输出包括制定质量管理计划和定义质量测量指标。质量管理计划中包括了定义项目质量管理目标、程序、过程和活动等内容。

49．A

解析：质量控制测量结果显示有100个缺陷，当质量控制测量结果不符合质量要求时，应通过管理质量过程来进行过程分析，找出缺陷出现的原因，并进行改进。

50．D

解析：确定根本原因可使用石川图。石川图将问题陈述的原因分解为离散的分支，有助于识别问题的主要原因或根本原因。

第7章

项目资源管理

7.1 | 重点考点解析

▶"规划资源管理"考点

1. 项目的资源管理是识别、获取和管理所需资源以完成项目的过程，所指的资源包括实物资源和团队资源。

2. 团队管理关注专业技能、满意度、积极性以及职业道德行为，实物管理关注有效和高效地分配与使用资源。

3. 资源规划要确保项目的成功有足够可用的资源，考虑稀缺资源的可用性和竞争，以及不同的获取方法。

4. 描述团队成员的角色和职责，可以使用：

- 层级型：组织结构图，用于自上而下地显示各种职位及其相互关系。
- 矩阵型：责任分配矩阵，用于展示项目资源在各个工作包中的任务分配，以说明工作包或活动与项目团队成员之间的关系。常用模型为 RACI（执行、负责、咨询和知情）矩阵。
- 文本型：详细描述团队成员的职责。

5. 组织理论阐述个人、团队和组织部门的行为方法，同样，组织架构和文化也将影响项目的组织结构。

6. 规划资源管理将输出资源管理计划和团队章程，前者分为团队管理计划和实物资源管理计划，后者对团队成员的可接受行为及遵守的基本准则进行明确，构成工作指南。

7.　在敏捷项目管理中，通常使用无须集中管控运作的自组织团队。团队的领导者被称为敏捷教练，主要为团队创造环境、提供支持并信任团队可以完成工作。

8.　自组织团队通常由具备复合技能或跨职能的通用人才而不是主题专家组成，他们能够不断适应变化的环境并被充分授权自主完成工作。成熟的自组织团队会一直保持人员的稳定，一般不会轻易地增加或减少成员。

9.　资源管理计划的内容可能包括识别资源、获取资源、角色与职责、团队组织图、项目团队资源管理、培训、团队建设、资源控制和认可计划。

▶ "估算活动资源"考点

1.　估算活动资源估算执行每个活动所需团队资源及实物资源的种类与数量，这将影响资源管理、进度管理及成本管理等多个方面。

2.　资源日历显示资源的可用性，在安排进度和组建团队时应提前审阅，避免资源与活动的冲突。

3.　资源需求和资源分解结构应包括确定所需资源类型、数量和可用性的假设，以指导获取资源和进行监督。

▶ "获取资源"考点

1.　获取资源是确认可用的资源，概述和指导资源的选择，并将其分配给相应活动的过程。

2.　资源可来自外部和内部，内部资源由职能部门或资源经理负责获取，外部资源则在采购过程获得。

3.　通过有效谈判可以影响那些能为项目提供所需人力资源的人员，职能经理在要求的时限内提供最佳资源，其他项目管理团队提供稀缺和特殊资源，外部组织提供合适或其他特殊的资源。

4.　多标准决策技术可对潜在资源进行评级或评分，但需要重点关注三种特殊的资源：不一定拥有直接控制权的资源、构成项目制约因素的资源和能力较低的替代资源。

5.　预分派是事先选定的资源，常发生在项目启动前的承诺或项目章程的指定。

6.　虚拟团队的使用为招募项目团队成员提供了新的可能。虚拟团队可定义为具有共同目标、在完成角色任务的过程中很少或没有时间面对面工作的一群人。在虚拟团队的环境中，沟通规划变得日益重要。

7.　实物资源分配单记录项目将使用的实物资源，项目团队派工单记录项目团队成员在项目中的角色和职责以及分配方式。

▶ "建设团队" 考点

1. 建设团队是提高工作能力、促进团队互动和改善团队氛围的过程，主要作用是改进团队协作、增强人际技能、激励团队成员、降低人员离职率、提升整体项目绩效。

2. 在塔克曼阶梯理论中，形成阶段，成员开始相互认识；震荡阶段，由于互不信任导致工作效率低下；规范阶段，开始逐步建立信任，协同完成工作；成熟阶段，团队成员间互相依靠，组织有序，并平稳高效地解决问题；解散阶段，团队完成所有工作，团队成员离开项目。

3. 集中办公将所有最活跃的成员安排在同一地点工作，以增强他们整体工作的能力，并提高团队沟通效率。敏捷方法中要求团队采取集中办公的方式在一起工作。

4. 人际关系及团队技能包括冲突管理、影响力、激励、谈判、正式或非正式的团队建设活动。

5. 马斯洛需求层次理论和赫兹伯格双因素理论是实施奖励、激励和认可时的重要理论依据。

- 马斯洛需求层次理论是解释人格与动机的重要理论，将人的需求分为生理需求、安全需求、亲密关系需求、尊重需求和自我实现需求五个层次。

- 赫兹伯格双因素理论将影响绩效的因素分为两类，激励因素是指可以使人得到满足和激励的因素；保健因素是指容易产生意见和消极行为的因素。团队必须在满足保健因素的前提下提供激励因素，才能实现有效的激励。

6. 团队建设通过举办各种活动，强化团队的社交关系，打造积极合作的工作环境。项目经理应持续监督团队机能和绩效，确定是否需要采取预防措施或纠正措施。

7. 在建设项目团队过程中，需要对成员的优良行为给予认可与奖励。认可与奖励应考虑文化差异，并在整个项目生命周期中尽可能地给予表彰，而不是等到项目完成时。

8. 培训包括旨在提高项目团队成员能力的全部活动，培训可以是正式或非正式的。

9. 随着项目团队建设工作的开展，项目管理团队应该对团队建设的有效性进行正式或非正式的评价，识别出所需的特殊培训、教练、辅导、协助或改变，以提高团队绩效。

▶ "管理团队" 考点

1. 管理团队是跟踪团队成员工作表现，提供反馈，解决问题并管理团队变更，以优化项目绩效的过程。

2. 管理项目团队需要考量工作绩效报告和团队绩效评价，并采用沟通、冲突管理、谈判和领导技能等不同的工具与技术。

3. 冲突的来源包括资源稀缺、进度优先级排序和个人工作风格的差异。采用团队规则、团队规范以及成熟的项目管理实践，可以减少冲突的发生。

4. 冲突不可避免，成功的冲突管理可以改进工作关系，若管理得当，意见分歧有利于提高创造力和改进决策。

5. 冲突管理的解决次序为：首先由项目团队成员负责解决，如果冲突升级，项目经理应尽早在私下协助解决；如果破坏性冲突继续存在，则可使用正式程序，包括采取惩戒措施。

6. 解决冲突的常用方案包括从冲突中退出的撤退/回避；强调一致的缓解/包容；双方一定程度满意的妥协/调解；利用职权推行一方观点，立即解决问题的强迫/命令；采取合作态度和开放式对话的最优方法合作/解决问题。

7. 管理项目团队时还需要具备有效的决策能力，识别、评估和管理情绪的情商能力，影响力和领导力。

8. 项目经理的权力分为正式权、奖励权、处罚权、专家权和参考权。前三者皆来自正式的岗位和政策，专家权通过管理者具备的专业知识得以体现，参考权则是因其名望、声誉或个人特质而拥有的权力。

▶ "控制资源"考点

1. 控制资源是根据资源使用计划监督资源实际使用情况，并采取必要纠正措施的过程，其目的是确保资源适时适地可用，且在不再需要时被释放。

2. 控制资源时应对备选方案、成本效益、绩效及趋势等数据进行分析，并有条不紊地解决问题。

3. 控制资源时可以采取谈判和影响力等人际关系与团队技能。

7.2 ┃ 项目资源管理练习（共 50 题，单、多选题）

1. 公司拥有多个高优先级项目，但是公司没有足够的可用资源来执行所有项目。职能经理和项目经理应该怎么做？

　A. 开会协商资源分配　　　　　B. 按先到先得原则分配资源

　C. 分配资源为多个项目加班　　D. 用现有资源创建一个虚拟团队矩阵

2. 虚拟团队和集中办公属于下列哪个与资源有关过程的工具和技术？

　A. 获取资源　　B. 建设团队　　C. 管理团队　　D. 控制资源

3. 两个团队成员之间存在个人冲突。这两名团队成员互相不说话，项目经理预计这将对项目执行产生直接影响。团队成员正在使用下列哪项冲突解决技巧？

A. 撤退/回避
B. 合作/解决问题
C. 妥协/调解
D. 强迫/命令

4. 两名项目团队成员在共同工作中遇到问题。这些问题可能影响团队的工作效率并让团队不能满足项目期限。项目经理要求两名团队成员合作以满足项目期限，两名团队成员都不满意，但他们还是遵守了项目经理的指示。项目经理运用了哪项冲突解决技术？

A. 强迫/命令
B. 撤退/回避
C. 合作/解决问题
D. 妥协/调解

5. 两位工程师都是各自领域的专家，都被视为珍贵的项目资源，他们存在一起合作的问题。在项目开始时，项目经理安排了一次与两位工程师的会议，制订冲突的可能解决方案。项目经理运用的是以下哪种冲突处理方式？

A. 合作/解决问题
B. 缓解/包容
C. 妥协/调解
D. 强迫/命令

6. 若要建设高绩效项目团队，项目经理应该怎么做？（选出 2 个答案）

A. 举办团队建设活动
B. 使用项目管理信息系统管理和协调团队成员
C. 定期组织团队成员参加培训
D. 与职能经理谈判协商，更换低绩效人员
E. 采用冲突管理回避风险

7. 项目经理在制定完项目章程后列出了项目所需的人员编制。项目经理向职能经理询问所有确定资源的可用性。职能经理指出目前人员紧张，难以调配所需资源。项目经理首先应该完成什么？

A. 准备相关方登记册
B. 组织与职能经理的会议，并要求项目人员分配
C. 制订沟通管理计划
D. 评估商业论证和效益管理计划

8. 随着项目即将结束，进度延迟导致团队之间的紧张关系加剧。在团队会议期间，团队成员因为一个问题而互相责备。项目经理应该怎么做？

A. 将焦点转移到具体问题上
B. 将该问题上报给项目发起人，因为影响项目成果

C.　强调无论如何争论，都必须确保按时交付

D.　邀请外部行业专家参与，以按时收尾项目

9.　随着一项可交付成果交付期限接近，项目团队成员对可交付成果的交付形式产生了争议。项目经理开会讨论这个问题。在会议上，项目团队决定先保证在期限前完成可交付成果，交付形式待完成后再做决定。团队使用的是什么冲突解决技术？

A.　撤退/回避　　　　　　　　　B.　缓解/包容

C.　合作/解决问题　　　　　　　D.　妥协/调解

10.　团队成员 A 和 B 出现沟通问题，可能是由于时区、所在地以及文化差异等原因造成的。项目经理审查了解决该冲突的解决方案，并与双方讨论。这项技术称作什么？

A.　缓解/包容　　　　　　　　　B.　妥协/调解

C.　强迫/命令　　　　　　　　　D.　合作/解决问题

11.　团队成员开始一起工作并调整各自的工作习惯和行为，这属于团队发展的哪个阶段？

A.　形成阶段　　B.　震荡阶段　　C.　规范阶段　　D.　成熟阶段

12.　为了创建项目进度计划，项目经理着手估算资源制约因素。项目经理发现，遍布全球的项目团队成员在不同的时间工作并遵循不同的节假日。另外，团队成员被分配到多个不同项目。若要更好地了解资源的可用性，项目经理应该怎么做？

A.　创建资源分解结构　　　　　　B.　执行蒙特卡洛分析

C.　执行资源储备分析　　　　　　D.　创建资源日历

13.　公司同时有多个敏捷项目正在进行中，其中一些项目近期资源需求大量增加，PMO 希望能够根据最新情况重新整合和分配资源到各个项目，Scrum Master 应该怎么做？

A.　和 PMO 开会讨论保持敏捷团队完整的必要性

B.　通过赶工来保证项目进度

C.　通过整体变更控制程序来限制不必要的需求

D.　优先请求外包资源

14.　下列哪项属于管理团队过程？（选出 2 个答案）

A.　构建团队技能　　　　　　　　B.　管理相关方期望

C.　团队建设　　　　　　　　　　D.　项目管理信息系统

E.　冲突管理

15.　项目经理被任命管理一个将数据中心迁移到新地址的项目。在获得完成项目活动

所需的团队之后，项目经理创建了下列哪项？

    A. 资源日历和项目团队派工单   B. 资源管理计划

    C. 团队绩效评价   D. 团队的认可与奖励

16. 项目经理分配项目资源并开始培训团队成员。项目经理可从哪份文件中找到组织培训的必要信息？

    A. 沟通管理计划   B. 资源管理计划

    C. 进度管理计划   D. 工作绩效报告

17. 作为团队的领导者，项目经理需要为 Scrum 团队设计一个既舒适又能使团队各方面协作的团队空间。项目经理应该考虑以下哪两个方面？（选出 2 个答案）

    A. 按职能区分团队成员   B. 让团队成员坐在一起

    C. 团队成员轮流担任不同角色   D. 不区分团队成员职能

    E. 每个成员拥有单独的空间

18. 项目经理与两名持相反观点的团队成员开会。在会议中，项目经理根据两人的意见，最终采取了一个折中的方案。项目经理采用的是哪种冲突管理技术？

    A. 强迫/命令   B. 缓解/包容

    C. 撤退/回避   D. 妥协/调解

19. 在一个电子商务项目中，项目经理希望组建一个自组织管理的项目团队，他应该获取哪类资源以获得最好的效果？

    A. 主题专家   B. 复合型人才

    C. 具备丰富项目经验的人员   D. 虚拟团队

20. 项目团队成员分散于三个国家，项目经理必须考虑团体的协作和知识共享，以下哪项是项目经理最优先考虑的问题？

    A. 时差   B. 语言   C. 文化   D. 沟通

21. 当前项目进度落后于计划，高级经理表示项目必须按时完成。同时他将参与项目多个活动的讨论，以便推动项目顺利开展，高级经理在这些活动里承担了哪项职责？

    A. 执行   B. 负责   C. 咨询   D. 知情

22. 项目团队必须对一个关键资源做出是否录用的决定，项目经理需要考虑多个方面，以下哪个不需考虑？（选出 2 个答案）

    A. 能力   B. 态度   C. 民族   D. 国际因素   E. 宗教

23. 项目团队成员之间的工作方式存在冲突。项目经理需要改进成员之间的关系，并定义行为基本规则。项目经理应使用下列哪项？

    A．RACI 矩阵　　　　　　　　B．组织结构图

    C．团队章程　　　　　　　　　D．项目团队派工单

24．销售经理称项目可交付成果之一未能满足所需规范。销售经理与项目经理通过会谈消除了分歧并检查了备选方案。项目经理采用的是哪种冲突解决方法？

    A．强制　　　　B．合作　　　　C．回避　　　　D．安抚

25．新项目经理接管一个处于执行阶段的项目。一些项目成员正在寻找其他工作，并希望离开项目团队。为确保保留对项目至关重要的技能人才，应考虑使用哪种技术？

    A．团队建设　　　　　　　　　B．情商

    C．多标准决策分析　　　　　　D．组织理论

26．一个关键项目接近主要里程碑，但是多个关键可交付成果都面临严重困难。其中一个原因是多名资源休假。若要避免这个问题发生，项目经理应该怎么做？

    A．确保所有资源的可用性都已记录在资源日历中

    B．获得职能经理的最终承诺

    C．在项目执行阶段取消休假

    D．项目计划获得所有项目资源的批准

27．在一个进度具有挑战性的项目中，多名相关方的目标互相冲突。为确保项目顺利推进，项目经理必须处理冲突以及应用积极倾听技巧。项目处于团队发展的哪个阶段？

    A．解散阶段　　B．震荡阶段　　C．规范阶段　　D．成熟阶段

28．一个跨国项目包含来自全球 11 个不同地方的团队成员。项目经理发现由于文化差异，有两个地方的绩效不如预期。项目经理应该怎么做来改善绩效？

    A．定义行为基本规则　　　　　B．执行质量评估和控制

    C．审查和更新相关方分析　　　D．审查并改进沟通管理计划

29．一个为期五年的项目进行到一半。虽然团队绩效目前没有问题，但项目经理担心团队士气可能下降。项目经理应该怎么做才能保证团队绩效？

    A．在项目问题日志中记录任何问题

    B．确保项目的 RACI 图更新

    C．使用德尔菲技术

    D．完成团队绩效评价

30．一个项目的人员都是合格团队成员。在项目的第五个月，项目发生一些情况。首

先项目落后于进度，并超出预算。其次在两位团队成员离开项目后，团队士气低下。最后是团队成员之间互相不分享信息，存在普遍不信任的情况。为避免这种情况，项目经理应该已经完成下列哪项？

A. 授权团队成员并鼓励独立解决问题

B. 改善每名团队成员的知识和技能，提高他们按时完成项目可交付成果的能力

C. 提出一系列指令，澄清每名团队成员的责任

D. 将团队作为一个整体来关注，建设具有分享观念的有凝聚力的团队文化

31. 一家零售公司完成了在地区 A 的 10 个商店中实施销售系统的项目，历时 6 个月，成本为 5 000 万美元。项目发起人指示项目经理在地区 B 内的 20 个商店实施相同的系统，预算为 4 000 万美元，时间相同或提前。由于预算紧张，一些关键团队成员不想去地区 B 工作。项目经理应该怎么做？

A. 开展分析总结，确定从地区 A 中学到的经验教训

B. 减少非关键活动，比如项目审查，以满足预算

C. 提供奖励，激励团队成员参与地区 B 的项目

D. 要求提供更多的预算和资源来满足地区 B 的项目期限

32. 项目已经进入实施后期，三位项目团队成员正在完成最后一个可交付成果。项目经理查阅进度计划，发现只需两位成员就可以保证在截止日前完成该项工作。因此，项目经理在协商后安排一名成员到另一个项目团队。项目经理执行的是哪个过程？

A. 管理团队　　　　　　　　B. 控制资源

C. 整体变更控制　　　　　　D. 结束项目和阶段

33. 项目活动清单已经制定。项目经理并没有分配任务，而是由具备多种技能的团队成员协商决定任务的归属。这种组织类型属于以下哪种？

A. 问题解决型　　　　　　　B. 自组织管理型

C. 多功能型　　　　　　　　D. 虚拟型

34. 项目团队正在进行一项关键活动，由于一名团队成员临时请假，项目经理发现进度可能延迟，项目经理考虑从外部获取资源来完成该活动，下一步应该如何处理？

A. 提出变更请求

B. 计算新的资源需求，并更新资源分解结构

C. 重新对团队绩效进行评价

D. 查看资源日历

35. 在一个矩阵型组织结构中，一些团队成员的内部冲突可能延迟项目。项目经理下

一步该怎么做?

    A. 尽快并私下解决冲突

    B. 延迟冲突,评估其是否将在后期影响项目

    C. 将冲突上报给职能经理

    D. 查看资源管理计划并采取纠正措施

36. 由于范围蔓延,项目团队成员必须工作更长的时间,这导致他们士气低下。在下一次项目评审会议上,项目经理应该采取下列哪项措施?

    A. 提出变更请求,以请求额外的资源

    B. 使用项目管理信息系统优化资源使用

    C. 提出一项范围变更,减少团队的工作量

    D. 分析当前进度计划,并建议奖励团队成员

37. 在一个新组建的敏捷团队中,一位由业务部门分配的需求分析师仍然坚持使用瀑布式方法,这对整个团队的绩效造成了影响,敏捷教练应该怎么解决这个问题?

    A. 请求重新提供一位具有敏捷方法经验的新需求分析师

    B. 向需求分析师的直线经理反映该情况

    C. 为需求分析师提供敏捷方法培训

    D. 召开包括需求分析师参加的全员会议,讨论如何改进

38. 由于市场原因,一家公司经历人员变更,项目经理认为人员变更影响了项目资源,项目经理应该怎么做?

    A. 对团队绩效进行评价

    B. 培训替换团队成员

    C. 向项目发起人报告人员变更情况

    D. 评估人员变更的影响

39. 由于需求处于不断变化的情况下,项目经理被授命组建全新的团队,以更好地适应行业竞争的环境,项目经理应该组建哪种团队?

    A. 专业分工团队   B. 远程虚拟团队

    C. 充分授权团队   D. 主题专家团队

40. 在矩阵型组织中,项目 A 符合时间和预算要求。当项目 A 完成一半时,项目发起人决定将项目 A 的一些团队成员转移到新项目 B 上。项目 A 的项目经理应该怎么做?

    A. 不采取措施,因为是项目发起人做的决定

    B. 评估对项目 A 的变更,并与项目发起人一起审查

C. 联系职能经理，并请求未来五个月的替代资源

D. 请求职能经理，允许剩余团队成员加班工作

41. 在项目规划阶段，项目经理根据资源可用性估算任务持续时间。项目经理应该如何获得资源提供者的承诺？

A. 与职能经理分享项目管理计划和资源管理计划

B. 向人员配备部门发一封电子邮件，并附上完整的资源请求表

C. 让职能经理参与制订计划并获得他们的批准

D. 向职能经理保证资源将在完成任务后遣散

42. 在项目执行阶段，项目经理意识到大部分团队成员并不知道他们在项目中的正式角色。项目经理应在团队建设的哪个阶段解决这个问题？

A. 规范阶段　　　B. 震荡阶段　　　C. 形成阶段　　　D. 解散阶段

43. 在项目执行阶段，一项变更已获得批准，变更实施需要使用当前项目团队中没有的额外技能资源。该资源和项目团队并不在一个城市，项目经理该怎么做？

A. 要求职能经理提供一个本地资源

B. 从别的团队借调一名资源完成变更

C. 组建虚拟团队，并制订沟通计划

D. 要求该资源必须到本地工作

44. 在项目执行期间，项目经理确定由于团队的冲突行为导致一些里程碑未达到。为避免这种情况的发生，项目经理应该做什么？

A. 联系所有团队成员的职能主管，请求他们的干预

B. 安排一次团队会议，对行为基本规则达成一致意见

C. 发送一封邮件，通知团队成员所期望的行为

D. 对冲突的行为进行惩罚

45. Scrum Master 注意到团队中的一位成员具备多领域的知识，在完成自己承诺的任务外，该团队成员还对其他团队成员的任务进行指导。这引起一些团队成员的担忧。Scrum Master 应该怎么做？

A. 让团队自己讨论决定

B. 在每日站会上强调任务的责任人

C. 为该团队成员分配更多任务

D. 与该成员会面，就当前这种情况进行讨论

46. 在一个关键项目的中间阶段，两名团队成员被分配到另一个项目。由于他们是项

目不可替代的资源，会影响项目进度。项目经理应审查下列哪项？

    A．资源直方图   B．责任分配矩阵

    C．资源管理计划   D．工作分解结构

47．在一个会议上，项目经理注意到一名关键项目团队成员缺乏完成关键路径上任务所需的知识和技能。这会导致延迟项目结束日期，并影响相关方的满意度。为降低这个风险，项目经理下一步应该怎么做？

    A．接受风险，避免增加成本   B．将这些具体任务承包给一名专家

    C．向该团队成员提供培训   D．修订进度计划，考虑资源的技能水平

48．在一个职能型组织中工作的项目经理希望为一个复杂项目组建一支强大的项目团队。然而，职能经理有自己的优先顺序，没有提供最有经验的资源。项目经理接下来应该怎么做？

    A．审查角色和职责并更新培训需求

    B．查询资源管理计划，核实这些情况，并开展团队绩效评估

    C．申请变更，调整范围以适应可用的资源

    D．更新项目基准，并与相关方沟通人员配备问题造成的延期

49．在与相关方一起召开的项目计划介绍会上，相关各方讨论了某个问题并形成解决方案。会后某一天，项目经理收到一封来自关键相关方的电子邮件，说他们对解决方案改变了主意。项目经理首先应该尝试下列哪项冲突解决技巧？

    A．强迫/命令   B．合作/解决问题

    C．妥协/调解   D．震荡

50．在注意到团队内部冲突后，项目经理试图强调团队中的一致意见，忽略不一致的意见来解决冲突。这是以下哪种冲突解决的技术？

    A．妥协/调解   B．包容/缓解

    C．合作/解决问题   D．撤退/回避

7.3　习题解答

1．A

解析：项目在获取所需资源时出现了问题，项目经理需要和职能经理进行谈判来获取资源，以保证高优先级项目能够在需要时获得具备适当能力的人员。

2．B

解析：建设团队的工具与技术包括集中办公、虚拟团队、沟通技术、人际关系与团队技能、认可与奖励 、培训、个人和团队评估、会议。

3．A

解析：项目成员面对冲突时采取了相互不说话的冷处理，这属于撤退/回避的应对方式。撤退/回避是指从实际或潜在冲突中退出，将问题推迟到准备充分的时候，或者将问题推给其他人员解决。

4．A

解析：团队成员都不满意，代表着冲突并没有获得完全的解决，但成员都服从了项目经理的安排，这是强迫/命令的实例。以牺牲其他方为代价，推行某一方的观点，只提供赢-输方案，通常是利用权力来强行解决紧急问题。

5．A

解析：项目经理与冲突各方协同开会讨论，属于合作/解决问题。合作/解决问题综合考虑不同的观点和意见，采用合作的态度和开放式对话引导各方达成共识和承诺。

6．A、C

解析：建设高绩效项目团队是提高团队成员工作能力，促进团队成员互动，改善团队整体氛围，以提高项目绩效的过程。因此应选择建设团队过程的工具：团队建设活动和培训。

7．B

解析：项目经理在获取资源时遭遇困难，需要和职能经理进行谈判，以确保项目能够在需要时获得具备适当能力的人员，项目团队成员能够、愿意并且有权在项目上工作，直到完成其职责。

8．A

解析：项目中出现团队成员互相责备的情况，需要通过冲突管理来解决。成功的冲突管理应对事不对人，把焦点集中在问题本身，可以提高生产力，改进工作关系，优化项目绩效。

9．B

解析：团队争论的问题并没有解决，但是大家同意先完成可交付成果，说明采取的措施为缓解/包容。其强调一致而非差异考虑其他方的需要，为维持和谐关系而退让一步。

10．D

解析：项目经理与冲突各方进行讨论，这属于合作/解决问题。合作/解决问题是综合考虑不同的观点和意见，采用合作的态度和开放式对话引导各方达成共识和承诺。

11．C

解析：根据塔克曼阶梯理论，在规范阶段，团队成员开始协同工作，并调整各自的工作习惯和行为来支持团队，团队成员开始相互信任。

12. D

解析：由于资源存在时间上的限制因素，因此可通过资源日历来显示资源的可用性，从而更好地制订进度计划。资源日历是表明每种具体资源的可用工作日和工作班次的日历。

13. A

解析：Scrum 团队通常由 5~9 人组成，团队形成后应该保持稳定，一般不会轻易增加或减少成员。面对需求增加的情况，应先分析和讨论情况，可以考虑对需求排列优先级，或者采取多团队合作并行的方式。

14. D、E

解析：管理团队过程是跟踪项目团队成员的表现、提供反馈、解决问题并管理变更，以优化项目绩效的子过程，其工具和技术包括冲突管理和项目管理信息系统。

15. A

解析：获取资源的输出包括实物资源分配单、项目团队派工单、资源日历、变更请求和项目管理计划更新等。

16. B

解析：组织培训所需的信息记载于资源管理计划中。其内容包括识别资源、获取资源、角色与职责、项目组织图、项目团队资源管理、培训、团队建设、资源控制和认可计划。

17. B、D

解析：Scrum 中的开发团队通常由具备复合技能的通用人才而不是主题专家组成，他们采取集中办公的方式在一起工作，开发团队内部没有分工和角色的不同。

18. D

解析：项目经理采取了一个折中的方案，这是妥协/调解的实例。妥协/调解是为了暂时或部分解决冲突，寻找能让各方都在一定程度上满意的方案。

19. B

解析：自组织团队指无须集中管控，自我管理，并没有明显的角色分工的团队。成功的自组织团队通常由通用人才而不是主题专家组成，他们能够不断适应变化的环境并采纳建设性反馈。

20. D

解析：团队成员致力于同一个项目，却分布在不同的地方，属于虚拟团队。而虚拟团队管理面临的挑战主要在于沟通，包括可能产生孤立感、团队成员之间难以分享知识和经验、难以跟进进度和生产率，以及可能存在时区和文化差异。

21. C

解析：在 RACI 责任分配矩阵中，咨询代表在活动中参与讨论，提供意见的角色。

22．C、E

解析：获取资源需要进行多标准决策分析，可适用的选择标准包括可用性、成本、能力、经验、知识、技能、态度、国际因素等，不包括民族和宗教。

23．C

解析：团队章程是为团队创建团队价值观、共识和工作指南的文件。其对项目团队成员的可接受行为确定了明确的期望。尽早认可并遵守明确的规则，有助于减少误解，提高生产力。

24．B

解析：合作是综合考虑不同的观点和意见，采用合作的态度和开放式对话引导各方达成共识和承诺。

25．A

解析：建设团队过程可以提高团队绩效，从而提高实现项目目标的可能性。有效的团队建设策略和活动可以在个人和团队能力的改进、离职率的降低和团队凝聚力的增加等方面做出贡献。

26．A

解析：资源日历记录每个项目团队成员在项目上的工作时间段，以及每个人的可用性和时间限制，包括时区、工作时间、休假时间、当地节假日和在其他项目的工作时间。按照事先定义的资源日历安排工作，可以防止由休假等原因引起的进度延迟。

27．B

解析：根据塔克曼阶梯理论，有多名相关方的目标相互冲突，说明项目正处于震荡阶段。震荡阶段时团队开始从事项目工作，制定技术决策和讨论项目管理方法，但团队成员往往不能用合作和开放的态度对待不同观点和意见。

28．D

解析：11 个不同国家的人员组成了虚拟团队。在虚拟团队的环境中，沟通管理计划变得日益重要，可能需要花更多时间来设定明确的期望、促进沟通、制定冲突解决方法、召集人员参与决策、理解文化差异，以及共享成功喜悦。

29．D

解析：建设项目团队的目标包括提高团队成员之间的信任和认同感，以提高士气、减少冲突和增进团队协作。团队绩效评价是建设团队的输出，用来评估团队当前的状态和绩效，以及时发现和处理问题。

30．D

解析：团队当前成员不能用合作和开放的态度对待不同观点和意见，处于团队建设的震荡阶段。由于团队成员的个人能力都属合格，因此提高绩效应从注重团队和整体文化建设方面着手。

31.　C

解析：成员不愿意去 B 地区工作，项目经理可以考虑通过激励团队的方式来解决问题。在建设项目团队过程中，需要对成员的优良行为给予认可与奖励。当人们感受到自己在组织中的价值，并且可以通过获得奖励来体现这种价值时，他们就会受到激励。

32.　B

解析：控制资源是确保按计划为项目分配实物资源，以及根据资源使用计划监督资源实际使用情况，并采取必要纠正措施的过程。本过程的主要作用是，确保所分配的资源适时适地可用于项目，且在不再需要时被释放。

33.　B

解析：对于拥有自组织团队的项目，项目经理主要为团队创造环境、提供支持并信任团队可以完成工作。而团队则承担了如工作分配、决定工作节奏、决定团队的质量如何评估等工作。

34.　A

解析：项目经理通过绩效审查来测量、比较和分析计划的资源使用和实际资源使用的不同，这属于控制资源过程。如果控制资源过程采取纠正措施或预防措施影响了项目管理计划的任何组成部分或项目文件，项目经理应提出变更请求。

35.　A

解析：遵循冲突管理的解决步骤：首先应该采用直接和合作的方式，尽早并且通常在私下处理冲突。如果破坏性冲突继续存在，则可使用正式程序，包括采取惩戒措施。

36.　D

解析：建设团队过程通过提高团队成员之间的信任和认同感，以提高士气、减少冲突和增进团队协作。因此应选择建设团队的工具——认可与奖励，以解决团队士气问题，提高团队绩效。

37.　C

解析：新组建的团队需要经历团队建设以提高绩效。建设高绩效项目团队是提高团队成员工作能力，促进团队成员互动，改善团队整体氛围，以提高项目绩效的过程。本题由于绩效出现问题，因此使用建设项目团队的工具——培训。不选择 D 的原因是解决团队内部问题应该首选一对一的私下沟通。

38.　D

解析：公司人员变化导致项目资源受影响，属于控制资源过程，项目经理首先应对其影响进行评估，然后视评估结果提出相应的项目变更请求。

39.　C

解析：需求处于不断变化的项目适合采用敏捷项目管理。敏捷项目管理中，通常使用无须集中管控运作的自组织团队。成功的自组织团队通常由具备复合技能的通用人才而不是主题专家组成，他们能够不断适应变化的环境并被充分授权自主完成工作。

40．B

解析：相关方提出变更请求，应遵循整体变更控制程序，先进行变更影响分析，并与变更提出者充分沟通。

41．C

解析：为制订可行的资源管理计划，应该让尽可能多的团队成员和相关方参与规划过程，以便依据广泛的信息开展规划，降低不确定性，并获取相关方的支持。

42．C

解析：根据塔克曼阶梯理论，在形成阶段过程中，团队成员相互认识，并了解项目情况及他们在项目中的正式角色与职责。

43．C

解析：虚拟团队的使用为招募项目团队成员提供了新的可能性，适用于在组织内部地处不同地理位置的员工之间组建团队。

44．B

解析：由于团队的冲突行为导致项目里程碑未达到，在事先采用团队规则、团队规范以及成熟的项目管理实践，可以减少冲突的发生。

45．A

解析：敏捷旨在打造自组织团队，他们被充分授权自主完成工作，遇到问题应该优先让他们自己讨论决定。Scrum Master 在发现冲突升级后，才应选择介入。

46．C

解析：项目经理在遇到资源变更时，应先审查资源管理计划。作为控制资源过程的输入，其提供了关于如何分类、分配、管理和释放项目资源的指南，并定义了项目资源的角色与职责。

47．C

解析：由于团队成员缺乏完成关键路径上任务所需的知识和技能，所以应该开展建设团队活动，通过培训来提高项目团队成员的能力。

48．B

解析：项目团队的规划和实际有差异，应先评估其影响，再通过变更请求来解决问题。

49．B

解析：遇到冲突最佳的解决方法是合作/解决问题。其综合考虑不同的观点和意见，采用合作的态度和开放式对话引导各方达成共识和承诺。

50．B

解析:强调团队中的一致意见忽略不一致的意见,这属于冲突解决方法中的包容/缓解。其特点为强调一致而非差异。

第8章

项目沟通管理

8.1 重点考点解析

▶ "规划沟通管理"考点

1. 沟通指信息的交换，确保项目及其相关方的信息需求得以满足，其分为两个部分：制定行之有效的沟通策略和执行必要活动以落实沟通策略。

2. 有效的沟通具备三个基本属性：沟通目的明确；尽量了解沟通接收方，满足其需求与偏好；监督并衡量沟通的效果。书面沟通还要注意 5C 原则。

3. 规划沟通管理是根据相关方的信息需求、项目需要及组织的可用资源情况，制定恰当的沟通方法，以及制订计划的过程。

4. 项目沟通发生问题往往是因为沟通管理计划不良，从而导致信息传递延误、向错误的受众传递敏感信息或与某些相关方沟通不足等问题。项目经理可以审查沟通管理计划，明确问题原因后，对沟通管理计划进行优化。

5. 恰当的方法和沟通管理计划可以引导相关方有效参与项目，这需要对相关方的信息需求以及信息对相关方的价值进行深入分析。

6. 潜在沟通渠道的计算与相关方的数量有关，反映了沟通的复杂程度，计算公式为：$N(N-1)/2$，N 为相关方数量。

7. 沟通模型由发送方和接收方构成，步骤包括编码、传递信息和解码。互动沟通模型在此基础上，新增"确认已收到"和"反馈/响应"。

8. 交互式沟通是最有效的实时信息交换方式；推式沟通适合特定接收方，但不确保信息是否到达目标或是否已被理解；拉式沟通适用于大量复杂信息或受众很多时，由接收方在遵守有关安全规定的前提下自主自行获取信息。

9. 规划沟通时要评估相关方的沟通风格，以识别其偏好的沟通方法、形式和内容。同时要具备对权力关系认知的政治意识，理解文化意识的差异。

▶ "管理沟通" 考点

1. 管理沟通是根据沟通管理计划管理和处置信息交互，确保项目信息及时且恰当地收集、生成、发布、存储、检索、管理、监督和最终处置。

2. 有效的沟通管理需要借助相关技术并考虑相关事宜，包括发送方-接收方模型、媒介选择、写作风格、会议管理、演示、引导和积极倾听。

3. 管理沟通过程负责将工作绩效报告传递给项目相关方，工作绩效报告的典型示例包括状态报告和进展报告。工作绩效报告可以包含挣值图表和信息、趋势线和预测、储备燃尽图、缺陷直方图、合同绩效信息和风险概述信息。

4. 项目管理信息系统是管理沟通时经常使用的工具，其包括项目管理的电子工具、电子沟通管理工具和社交媒体管理等。

5. 敏捷团队使用可视化的仪表板共享项目信息，包括工作进展、质量、问题和风险等，这也被称为信息发射源，它应该处在显而易见的位置，方便团队和相关方及时了解和更新项目当前状态。

6. 敏捷团队采用集中办公的方式一起工作，成员之间通过面对面的沟通，信息自然而然在团队中传递和共享，这种方式也被称为渗透式沟通。

7. 敏捷团队通过每日一次的站会来促进团队成员之间的沟通，每日站会时间应该控制在 15 分钟内，每位成员只在会议上介绍三个内容，分别是 "昨天完成了什么工作" "今天打算完成什么工作" "遇到哪些问题和阻碍"。尤其要注意的是，当问题被提出后，其解决方案的讨论不应占用站会时间，而是在会后由敏捷教练召集相关人员讨论。

8. 项目报告的发布行为需要针对各种相关方，分别调整信息发布的层次、形式和细节，可以定期准备或基于例外情况准备。

9. 通过会议管理，确保会议有效并高效地达到预期目标。会议管理包括：准备并发布会议议程，确保会议在规定的时间开始和结束，确保适当参与者受邀并出席，切题，处理会议中的问题和冲突，记录所有行动及所分配的行动责任人。

▶ "监督沟通" 考点

1. 监督沟通是在整个项目生命周期中优化信息传递的过程，确定是否如预期提高或保持相关方对项目的支持力度。

2. 有效果的沟通是通过正确的形式、在正确的时间把信息提供给正确的受众，并且使信息产生正确的影响，从而达到沟通的预期目标。

3. 有效率的沟通则是只提供所需要的信息。

8.2 项目沟通管理练习（共 50 题，单、多选题）

1. 由于担心大量与己无关的项目邮件数量，一名团队成员认为其中一个可交付成果将延迟，因为时间都花在阅读和回复邮件上，项目经理应该怎么做？

A. 要求团队成员加班完成工作

B. 要求项目团队更改项目沟通管理计划

C. 与项目团队一起审查进度管理计划

D. 与项目团队一起审查沟通管理计划

2. 对于某涉及全世界多个团队的全球性项目，项目经理期望各区域团队能共同理解之前确定的项目方针。项目经理应采用下列哪种沟通方式与各区域项目团队进行适当沟通？

A. 互动沟通　　　　　　　　　B. 推式沟通

C. 拉式沟通　　　　　　　　　D. 相关方沟通

3. 发起人向董事会提交的项目总体进度报告不准确且过时。为了让发起人能够向董事会提交符合要求的报告，项目经理首先应该做什么？

A. 向发起人发送一份更新的项目进度计划，并重点突出任何变化

B. 与发起人开会，确定报告的所有要求

C. 为发起人准备每日项目状态报告

D. 更新项目沟通管理计划

4. 在虚拟团队中，项目经理应确保所有相关方共同理解之前确定的项目政策。项目经理应通过何种方法确定项目沟通的复杂性？

A. 沟通方法分析　　　　　　　B. 沟通需求分析

C. 沟通模型分析　　　　　　　D. 相关方分析

5. 客户对项目的交付并不满意，你作为项目经理应该如何处理？

A. 告诉客户可交付成果满足项目范围，要求客户同意验收

B. 了解客户为什么对可交付成果不满意

C. 与团队开会，讨论需要进行的变更

D. 与客户沟通，商讨其他的可交付成果

6. 相关方在项目执行过程中抱怨信息过多，他们发现很难将相关信息与无关信息分类。你认为该问题的原因是什么？

A. 监督沟通过程实施不当   B. 识别相关方过程实施不当

C. 管理沟通过程实施不当   D. 规划沟通过程实施不当

7. 远程项目团队成员请求将项目会议时间更改为在远程项目团队的工作时间内。然而，本地团队成员却不同意这项提议。项目经理接下来应该怎么做？

A. 安排一次与所有团队成员的团队会议，确定一个适合的时间

B. 与发起人讨论决定一个适合的时间

C. 接受远程团队的请求，并试行一段时间

D. 拒绝远程团队的请求，因为不包含在沟通管理计划中

8. 评估项目需求之后，项目经理决定招募一名主题专家，而该主题专家将采用虚拟方式工作。为制订项目沟通计划，项目经理应该怎么做？

A. 召开会议，并要求内部团队成员加强与虚拟团队成员的沟通

B. 设定明确的期望，并澄清团队成员之间的沟通方式

C. 更新风险管理计划，并与客户进行沟通

D. 让内部团队和虚拟团队遵循相同的沟通流程

9. 敏捷项目经理要求团队成员公示项目信息，一位团队成员将迭代燃尽图张贴在楼梯转角处，并称这是个比较隐蔽的位置，所以墙面可以得到充分利用，项目经理应该如何处理这种情况？

A. 公开信息应该有所选择，迭代燃尽图的张贴需要相关方批准

B. 项目信息应该张贴在只有团队成员能够到达的地方

C. 张贴图表的同时，还需要发送工作绩效报告给相关方

D. 这不是一个显而易见的位置，团队成员不能经常查看和更新图表的内容

10. 团队经理发现团队的沟通存在问题，要想提高沟通效率，以下哪两项不需要重点考虑？（选出 2 个答案）

A. 使用统一的沟通标准用语   B. 了解沟通接收方，以满足其需求

C. 采取正式书面的沟通方式   D. 监督并衡量沟通的效果

E. 明确沟通的目的

11. 一个软件项目正在实施中，团队多个成员处于不同的地理位置，他们在软件开发

的过程中发现，多个成员同一时间会针对同一个功能模块进行修改，这导致软件开发效率低下、错误增加，Scrum Master 应该如何处理来避免这个问题？

    A．召开冲刺评审会议　　　　　　　B．召开回顾总结会议

    C．召开每日站会　　　　　　　　　D．召开冲刺规划会议

12．为确保相关方了解项目当前情况，项目经理需要提交给管理层一份正式的书面报告，他应该避免哪些方面？（选出 2 个答案）

    A．细致的表述和保证篇幅　　　　　B．清晰的目的和表述

    C．连贯的思维逻辑　　　　　　　　D．受控的语句和想法承接

    E．专业的技术语言和各类术语

13．项目经理按照沟通管理计划安排了团队周会。一些团队成员提出由于时间上有冲突，将缺席某些会议。项目经理接下来应该怎么做？

    A．提供所有会议的会议记录

    B．重新安排一个对所有团队成员都适合的时间

    C．道歉并说明与所有团队成员协商时间的难度

    D．与每名团队成员单独开会

14．每日站会期间，有多名团队成员针对一个已经遇到的问题展开热烈讨论，Scrum Master 应该如何回应？

    A．要求停止讨论，明确每日站会的规则

    B．对讨论的内容进行限制，只允许讨论和当天任务相关的问题

    C．立刻结束每日站会，再安排一次会议讨论这个问题

    D．鼓励和引导团队成员，以形成问题的解决方案

15．项目经理管理一个要求高、工期短的项目。在团队会议上，工程设计团队讨论一个未事先准备的话题，导致会议超时中断。在项目执行期间，如何做才能避免出现这些问题？

    A．将引发问题的成员排除在会议之外

    B．在问题日志内记录该问题，并与项目团队讨论

    C．限制由什么成员参加什么会议

    D．规划沟通的时候建立会议规则

16．项目经理将一项活动分配给团队成员。团队成员按其理解执行活动。但是，执行结果未能满足项目经理的期望。为避免这种情况的发生，项目经理应该事先使用什么方法？

A. 互动沟通　　B. 拉式沟通　　C. 编码和解码　　D. 推式沟通

17. 项目经理被任命管理一个改造项目。在安装期间出现一个安装缺陷，需要技术资源修复。项目经理通过哪份文件将这种情况与相关方沟通？

A. 问题日志　　B. 变更日志　　C. 质量报告　　D. 风险报告

18. 项目经理向发起人分发一份每周项目状态报告。报告中应包含下列哪项？

A. 项目组织图　　　　　　　　B. 详细的风险分析

C. 团队培训计划　　　　　　　D. 已完成工作百分比

19. 项目经理向项目相关方提供关于关键绩效测量指标的状态报告。项目经理收集关于已完成工作、成本、风险、问题和变更请求的进展。项目经理还应将下列哪项关键绩效测量指标包含进状态报告中？

A. 预测数据　　　　　　　　　B. 资源缺少

C. 项目控制界限　　　　　　　D. 纠正措施

20. 项目经理邀请相关方参加项目的状态评审，沟通管理计划中包含 12 名成员，还要求包含其余 4 名成员，那么还需要多少条额外沟通渠道？

A. 6　　　　　B. 54　　　　　C. 66　　　　　D. 120

21. 在制订沟通管理计划时，项目经理需要考虑相关方的权力和影响，这属于以下哪项？

A. 沟通风格　　　　　　　　　B. 政治意识

C. 文化意识　　　　　　　　　D. 组织机构类型

22. 项目经理发现项目团队成员对项目的实现方式理解不一致。公司知识库中有关于项目实施方式的电子在线课程，项目经理要求团队成员组织学习。这属于以下哪种类型？

A. 推式沟通　　B. 拉式沟通　　C. 互动沟通　　D. 线上沟通

23. 项目经理与项目相关方开会，报告项目状态。项目经理涉及的是哪个过程？

A. 监督沟通　　　　　　　　　B. 管理相关方参与

C. 管理沟通　　　　　　　　　D. 监督相关方参与

24. 项目经理和关键相关方召开集体会议收集第一轮需求。但是其中一名项目相关方掌控了会议，项目经理担心未充分识别所有需求。若要确保需求通过一种公正方式充分讨论，项目经理应该采取下列哪项措施？

A. 再召开一次会议，将发言的相关方排除在外

B. 向所有项目相关方提供一个匿名沟通渠道，以便他们提供反馈

C. 将需求不完整的潜在风险记录在风险登记册中

D. 允许实施整体变更控制过程，来收集未来的需求变更

25. 在每日站会期间，开发人员提出了一个严重影响质量的问题，敏捷项目经理可以考虑怎么做？（选出 2 个答案）

A. 延长本次迭代时间以解决质量问题

B. 在会后安排一个时间，由相关成员进行讨论

C. 安排在迭代回顾会议上讨论该问题

D. 记录问题日志，并在下一次站会时宣布解决方案

E. 和团队成员进行头脑风暴，确定问题根本原因

26. 项目经理制订了一份严格的沟通管理计划，并定期向所有相关方发送有关项目进展的邮件。然而，一名相关方却抱怨说没有收到有关项目进展的足够信息。项目经理应该怎么做？

A. 修订相关方分析矩阵并为该相关方调整沟通管理计划

B. 请相关方对所有可用组织过程资产加深了解

C. 重新评估沟通管理计划，并提出相应调整建议

D. 与该相关方召开一次会议，并亲自提交项目状态

27. 项目经理制作了受到项目及其成果影响的内外相关方信息列表。下列哪项包含了相关方沟通需求的信息？

A. 项目沟通管理计划　　　　B. 项目章程

C. 项目组织图　　　　　　　D. 项目风险管理计划

28. 项目团队成员位于不同时区。在这种情况下，下列哪项对项目成果非常重要？

A. 沟通管理计划　　　　　　B. 风险管理计划

C. 相关方参与计划　　　　　D. 资源管理计划

29. 项目团队每周例会贯穿项目整个过程直至收尾阶段。项目经理跟踪项目进度，并监控与成本和时间有关的项目基准偏差。在向相关方发布所有相关信息时，应使用下列哪项？

A. 风险登记册　　　　　　　B. 成本和偏差报告

C. 状态报告　　　　　　　　D. 每周电子邮件

30. 一个敏捷团队坐在一个有限的开放空间内集中办公，最大好处是以下哪一项？

A. 空间利用更有效，降低总体成本

B. 团队可以更准确地跟踪每个成员的工作

C. 有利于团队成员培养感情

D. 成员之间通过面对面的沟通，信息自然而然共享

31. 项目已在一年前完工，项目经理和资源已分配到另一个项目。客户向首席运营官发送电子邮件，声称一个可交付成果不符合预期的质量级别，并请求对该可交付成果的变更。在答复客户之前，首席运营官应首先审查什么文件？

A. 需求管理计划　　　　　　B. 客户验收文件

C. 质量检查报告　　　　　　D. 工作说明书

32. 新项目包括来自不同国家、带有不同期望的相关方。若要确保所有相关方都能获得项目状态的通知，项目经理应该怎么做？

A. 制订沟通管理计划　　　　B. 制定项目章程

C. 制定相关方登记册　　　　D. 制订相关方参与计划

33. 一份项目监控报告识别到项目实施过程中的一个问题，并给出两个纠正措施。在对监控报告进行讨论时，项目经理发现该问题是基于不正确的数据做出的错误结论。项目经理接下来应该怎么做？

A. 实施两个纠正措施

B. 与客户审查报告，讨论差距

C. 与监控机构沟通存在的错误

D. 重新编写第二份监控报告，并反驳第一份报告

34. 一个项目拥有 50 名团队成员，有多个相关方参与，相关方和团队成员在项目期间需要参阅大量信息文件。项目经理应该使用哪种沟通方法来解决项目的信息需求？

A. 互动　　　　B. 推式　　　　C. 拉式　　　　D. 发送-接收

35. 一个新产品开发项目符合进度，在执行阶段结束时，一项新法律颁布，更改了产品的质量标准。项目经理首先应该做什么？

A. 与发起人沟通变更

B. 更新项目的范围管理计划

C. 协商获得更多资金，保证项目符合进度

D. 提交变更请求

36. 一名相关方表示未收到近期项目状态会议上提出的某个问题的根本原因分析。项目经理发现该相关方没有包含在报告分发名单中。项目经理首先应该怎么做？

A. 参考风险登记册　　　　　B. 更新沟通管理计划

C. 将相关方加入名单　　　　D. 更新相关方登记册

37. 一名高级财务经理首次参加项目状态会议。项目经理应该在会议上分享什么项目信息?

    A. 更新的项目管理计划

    B. 详细的成本和预算信息

    C. 标准的项目状态报告

    D. 标准的项目状态报告信息,并就成本和预算加以说明

38. 项目经理已将项目管理计划分发给所有关键相关方。然而,项目发起人和客户有意见,并希望做一项更改。谁应负责收取该反馈并采取适当的行动?

    A. 变更控制委员会   B. 项目发起人

    C. 项目经理   D. 项目团队

39. 由 4 名发起人构成的团队向项目经理提供了一份项目章程。除了项目经理,项目团队由来自不同职能组织的 7 名成员组成。沟通渠道总数有多少条?

    A. 4   B. 21   C. 55   D. 66

40. 在相关方会议之前,项目经理应使用什么沟通方法获得关键相关方对项目管理计划的批准?

    A. 电子邮件   B. 互动沟通

    C. 拉式沟通   D. 推式沟通

41. 项目按时在预算内交付,且符合客户需求。但是,就在验收后的第三个月,客户对产品表示不满,并提出一个设计变更。在项目收尾期间,项目经理应如何处理以预防这个问题?

    A. 确认范围   B. 衡量客户满意度

    C. 审查测试报告   D. 标准化检查

42. 在项目开始时,项目经理发现团队成员和关键相关方对项目范围和可交付成果的意见不一致。为获得项目团队的参与和一致意见,项目经理接下来该怎么做?

    A. 将团队成员和关键相关方对项目范围和可交付成果的意见发送给所有相关方

    B. 将问题上报给高级管理层,并请求他们的支持

    C. 在问题日志中记录问题,并继续执行项目

    D. 与所有关键相关方和项目团队成员一起开会讨论

43. 在项目生命周期中,项目经理管理下列哪项所用时间最多?

    A. 资源   B. 活动   C. 沟通   D. 风险

44. 在项目执行期间，团队成员意识到工作包中需要完成的任务比最初计划得多。项目经理接下来应该怎么做？

    A. 修改范围，并按照沟通管理计划与相关方沟通

    B. 指示团队成员完成额外任务，直到其不会影响项目基准

    C. 建议团队成员评估额外的工作量，并创建变更请求

    D. 任命另一名团队成员，让工作包可以在不延迟项目的情况下完成

45. 在项目执行期间，项目经理与关键相关方开会提交项目状态报告。这是第四次会议，高级经理的参与度下降，他们更希望单独审查信息，而不想参加会议。项目经理接下来应该怎么做？

    A. 根据请求取消项目状态报告会议和邮件报告

    B. 重新评价相关方参与计划和沟通管理计划

    C. 按照当前沟通管理计划执行项目

    D. 咨询项目发起人，决定相关方的参与方法

46. 上个冲刺以来，团队已由 8 名成员增长到 12 名成员。因此，每日站会时间总是超出限时，为了避免这个问题，Scrum Master 应该怎么办？

    A. 增加站会时间，以匹配更新的人员

    B. 把团队分成 2 个小组，让他们安排单独的站会

    C. 将站会改到会议室召开，提高会议舒适度

    D. 缩短每个成员发言的时间和内容，确保在限时内完成

47. 在与相关方召开的状态会议上必须讨论多个问题，相关方担心有些问题没有及早提出。项目经理应该考虑更新下列哪项？

    A. 沟通管理计划　　　　　　　B. 项目章程

    C. 相关方登记册　　　　　　　D. 进度管理计划

48. 项目中有一个紧急问题需要解决，项目经理通过社交软件将该问题提交给多个项目团队成员，并获取反馈，这属于以下哪种方式？

    A. 正式口头　　　　　　　　　B. 正式书面

    C. 非正式口头　　　　　　　　D. 非正式书面

49. 最近被任命管理一个项目的项目经理发现一些团队主管一直向副总裁发送绩效报告。项目经理接下来应该怎么做？

    A. 通知团队主管直接向项目经理发送当前绩效报告

    B. 通知团队验收标准已确定，没有必要发送绩效报告

C. 查阅责任分配矩阵和沟通管理计划，并根据需要修订

D. 组织一次与相关方的面对面会议，正式提交绩效报告

50. 作为项目计划的一部分，你需要为你的项目中多个国家的相关方制定有效的沟通方法。你有多种沟通媒介可供选择。要制订这样的沟通计划，你应该怎么做？

A. 利用从前项目中可行的标准媒介

B. 利用多种媒介形式，确保每个人都收到信息

C. 与相关方讨论各种选择，获得他们的认可

D. 找项目发起人获得额外的资金，以便建设针对项目沟通的统一基础设施

8.3　习题解答

1. D

解析：邮件的内容与项目成员无关，造成沟通的低效率，说明规划沟通存在问题。因此要先分析和审查沟通管理计划之后，再提出必要的措施。沟通管理计划包括了相关方的沟通需求以及需要沟通的信息。

2. A

解析：为了确保项目方针能够得到共同理解，应选择互动沟通。互动沟通是在两方或多方之间进行多向信息交换，这是确保全体参与者对特定话题达成共识的最有效的方法。

3. B

解析：沟通信息存在不准确且过时的现象，说明规划沟通存在问题。因此应对相关方的沟通需求进行确认，以制定沟通策略。然后再考虑对沟通管理计划进行必要的更新。

4. B

解析：要确定项目沟通的复杂性，首先应该进行沟通需求分析。通过需求分析确定项目相关方的信息需求，包括所需信息的类型和格式，以及信息对相关方的价值，然后再构建沟通模型，确定沟通方法和沟通内容等。

5. B

解析：遇见问题或者变更时，首先应通过沟通来了解原因和影响。本题客户对交付成果不满意，因此在采取具体措施前，首先需要进行沟通，了解客户不满意的原因。

6. D

解析：项目信息过多且难以分类，说明沟通的规划不良。

7. A

解析：团队对于沟通的方式存在冲突，因此选择最优的冲突解决方法：合作/解决问题。其综合考虑不同的观点和意见，采用合作的态度和开放式对话引导各方达成共识和承诺。

8．B

解析：沟通管理计划包括相关方的沟通需求，需要沟通的信息，以及发布信息的原因等。团队成员之间的沟通方式和沟通内容需要定义和澄清，并非每个人都可以任意沟通。

9．D

解析：敏捷团队使用可视化的仪表板共享项目信息，包括工作进展、质量、问题和风险等，这也被称为信息发射源，它应该处在显而易见的位置，方便团队和相关方及时了解和更新项目当前状态。

10．A、C

解析：有效的沟通活动具有三个基本属性：沟通目的明确；尽量了解沟通接收方，满足其需求及偏好；监督并衡量沟通的效果。而沟通标准用语和沟通方式则应根据不同的情况灵活使用。

11．C

解析：软件开发效率低下的原因在于团队成员沟通不畅，成员彼此之间没有对当天的工作做出有效的协同安排。每日站会可以帮助大家了解当天的工作内容，促进协作。在地理位置分散的情况下，沟通尤其重要，敏捷团队更要保证远程虚拟每日站会的召开。

12．A、E

解析：书面沟通的 5C 原则包括：正确的语法和拼写；简洁的表述和无多余字；清晰的目的和表述（适合读者的需要）；连贯的思维逻辑；受控的语句和想法承接。

13．B

解析：实际的沟通情况与沟通管理计划不符合，应在监督沟通过程中提出变更请求，对沟通时间和方式进行调整。

14．A

解析：每日站会时间只有 15 分钟，站会上每个人都要介绍昨天完成了什么工作，今天准备做什么工作，遇到哪些问题。对于遇到的问题，每日站会上不会深入进行讨论，而是在会后由团队成员讨论解决。当团队成员在站会上对某一问题进行讨论的时候，Scrum Master 要及时制止。答案 C 不对是因为立刻结束会议太武断了。

15．D

解析：会议被中断的原因是沟通管理计划没有对会议规则进行有效的规划。沟通管理计划应包括关于项目状态会议、项目团队会议、网络会议和电子邮件等的指南。

16．A

解析：团队成员按照理解执行活动，但是，执行结果未能满足项目经理的期望，说明沟通效果不佳，因此可采用互动沟通方法。互动沟通在两方或多方之间进行多向信息交换，这是确保全体参与者对特定话题达成共识的最有效的方法。

17.　C

解析：安装缺陷属于质量问题，应记录在质量报告中。质量报告作为管理沟通过程的输入，包括与质量问题、项目和产品改进，以及过程改进相关的信息。

18.　D

解析：报告绩效是指收集和发布绩效信息，包括项目状况报告、进展测量结果及预测结果。简单的项目状态报告可显示诸如"已完成工作百分比"的绩效信息，或每个领域（范围、进度、成本和质量）的状态指示图。

19.　A

解析：工作绩效报告是从绩效测量值中提取信息并进行分析的结果，其提供关于项目工作绩效的信息，包括偏差分析结果、挣值数据和预测数据等。

20.　B

解析：潜在沟通渠道的总量为 $N(N-1)/2$，其中，N 代表相关方的数量。根据计算公式，原计划有 12 名成员即 66 条沟通渠道，额外包括其余 4 名成员后，16 名成员有 120 条沟通渠道，相差 54 条。

21.　B

解析：政治意识有助于项目经理根据项目环境和组织的政治环境来规划沟通。政治意识是指对正式和非正式权力关系的认知，以及在这些关系中工作的意愿。理解组织战略、了解谁能行使权力和施加影响，以及培养与这些相关方沟通的能力，都属于政治意识的范畴。

22.　B

解析：拉式沟通适用于大量复杂信息或大量信息受众的情况。它要求接收方在遵守有关安全规定的前提下自行访问相关内容。这种方法包括门户网站、企业内网、电子在线课程、经验教训数据库或知识库。

23.　C

解析：管理沟通是确保项目信息及时且恰当地被收集、生成、发布、存储、检索、管理、监督和最终处置的过程。管理沟通过程会涉及与开展有效沟通有关的所有方面，包括使用适当的技术、方法和技巧。

24.　B

解析：为了确保公正和消除偏见，可以采用德尔菲技术。德尔菲技术是组织专家就某一专题达成一致意见的一种信息收集技术，由相关专家匿名参与。

25.　B、C

解析：每日站会时间只有 15 分钟，因此每日站会上不会对遇到的问题进行深入讨论，一般是在会后由团队成员讨论解决，也可以在迭代回顾会议上讨论来进行过程改进。D 不对的原因是敏捷主张自组织团队，授权团队自主负责，解决遇到的问题。

26．C

解析：相关方对于沟通现状提出抱怨，因此应分析问题原因并评估影响，再根据分析结果对沟通管理计划提出变更请求，以满足相关方的沟通需求。

27．A

解析：项目沟通管理计划描述将如何对项目沟通进行规划、执行和监控。其内容包括相关方的沟通需求，负责沟通相关信息的人员，负责授权保密信息发布的人员，将要接收信息的个人或小组。

28．A

解析：团队成员处于不同的时区，这属于虚拟团队。在虚拟团队的环境中，沟通管理计划变得尤为重要。

29．C

解析：向相关方报告项目偏差和绩效信息属于管理沟通过程，其主要输入为工作绩效报告。该报告主要内容是收集和发布绩效信息，包括状况报告、进展测量结果及预测结果。

30．D

解析：敏捷团队采用集中办公的方式一起工作，成员之间通过面对面的沟通，信息自然而然在团队中传递和共享，这种方式也被称为渗透式沟通。

31．B

解析：项目已完成，说明最终可交付物通过了当时的客户验收，验收文件已由顾客正式签字确认。因此顾客提出交付物不符合要求的变更，应该先审查项目结束时移交的验收文件，了解当时的验收情况。

32．A

解析：让不同需求的相关方获得状态通知，这需要考虑沟通需求和适宜的沟通方法与技术，因此选择答案 A。沟通管理计划是项目管理计划的组成部分，描述将如何对项目沟通进行规划、结构化、执行和监督。

33．C

解析：数据信息存在错误，应首先和监控机构进行充分的沟通，以了解问题的原因，然后再考虑采取必要的措施。

34．C

解析：本题说明团队成员众多且信息量较大，因此选择拉式沟通方法。拉式沟通适用于信息量很大或受众很多的情况。

35．A

解析：新法律的颁布导致项目管理计划要进行调整，这属于变更的范畴。但在正式提出变更请求前，应先与相关方进行沟通，并评估变更的影响。尤其是由项目外部不可控因素导致的变更，应和发起人进行沟通。

36．B

解析：相关方不在报告发放的名单上，说明沟通管理计划没有考虑该相关方的全部沟通需求。因此，应重新对沟通需求进行分析，并变更沟通管理计划。

37．D

解析：在项目状态会议上，项目经理应将项目当前的工作绩效报告分发给相关方。但同时要考虑相关方的沟通需求，在成本和预算方面进行相应准备和说明。

38．C

解析：项目发起人和客户提出的意见，应由沟通的发送方负责收取反馈并采取适当的行动。

39．D

解析：本题有 4 名发起人、1 名项目经理和 7 名成员，所以实际人数为 12 人。潜在沟通渠道的总数为 $N(N-1)/2 = 12(12-1)/2 = 66$（条）。

40．B

解析：互动沟通是确保全体参与者对特定话题达成共识的最有效的方法，也是最优的沟通方式。

41．B

解析：项目按时交付并符合需求，说明项目已经结束。目前的问题是在项目交付后出现的，最好的做法是在项目收尾时进行客户满意度调查，以了解客户对项目交付物的看法，保持和客户的长期合作。

42．D

解析：当相关方的意见不一致时，可采取互动沟通来达成共识。互动沟通为在两方或多方之间进行多向信息交换。这是确保全体参与者对特定话题达成共识的最有效的方法，包括会议、电话、即时通信、视频会议等。

43．C

解析：项目经理的绝大多数时间都用于与团队成员和其他相关方的沟通，无论这些成员或相关方是来自组织内部还是外部，沟通应占据项目经理 90% 的工作时间。

44．C

解析：实际工作与预定的计划不符合，应在沟通和影响评估后，发起变更请求。

45．B

解析：监督沟通是在整个项目生命周期中对沟通进行监督和控制的过程，以确保满足项目相关方对信息的需求。本题中的相关方已表达对沟通方式的意见，因此需要重新评价相关方参与计划和沟通管理计划，并发起变更请求。

46．B

解析：Scrum 团队中团队成员规模应该控制在 5～9 人，如果超出此范围，应该拆分为多个 Scrum 团队并行工作。

47．A

解析：相关方担心问题没有及早提出，说明沟通管理计划里定义的沟通方式、沟通时间和沟通频率可能规划不良，应对沟通管理计划进行及时更新。

48．D

解析：非正式书面指采用电子邮件、社交媒体、网站等进行沟通的沟通方式。

49．C

解析：项目中的沟通应接受评估和监督，以确保在正确的时间，通过正确的渠道，将正确的内容传递给正确的受众。因此应通过责任分配矩阵明确主管和项目经理的权责，通过沟通管理计划明确沟通的渠道和方法。

50．C

解析：当前项目正处在规划沟通的过程中，应充分考虑相关方的沟通需求，从而选择合适的沟通方法和沟通技术。

第9章

项目风险管理

9.1 | 重点考点解析

▶ "规划风险管理"考点

1. 风险管理旨在利用和强化正面风险，规避或减轻负面风险，将风险敞口保持在可接受范围内，从而提高项目成功的可能性。

2. 风险是一种不确定的事件或条件，发生时可能引起消极或积极的结果。其中积极的风险称为机会，消极的风险称为威胁。

3. 风险分为事件类风险和非事件类风险。非事件类风险又包括变异性风险和模糊性风险。

- 变异性风险指已规划事件、活动或决策的本身存在的不确定性，可以通过蒙特卡洛分析加以处理。例如，生产率可能高于或低于目标值，测试发现的错误数量可能多于或少于预期，或者施工阶段可能出现反常的天气情况。
- 模糊性风险主要指知识和能力不足，从而对未来可能发生什么存在不确定性，可以通过专家判断和最佳实践来处理。例如，不太了解需求或技术解决方案的要素、法规框架的未来发展，或者项目内在的系统复杂性。

4. 突发性风险属于"未知-未知"风险。这种风险只有在发生后才能被发现，可以通过设置管理储备或采用灵活的过程来加强项目韧性，以应对突发性风险。

5. 每个项目都有影响项目达成目标的单个风险，以及由单个风险和不确定性的其他来源联合导致的整体项目风险。

6. 规划风险要考虑相关方的风险偏好。风险临界值反映了组织与项目相关方的风险偏好程度，也是项目目标可接受的变异程度。应该明确规定风险临界值，并传达给项目团队，同时反映在项目的风险影响级别定义中。

7. 已知风险是指已识别并分析过的风险，可以通过应急储备规划应对措施。未知风险无法主动进行管理，应针对未知风险创建管理储备。已发生的风险也可视为一个问题。

8. 规划风险管理为评估风险奠定一个共同认可的基础，根据项目环境、相关方偏好和临界值，来制定风险概率和影响定义，并以风险概率影响矩阵形式表示优先级排序规则。

▶ "识别风险" 考点

1. 识别风险是识别风险的来源并记录风险特征的过程，需要团队参与并反复进行迭代，使用统一的格式对风险进行描述和记录。

2. 核对单分析是根据历史信息或组织过程资产来开展风险识别，但需注意历史信息中未列出的事项。

3. 识别风险时开展的假设分析是检验假设条件在项目中的有效性，根本原因分析是发现导致问题的深层原因并制定预防措施。

4. SWOT 分析利用内部外部、积极消极两个维度对项目风险进行分类，从而对产生的优势、劣势、机会和威胁进行逐个检查。

5. 可以使用战略框架制作提示清单来协助项目团队形成想法，这将有助于更好地识别风险。常见的战略框架包括 PESTLE（政治、经济、社会、技术、法律、环境）、TECOP（技术、环境、商业、运营、政治），或 VUCA（易变性、不确定性、复杂性、模糊性）。

6. 风险登记册记录已识别单个风险的详细情况，风险报告记录项目整体风险的信息，两者都将在项目中以渐进明细的方式进行编制。

7. 识别风险后的风险登记册记录了已识别风险清单、潜在风险责任人和潜在风险应对措施清单。

▶ "实施定性风险分析" 考点

1. 实施定性风险分析是评估单个风险的发生概率和影响，对风险进行优先级排序，关注高优先级的风险，从而为后续分析或行动提供基础的过程。

2. 应该在定性风险分析过程中为每个风险识别出责任人，以便由他们负责规划风险应对措施，并确保应对措施的实施。

3. 风险数据是开展定性风险分析的基础，因此对数据的准确性和可靠性开展质量评估尤为重要，以便决定是否需要收集更多的数据。

4. 风险评估可以采用访谈或会议的形式，使用概率和影响矩阵或层级图等工具，综合考虑风险的各种因素，得到最终的风险严重性级别。其中层级图适用于两个以上的参数对风险进行分类，最常使用的形式是气泡图。

5. 定性分析后的风险登记册更新了单一风险的概率和影响评估、优先级别、风险责任人、风险类别和观察清单。

6. 低概率和影响的项目将被列入风险登记册中的观察清单，以供未来监控。观察清单中的风险只需要为之增加应急储备，而不必采取主动的管理措施。

▶ "实施定量风险分析"考点

1. 实施定量风险分析是根据单个项目风险和不确定性的其他来源，对整体项目目标的影响进行定量分析的过程，主要用于定义项目应急储备和管理储备。

2. 如果活动的持续时间、成本或资源需求是不确定的，可以在模型中用概率分布来表示其数值的可能区间。常见分布有三角分布、正态分布、贝塔分布等。

3. 模拟旨在使用模型，通过对输入的随机模拟结果进行分析，评估它们对项目目标的影响，通常使用蒙特卡洛分析来构成项目可能结果的区间。

4. 敏感性分析有助于确定哪些风险或不确定性来源对项目结果具有最大的潜在影响，常用龙卷风图的关联强度降序排列进行表示。

5. 决策树分析用不同分支代表不同的决策或事件，通过计算每条分支的预期货币价值，就可以选出最优的路径。

6. 定量风险分析会更新风险报告，通常包括对整体项目风险敞口的评估结果、详细概率分析的结果、单个风险优先级清单、定量风险分析结果的趋势、风险应对建议等。

▶ "规划风险应对"考点

1. 规划风险应对是商定风险应对行为、分配资源并根据需要将相关活动添加进项目文件和项目管理计划的过程。

2. 规划风险应对为每个风险选择有效的策略，如主要策略、备用策略、弹回计划，并对由策略导致的次生风险进行审查。

3. 对消极风险或威胁的应对策略包括：

- 上报。当超出项目范围或项目经理权限时，应当采用上报策略。

- 规避。针对发生概率较高且有严重负面影响的高优先级威胁，适合采用彻底消除威胁的回避策略。

- 转移。将应对威胁的责任转移给第三方，让第三方管理风险并承担威胁发生的影响，通常需要向承担威胁的一方支付风险转移费用。

- 减轻。减轻指采取措施降低威胁发生的概率和影响，减轻措施包括采用较简单的流程、进行更多次测试、原型法，或者选用更可靠的卖方。
- 接受。接受指承认威胁的存在，但不主动采取措施。此策略可用于低优先级威胁，也可用于无法以任何其他方式加以有效应对的威胁，接受策略又分为主动或被动方式。最常见的主动接受策略是建立应急储备以应对出现的威胁。

4. 对积极风险或机会的应对策略包括：

- 上报。当超出项目范围或项目经理权限时，应当采用上报策略。
- 开拓。如果组织想确保把握住高优先级的机会，就可以选择开拓策略，开拓包括分配组织中最有能力的资源或采用全新技术。
- 分享。将应对机会的责任转移给第三方，使其享有机会所带来的部分收益，通常需要向承担机会应对责任的一方支付风险费用。
- 提高。用于提高机会出现的概率或影响，比如为早日完成活动而增加资源。
- 接受。接受指承认机会的存在，但不主动采取措施。此策略可用于低优先级机会，也可用于无法以任何其他方式加以有效应对的机会，接受策略又分为主动或被动方式。最常见的主动接受策略是建立应急储备，以便在机会出现时加以利用。

5. 针对某些特定事件或有充分预警信号的风险，应该专门设计仅在特定事件发生时才采用的应对措施，通常称为应急计划或弹回计划。

6. 对整体项目风险的应对策略包括：

- 规避。如果整体项目风险有严重的负面影响，并已超出商定的项目风险临界值，就可以采用规避策略，最极端的风险规避措施是取消项目。
- 开拓。如果整体项目风险有显著的正面影响，并已超出商定的项目风险临界值，就可以采用开拓策略。
- 转移或分享。如果整体项目风险的级别很高，组织无法有效地加以应对，就可能需要采用转移或分享策略让第三方代表组织对风险进行管理。
- 减轻或提高。通过变更整体项目风险的级别，以优化实现项目目标的可能性。
- 接受。当整体项目风险已超出商定的临界值时，如果无法针对整体项目风险采取主动的应对策略，组织可能选择继续按当前的定义推动项目进展，接受策略又分为主动或被动方式。最常见的主动接受策略是为项目建立整体应急储备。

7. 规划风险应对将更新风险登记册关于具体行动、预警信号、应急计划、残余风险和次生风险等方面的信息。

8. 规划风险应对还将更新假设日志、成本预算及项目进度计划、风险报告等文件，记录商定的应对措施，以及实施这些措施之后的预期变化。

▶"实施风险应对"考点

1. 实施风险应对是执行商定的风险应对计划的过程，以确保按计划执行商定的风险应对措施，来管理整体项目风险敞口、最小化单个项目威胁，以及最大化单个项目机会。

2. 实施风险应对后，可能对成本基准和进度基准，或项目管理计划的其他组件提出变更请求。应该通过实施整体变更控制过程对变更请求进行审查和处理。

3. 实施风险应对可以参考经验教训登记册、风险登记册和风险报告。

▶"监督风险"考点

1. 监督风险是在整个项目中，监督商定的风险应对计划的实施、跟踪已识别风险、监测残余风险、识别新风险和评估风险过程有效性的过程。

2. 监督风险应关注技术绩效分析和储备分析，敏捷项目在对剩余储备进行合理性评估时，可使用燃尽图。

3. 项目经理负责确保按项目风险管理计划所规定的频率开展风险审计，评估风险管理过程的有效性。

4. 监督风险应定期安排风险审查会，检查和记录风险应对的有效性，包括新风险的识别、评估当前风险、关闭过时风险、总结经验教训等。

9.2 项目风险管理练习（共 50 题，单、多选题）

1. 采用较简单的过程，执行更多测试或选择更加稳定的供应商属于哪种消极风险响应类型？

A. 减轻　　　　B. 接受　　　　C. 转移　　　　D. 避免

2. 一个建筑施工项目正在进行中，项目团队正在调查施工对周边居民的影响，并确定项目的风险临界值。要想保证项目正常开展，风险临界值应反映在以下哪项内容中？

A. 应急应对计划　　　　　　B. 定量风险分析

C. 风险影响级别定义　　　　D. 风险识别

3. 当创建概率和影响矩阵来支持项目风险分析时，项目团队认为最重要的是什么？

A. 项目范围和项目可交付成果

B. 进度和预算的应急和管理储备

C. 风险优先级排序

D. 项目风险的应对

4. 项目团队执行高层次风险评估，并识别出了表中所示风险。这种信息应记录在下列哪项文件中？

风 险	概 率	影 响
零件可靠性	0.3	3
多个问题	0.8	4.5
技术人员技能水平	0.6	4
零件可供性	0.4	4
自然灾害	0.4	1.5
设备环境	0.9	1.5
无效的错误监控	0.3	2.5
资源不足	0.15	4.5

A. 概率影响矩阵

B. 问题日志

C. 风险登记册

D. 风险报告

5. 公司管理层正在削减预算，因此必须考虑节约风险预算方面的支出，以实现项目预算目标。项目经理首先应该考虑怎么做？

A. 提交能够减少成本的更新进度计划，并减少最终可交付成果的范围

B. 解散某些分配的资源，并延长项目时间

C. 提高风险临界值，以接受部分风险

D. 使用敏感性分析评估风险

6. 项目经理正在实施一个大型软件安装项目，项目涉及的因素和环节非常多，项目经理组织团队成员讨论，希望识别出项目的深层次风险。项目经理最好采用什么工具？

A. 头脑风暴

B. 核对单

C. 根本原因分析

D. SWOT 分析

7. 某一重大项目处于规划风险阶段。项目经理被告知，要针对项目复杂性制定出对应的风险管理措施，这类风险属于以下哪种风险？

A. 变异性风险　　B. 模糊性风险　　C. 事件性风险　　D. 宏观性风险

8. 你的项目团队识别了与项目相关的几个风险，你决定采取措施降低某一个风险事件发生的概率，这种风险应对策略称为_____。

A. 风险回避　　B. 风险接受　　C. 风险减轻　　D. 风险转移

9. 敏捷项目中，项目经理需要对风险进行管理，以下哪一项不属于风险识别过程的内容？

 A. 每日站会   B. 迭代回顾会议

 C. 迭代评审会议   D. 风险的影响和概率分析

10. 设计团队意识到了在风险登记册中已识别的一个风险。它将导致项目支出增加15%。项目经理下一步该怎么做？

 A. 执行风险管理计划中识别的风险应对措施

 B. 召集设计团队讨论其他方案

 C. 通知关键相关方一个项目风险影响到项目预算

 D. 减少其他任务的支出 15%，平衡并保持在预算之内

11. 下列哪项工具或技术可用于识别项目的内部和外部风险？

 A. 德尔菲技术   B. 石川图

 C. 影响图   D. SWOT 分析

12. 项目经理正在开展一个敏捷项目，在和产品负责人讨论产品待办事项的时候，团队发现了一些技术方面的不确定性，项目经理应该使用哪种工具来进行记录？

 A. 迭代燃尽图   B. 问题日志

 C. 风险登记册   D. 信息发射源

13. 下列哪项属于定量风险分析技术？（选出 2 个答案）

 A. 敏感性分析   B. 风险影响度分析

 C. 核对表分析   D. 概率影响分析矩阵

 E. 预期货币价值分析

14. 高层经理通知项目团队，由于项目外部环境复杂，项目中可能发生突发性风险，项目经理应该采取下列哪项行动？

 A. 组织会议，识别外部环境风险

 B. 采用蒙特卡洛分析加以处理

 C. 采用灵活的项目过程，以增加项目韧性

 D. 获取外部专家意见或最佳实践来处理

15. 项目超出预算，但是之前已确定出多个降低成本的机会。项目经理希望利用这些机会。项目经理应首先审查下列哪项？

 A. 风险登记册   B. 成本管理计划

 C. 变更控制系统   D. 风险管理计划

16. 项目处于执行过程中，由于发生了很多未预料的风险导致项目预算超支。此时应做什么？

    A. 赶工或快速跟进

    B. 重新评估应急储备金和管理储备金

    C. 发起变更，更改项目预算

    D. 使用不花费项目预算的资源

17. 公司出现了财务问题，项目缺乏经验丰富的资源。高级管理层没有解决问题的时间表，目前各项活动被分配给了不同部门。在制订风险管理计划时，项目经理应该考虑下列哪项风险类别？

    A. 项目管理   B. 技术类   C. 组织类   D. 外部类

18. 项目经理对可能发生的项目风险进行评级，通过关注风险的重要性和优先级来采取措施。项目经理使用的是哪项技术？

    A. 概率和影响评估   B. 风险数据质量评估

    C. 定量风险分析   D. 风险紧迫性评估

19. 项目经理负责的新产品开发项目发生了一项风险，这项风险之前没有被识别。项目经理应该怎么做？

    A. 动用管理储备应对风险   B. 将新风险通知给管理层

    C. 和相关方商谈应对计划   D. 查询风险登记册

20. 项目经理接管了公司的新项目，公司没有这类项目的经验。项目团队集中精力于风险管理，并开始识别风险的过程。下列哪两项是风险识别方法？（选出 2 个答案）

    A. 蒙特卡洛分析   B. 核对单

    C. 影响图   D. SWOT 分析

    E. 概率影响评估

21. 项目经理决定采用一个主动接受战略管理特定风险。项目经理接下来应该怎么做？

    A. 识别风险并记录在风险登记册中

    B. 建立应急储备处理风险

    C. 确定风险应对策略并更新风险登记册

    D. 分配一名经验丰富的资源，在发生风险时处理风险

22. 项目经理面对以下新风险和机会：

风险 A 有 90% 的可能性，并将花费 50 000 美元的成本。

风险 B 有 30% 的可能性，并将花费 300 000 美元的成本。

机会 A 有 50% 的可能性，并将节省 100 000 美元的成本。

机会 B 有 15% 的可能性，并将节省 125 000 美元的成本。

使用预期货币价值分析，项目经理应首先考虑哪项风险和机会？

A．风险 A　　　　B．风险 B　　　　C．机会 A　　　　D．机会 B

23．项目经理审查团队的风险应对计划，注意到团队希望从第三方获得某个特定硬件的保修。该团队遵循的是下列哪项风险应对策略？

A．减轻　　　　　B．转移　　　　　C．回避　　　　　D．接受

24．项目经理识别出可能对一个战略项目目标产生负面影响的多个问题。项目经理下一步应该怎么做？

A．确保根据项目目标的影响对每个问题赋予优先级

B．召开一次特别项目会议，将问题委派给团队成员

C．获得项目发起人的批准，变更项目目标

D．使用项目应急储备，分配额外的资源解决问题

25．项目经理发现项目上的一个风险可能导致停工。项目团队被迫使用应急计划。项目经理目前处于哪个项目管理过程？

A．监督风险　　　　　　　　　　B．规划风险应对

C．识别风险　　　　　　　　　　D．实施风险应对

26．项目经理识别了一项对项目可交付成果具有最高潜在影响的风险，可能导致项目产生重大损失。项目经理执行的是下列哪项？

A．预期货币价值分析　　　　　　B．敏感性分析

C．专家判断　　　　　　　　　　D．蒙特卡洛分析

27．项目团队了解到某个卖方在项目中正在经历一系列困难，可能使项目产生风险。项目经理希望通过财务处理方式来应对风险，接下来应该怎么做？

A．接受风险并密切监视卖方的可交付成果

B．通过对合同增加定期支付条款减轻风险

C．通过为风险购买保险转移风险

D．通过替换供应商避免风险

28．项目团队识别风险并制定了风险应对策略。团队针对其中一个风险制定多个应对策略后，发现尚存在一部分风险，但风险影响已降低，项目团队决定接受该风险。这属于下列哪种类型？

A. 残余风险　　B. 一次风险　　C. 次生风险　　D. 保留风险

29. 项目团队已经识别了项目当中的风险。项目团队下一步应进行下列哪项？（选出 2 个答案）

A. 风险分类　　　　　　　　B. 蒙特卡洛分析
C. 风险数据质量评估　　　　D. 敏感性分析
D. SWOT 分析

30. 项目在第一年里经历了大量问题。在第二年开始时，项目稳定下来，问题数量也显著减少。项目经理应该怎么做？

A. 取消剩余的已计划好的风险评估会
B. 减少应急储备
C. 继续识别新的风险，并重新评估现有风险
D. 对残余风险实施定性分析

31. 项目正在进行中，根据最新的进展，项目有 35% 的可能，发生完工延期，将导致项目亏损 20 000 美元。还有 65% 的可能，项目将按期完工，在项目中获利 500 000 美元。那么预期货币价值是多少？

A. 118 000 美元　B. 293 000 美元　C. 318 000 美元　D. 332 000 美元

32. 一场风暴损坏了数据中心，导致项目延迟。由于这是个意外事件，项目经理下一步该怎么做？

A. 使用管理储备　　　　　　B. 延迟项目，并等待管理层的决定
C. 更新进度并通知项目发起人　D. 与项目团队开会，讨论应急响应

33. 项目发起人实施一项新的文件控制流程。这项新流程会延迟对信息的访问，从而导致人工成本增加以及进度延迟。项目经理应该如何执行这个新流程？

A. 使用变更管理计划实施新的需求
B. 提出更为有效的文件控制流程用于项目
C. 使用风险管理计划评估风险
D. 与项目相关方安排一次会议，进行风险紧迫性评估

34. 一家公司将在接下来的数月内重组。项目经理与新成立的项目团队开会，评估项目的风险。项目经理可以使用什么技术来识别高层次风险？

A. 决策树分析　　B. PERT 图　　C. SWOT 分析　　D. 挣值分析

35. 一家公司启动了一个信息技术服务器开发项目。在风险评估期间，项目团队识别

到一项新技术可能降低项目的成本，项目经理计划将一名经验丰富的专家调入团队。这属于哪种风险应对策略？

A. 回避　　　　B. 开拓　　　　C. 提高　　　　D. 减轻

36. 一家公司任命项目经理管理一个预算为 2 000 万美元、持续时间长达 36 个月的高优先级项目。在项目执行过程中，项目经理意识到其中一个或两个制约因素可能都不现实。项目经理首先应该怎么做？

A. 分析需求，创建项目范围说明书

B. 遵循风险管理计划中规定的过程以及变更管理过程

C. 执行成本绩效分析，让项目符合时间和预算要求

D. 分析需求，创建符合风险管理计划的项目范围说明书

37. 在风险登记册中的一个风险在项目后期发生，应对这种情况的最有效措施是什么？

A. 使用管理储备　　　　　　　B. 执行定量风险分析

C. 执行定性风险分析　　　　　D. 使用应急储备

38. 公司迁址到一个新数据中心期间，一名项目团队成员发现新数据中心的电源不足，需要提供额外资源满足使用需求。由于项目经理之前已将此识别为一个风险，应使用什么工具来确定应急储备足以涵盖成本？

A. 状态会议　　B. 储备分析　　C. 风险再评估　　D. 技术绩效测量

39. 在关键部件开发过程中，一名高级雇员离职，导致项目落后于进度。在规划阶段，此风险的发生可能性被确定为低，影响为中等。项目经理应首先更新哪份文件？

A. 风险管理计划　　　　　　　B. 工作分解结构

C. 资源管理计划　　　　　　　D. 风险登记册

40. 在会议上，一名团队成员表达了对新开发组件性能的担心。该组件在压力测试时很可能时间响应低于定义的性能参数。项目经理接下来应该怎么做？

A. 要求采取措施来解决这个问题

B. 利用一个清单来分析失败的概率和影响

C. 开发额外的组件来替代

D. 使用不同的工具测试组件来验证测试结果

41. 在监督和控制项目过程中，用哪种推荐方法来识别项目的新风险？

A. 审查合同工作说明书

B. 在状态会议上询问项目团队

C. 致电询问项目发起人

D. 采用知识库的风险登记册模板

42. 分配的任务离完成时间仅剩 30 天的时候，一个项目团队成员离开了公司。遗憾的是，没有资源可以替代。项目经理在项目进度中已经安排了应急储备。项目经理应该用何种技术计算剩余的应急储备？

A. 风险审计　　B. 趋势分析　　C. 储备分析　　D. 技术绩效测量

43. 在一个升级电信系统项目中，项目团队发现新软件补丁可能在特定环境下造成不稳定。接收到这个信息后，项目经理准备了额外测试。这是执行什么类型的风险应对策略？

A. 接受　　　　B. 减轻　　　　C. 回避　　　　D. 转移

44. 在项目评估期间，项目经理发现内部生产能力将会不足。为解决这个问题，项目经理可以选择建立一个新的内部生产线，也可以选择外包。为了在两个方案中选择合适的应对措施，应采用下列哪个方法？

A. 成本风险模拟　　　　　　　B. 蒙特卡洛技术

C. 龙卷风图　　　　　　　　　D. 决策树

45. 在项目规划阶段，项目经理收集来自不同方面的风险，其中有部分风险，项目团队认为不在本项目的范围之内，对这部分风险最佳的处理策略是什么？

A. 风险回避　　B. 风险转移　　C. 风险接受　　D. 上报给发起人

46. 在项目团队识别到多个风险后，项目经理对这些风险进行分析，他希望了解这些风险对项目成果造成影响的概率分布。应使用下列哪种工具？

A. 定性风险分析　　　　　　　B. 蒙特卡洛分析

C. 决策树分析　　　　　　　　D. 石川图

47. 在项目早期阶段，项目经理意识到项目预算受原材料价格波动的影响。项目经理接下来应该怎么做？

A. 更新范围说明书　　　　　　B. 在价格上涨之前采购原材料

C. 更新风险登记册　　　　　　D. 提出变更请求

48. 以下哪两种情形属于风险接受？（选出 2 个答案）

A. 将风险汇报给项目集经理

B. 为保证交付而预留部分应急储备

C. 将风险较高的测试活动外包给其他企业

D. 定期了解气象预报，了解天气变化情况

E．向客户展示可交付成果的原型

49．在项目状态会议期间，项目团队讨论刚识别的风险，并认为应从发生概率、影响和紧迫性等维度来分析风险，项目经理下一步应该使用什么工具？

A．概率和影响分析　　　　　　　B．层级图

C．凸显模型　　　　　　　　　　D．多标准决策分析

50．在执行一个信息技术开发项目过程中，A 国恶劣的天气情况让开发人员难以前往工作现场，如果乘坐交通工具，有可能发生安全事故，项目经理将此情况通报给发起人，属于哪种应对策略？

A．风险转移　　　B．风险上报　　　C．风险接受　　　D．风险减轻

9.3 ｜ 习题解答

1．A

解析：风险减轻可以降低风险发生的概率或影响，包括采用不太复杂的流程，进行更多的测试，或者选用更可靠的供应商。

2．C

解析：风险临界值反映了组织与项目相关方的风险偏好程度，是项目目标可接受的变异程度。应该明确规定风险临界值，并传达给项目团队，同时反映在项目的风险影响级别定义中。

3．C

解析：概率和影响矩阵是把每个风险发生的概率和一旦发生对项目目标的影响映射起来的表格。此矩阵对概率和影响进行组合，以便把单个项目风险划分成不同的优先级。

4．C

解析：风险登记册是风险管理过程中的主要输出，其中记录了每项单个项目风险的概率和影响评估。而风险报告则是记录关于整体项目风险的信息，以及关于已识别的单个项目风险的概述信息。

5．D

解析：风险相关预算指应急储备和管理储备。首先应通过风险定量分析来确定项目可行风险预算。因此选择实施风险定量分析的工具——敏感性分析，其有助于确定哪些风险对项目具有最大的潜在影响。

6．C

解析：识别深层次风险的最佳工具是根本原因分析，常用于发现导致问题发生的深层原因并制定预防措施。

7. B

解析：模糊性风险是指对未来可能发生什么，存在不确定性。例如，不太了解需求或技术解决方案的要素、法规框架的未来发展，或项目内在的系统复杂性。

8. C

解析：风险减轻是指项目团队采取行动降低风险发生的概率或造成的影响的风险应对策略。

9. D

解析：敏捷的各项会议上都可以识别风险，但是风险的影响和概率分析属于风险定性管理的内容，而非风险识别。

10. A

解析：本题的风险是风险登记册上已知的风险，因此通过实施风险应对来处理，该过程确保风险发生时按计划执行商定的风险应对措施。

11. D

解析：要识别内部与外部的风险，可使用识别风险的工具——SWOT 分析。SWOT 分析从内外部和积极消极两个维度综合分析项目的优势、劣势、机会和威胁，从而更全面地考虑风险。

12. D

解析：敏捷项目中，可工作的软件要高于详尽的文档，因此不推荐使用单独的风险登记册来追踪风险，而是将当前识别的风险记录在显而易见的地方，通常称为信息发射源，以便大家及时关注和讨论。

13. A、E

解析：实施定量风险分析过程的数据分析技术包括模拟、敏感性分析、预期货币价值分析和影响图。

14. C

解析：突发性风险属于"未知-未知"风险，只有在发生后才能被发现。可以通过加强项目韧性来应对突发性风险，其中包括采用灵活的项目过程，包括强有力的变更管理，以便在保持朝项目目标推进的正确方向的同时，应对突发性风险。

15. A

解析：由于积极的机会在之前已确定，说明风险登记册中包括完整的风险信息，项目经理应参阅风险登记册的内容以采取后续措施。

16. B

解析：在项目执行过程中发现很多未预料的风险导致超支，首先应分析和评估影响，然后提出变更请求。应急储备和管理储备是项目预算的重要组成部分，因此通过储备分析比较剩余储备与剩余风险量，从而确定剩余储备是否仍然合理。

17．C

解析：此类风险是由于组织内部缺乏相应资源和支持导致的，而非技术问题或者项目管理问题，因此选择组织类风险。

18．A

解析：进行风险评级并关注重要性和优先级，应该使用概率和影响评估。其根据风险发生的概率及发生后对目标的影响程度，对每个风险进行评级。

19．A

解析：风险之前没有被识别，属于"未知-未知"风险，需要动用管理储备。管理储备是为了管理和控制项目而特别留出的项目预算，用来应对项目范围中不可预见的风险。

20．B、D

解析：识别风险的工具与技术包括专家判断、数据收集技术、数据分析技术、人际关系与团队技能、提示清单和会议。其中核对单属于数据收集技术，SWOT分析属于数据分析技术。

21．B

解析：风险接受是指项目团队决定接受风险的存在，而不主动采取措施的风险应对策略。接受策略又分为主动或被动方式。最常见的主动接受策略是建立应急储备，包括预留时间、资金或资源以应对出现的风险。

22．B

解析：风险具备两面性，积极与消极的风险都需要进行关注，其中应首先关注对项目影响最大的风险。根据风险预期货币价值分析，风险 A 为–50 000×90%=–45 000（美元），风险 B 为–300 000×30%=–90 000（美元），机会 A 为 100 000×50%=50 000（美元），机会 B 为 125 000×15%=18 750（美元），因此选择对项目影响最大的风险 B。

23．B

解析：通过第三方进行风险应对属于风险转移策略。风险转移是指项目团队把威胁造成的影响连同应对责任一起转移给第三方的风险应对策略。

24．A

解析：风险识别完成后，下一步应实施定性风险分析。实施定性风险分析是评估并综合分析风险的概率和影响，对风险进行优先排序，从而为后续分析或行动提供基础的过程。

25．D

解析：项目团队针对风险使用了应急计划，属于实施风险应对过程。

26．B

解析：敏感性分析有助于确定哪些单个项目风险或其他不确定性来源对项目结果具有最大的潜在影响。

27．C

解析：风险转移策略通常需要向承担威胁的一方支付风险转移费用，这属于财务处理方式。修改合同付款条件和替换供应商，则属于商务处理方式。

28．A

解析：该风险已采取了应对措施，剩余的风险被称为残余风险。残余风险也叫二次风险，指在采取风险应对措施之后仍然存在的风险。

29．A、C

解析：识别风险之后应开展实施定性风险分析。定性风险分析的工具包括风险数据质量评估和风险分类。敏感性分析和蒙特卡洛分析是定量风险分析的工具，SWOT 分析则是识别风险的工具。

30．C

解析：应在项目的全生命周期持续关注风险管理，这属于监督风险过程。监督风险是在整个项目期间，监督商定的风险应对计划的实施、跟踪已识别风险、识别和分析新风险，以及评估风险管理有效性的过程。

31．C

解析：用决策树计算风险预期货币价值，即 $[0.35×(-20\,000)]+(0.65×500\,000)=318\,000$（美元）。

32．A

解析：管理储备是为了管理和控制项目而特别留出的项目预算，用来应对项目范围中不可预见的风险（"未知-未知"风险）。

33．C

解析：实施的新流程将造成许多负面影响，这属于新识别的风险，项目经理接下来要对风险进行分析和规划应对策略。

34．C

解析：答案中只有 SWOT 分析是识别风险的工具，其针对项目的优势、劣势、机会和威胁进行逐个检查，以识别内外部风险。

35．B

解析：如果组织想确保把握住高优先级的机会，就可以选择开拓策略。开拓策略可能包括把组织中最有能力的资源分配给项目来缩短完工时间，或采用全新技术或技术升级来节约项目成本并缩短项目持续时间。

36．B

解析：制约因素的不现实会引发风险，并可能导致变更。识别风险时，应通过假设条件和制约因素分析来识别相关风险，并按照项目管理计划中的风险管理和变更管理流程来进行处理。

37．D

解析：项目后期发生风险登记册中记录的风险，说明风险识别和分析已经完成，相关应对措施也已制定。此时最有效的措施是分配应急储备，根据风险登记册中记录的应对措施来处理。

38．B

解析：确定应急储备是否足以涵盖成本，这属于储备分析的内容。储备分析是指在项目的任何时点比较剩余应急储备与剩余风险量，从而确定剩余储备是否仍然合理。

39．D

解析：监督风险是在整个项目中实施风险应对计划、跟踪已识别风险、监督残余风险、识别新风险，以及评估风险过程有效性的过程。监督风险过程的输出包括风险登记册更新，以确保项目文件的内容符合当前状态。

40．B

解析：成员提出的担心，属于识别的风险。接下来应该针对风险进行定性分析，以确定风险的优先级。

41．B

解析：选择监督风险过程的工具——会议。项目风险管理应该是定期状态审查会中的一项议程。越经常开展风险管理，风险管理就会变得越容易。经常讨论风险，可以促使识别风险和机会。

42．C

解析：计算剩余的应急储备应通过储备分析来实施。储备分析是指在项目的任何时点比较剩余应急储备与剩余风险量，从而确定剩余储备是否仍然合理。

43．B

解析：额外测试属于风险减轻措施，减轻措施的例子包括采用不太复杂的流程，进行更多的测试，或者选用更可靠的供应商。

44．D

解析：项目经理必须在两个方案中选择合适的应对措施，可以通过决策树对各方案的预期货币价值进行计算。预期货币价值分析是当某些情况在未来可能发生或不发生时，计算平均结果的一种统计方法。这种技术经常在决策树分析中使用。

45．D

解析：如果项目团队认为某威胁不在项目范围内，或提议的应对措施超出了项目经理的权限，就应该采用上报策略。

46．B

解析：蒙特卡洛分析是用计算机软件数千次迭代运行而进行的定量风险分析。典型的输出包括特定结果的次数的直方图，或获得等于或小于特定数值的结果的累积概率分布曲线（S 曲线）。

47．C

解析：预算受到原材料实际采购价格的直接影响，这属于项目风险。项目经理应实施风险管理活动，并更新风险登记册。

48．B、D

解析：接受策略分为主动接受策略和被动接受策略。最常见的主动接受策略是建立应急储备，包括预留时间、资金或资源，以应对出现的风险；被动接受策略则不会主动采取行动，而只是定期对风险进行审查，确保其并未发生重大改变。

49．B

解析：如果使用了两个以上的参数对风险进行分类，那就不能使用概率和影响矩阵，而需要使用层级图。气泡图是层级图的一种常见形式，能够显示三维数据。

50．B

解析：由于天气情况导致可能发生安全事故，已经超出了项目经理的权限，项目经理通报发起人属于上报策略。

第 10 章

项目采购管理

10.1 | 重点考点解析

▶ "规划采购管理" 考点

1. 采购管理的核心是具备法律效力的协议，合同应明确说明预期的可交付成果和结果，合同中未规定的任何事项则不具法律强制力。通常把描述产品、服务或成果的文件作为独立的附件或附录，如工作说明书或工作大纲。

2. 根据组织的采购政策，组织采购模式可分为分散式采购和集中式采购。在小型组织或初创企业，以及未设置采购部门的组织，项目经理拥有采购职权，能够直接谈判并签署合同，这属于分散式采购。在更成熟的组织中，由专设部门开展实际的采购和合同签署工作，属于集中式采购。

3. 规划采购管理是记录项目采购决策、明确采购方法、识别潜在卖方的过程，包括识别哪些需求最好通过外部来实现，并决定采购什么、如何采购、采购多少，以及何时采购。

4. 规划采购时要考虑组织过程资产，诸如经过适当审批的卖方清单、正式的采购政策和采购机构、各种合同协议类型。

5. 总价合同对买方更为有利，为既定产品、服务或成果的采购设定一个总价。这种合同应在已明确定义需求，且不会出现重大范围变更的情况下使用，包括：

- 固定总价合同（FFP），是最常用的合同，适用于买方对要采购的产品和服务有明确定义的情况，其合同履行过程中的风险都由卖方承担。该合同的价格在开始时被确定，通常不允许改变（除非工作范围发生变更）。

- 总价加经济价格调整合同（FP-EPA），适用于卖方履约期将跨越多年，或者将以不同货币支付价款的情况。合同中包含了特殊条款，允许根据条件变化，如通货膨胀、某些特殊商品的成本增加或降低，以事先确定的方式对合同价格进行最终调整。
- 总价加激励费用合同（FPIF），设置有价格上限，但允许有一定的绩效偏离，并对实现既定目标给予相关财务激励，最终的合同金额要待全部工作结束后根据卖方绩效加以确定。

6. 成本补偿合同对卖方更为有利，买方向卖方支付为完成工作而发生的全部合法实际成本，外加一笔费用作为卖方的利润。这种合同适用于工作范围不明确，预计会在合同执行期间发生重大变更的情况。根据支付卖方利润的计算方式不同，包括：

- 成本加固定费用合同，卖方的利润为固定费用，以项目初始估算成本的某一比例计算，不随卖方的实际绩效而变化。
- 成本加激励费用合同，卖方的利润为事先约定的报酬，如果最终实际成本低于或高于原始估算成本，则买方和卖方需要根据事先商定的成本分摊比例来分享节约部分或分担超支部分。
- 成本加奖励费用合同，卖方的利润由买方主观判断来决定，只有在卖方满足了合同中规定的某些笼统、主观的绩效标准的情况下才能获得，并且卖方通常无权申诉。

7. 工料合同又称时间和材料合同，是兼具成本补偿合同和总价合同特点的混合型合同，兼顾了买卖双方的利益，适用于无法快速编制出准确工作说明书的情况，往往用于时间紧急或者短期、小金额项目。

8. 市场调研包括考察行业情况和供应商能力，可以综合考虑从研讨会、在线评论和其他各种渠道得到的信息，以便了解市场情况。

9. 在进行自制和外购分析时要确定项目组织内部是否具备相应的能力，是否受到预算或进度制约因素的影响，以及适宜采用的合同类型，从而决定是选择自行完成，还是选择外部采购。

10. 在规划采购时，就应该完成供方选择分析，明确项目竞争性需求的优先级，让投标人了解将被如何评估，并形成供方选择标准。供方选择最常用的方式是使用加权系统，常用的选择方法如下：

- 最低成本，适用于标准化或常规采购。
- 仅凭资质，适用于采购价值相对较小，不值得花时间和成本开展完整选择过程的情况。
- 基于质量或技术方案得分，适用于关注技术建议书质量的采购。
- 基于质量和成本，适用于同时关注技术和成本的情况。

- 独有来源，特点是没有竞争，常见于垄断、指定采购，或者长期合作的买卖关系。
- 固定预算，在固定预算范围内选择技术建议书得分最高的卖方，适用于工作说明书定义精确、预期不会发生变更，而且预算固定且不得超出的情况。

11. 采购策略中规定项目交付方法，具有法律约束力的协议类型和合同支付类型，以及采购阶段的定义。

12. 招标文件可能包括信息邀请书、报价邀请书和建议邀请书，采购文件要便于应答和评价，并明确应答格式和合同条款。

13. 采购工作说明书详细描述拟采购的产品，以便供方确定是否有能力提供。采购工作说明书根据需要进行修订和改进，直到成为所签协议的一部分。对于服务采购，可能用到工作大纲，其内容包括所需执行的任务、适用标准、批准的数据、详细清单和进度计划等。

14. 对于大型的采购，可以准备独立成本估算，作为评价卖方报价的对照基准，若两者存在明显差异，则可能卖方误解或未能完全响应采购工作说明书。

15. 敏捷项目管理强调客户合作要高于合同谈判，采用具备动态调整和激励机制的灵活条款的合同，双方按预先商定的比率共同承受收益或亏损，满足双方的合作要求。

▶ "实施采购" 考点

1. 实施采购是获取卖方应答、选择卖方并授予合同的过程，本过程的最后成果是签订的协议或正式合同。

2. 实施采购前要准备采购文档，包括招标文件、采购工作说明书、独立估算成本和供方选择标准等。

3. 卖方为响应采购文件而编制卖方建议书，以便买方能够选出最能满足采购组织需求的卖方。

4. 投标人会议又称承包商会议、供货商会议或投标前会议。会议的目的是保证所有潜在卖方对本项采购（包括技术要求和合同要求）都清楚且一致理解，保证没有任何投标人得到特别优待。

5. 采购谈判指在合同签署之前，对合同的结构、要求以及其他条款予以澄清，以取得双方共识。在谈判过程中，应由拥有合同签署职权的成员主导，以签订正式合同而结束。谈判的目的是获得公平合理的价格、建立良好的买卖关系。

6. 选定的卖方应为最有竞争力的投标人，在授予合同前，要把选定的卖方报给组织高层管理人员审批。

▶ "控制采购" 考点

1. 控制采购是管理采购关系、监督合同绩效、采取必要的变更和纠正措施以及关闭合同的过程，以确保买卖双方履行法律协议，满足项目需求。

2. 控制采购中的合同管理活动包括收集绩效数据、完善计划、定期报告、监督采购环境和向卖方付款。

3. 已提出而未解决的变更，可能包括买方发布的指示或卖方采取的行动，而对方认为该指示或行动已构成对合同的推定变更。因为双方可能对推定变更存在争议，并可能引起一方向另一方索赔，所以通常应该在项目往来函件中对推定变更进行专门识别和记录。

4. 控制采购中的财务管理包括监督付款、响应进度付款以及根据变更控制条款调整付款明细。应确保向卖方的付款与卖方实际已经完成的工作量之间有密切的关系。如果合同规定了基于项目输出及可交付成果来付款，而不是基于项目输入（如工时），那么就可以更有效地开展采购控制。

5. 批准的变更请求可能包括对合同条款和条件的修改，应通过合同变更控制系统，以书面形式正式记录，并取得正式批准后实施。

6. 买卖双方如果不能就变更补偿达成一致意见，则有争议的变更或潜在的推定变更就可能产生索赔。索赔和争议的解决首选谈判的方式，随后可使用合同规定的替代争议解决程序，最终无法解决时可采取诉讼形式。

7. 在控制采购的过程中，常用绩效审查、挣值分析、趋势分析、检查与审计等手段来审查卖方对合同的遵守程度。

8. 结束采购需要通过授权的采购管理员发出正式书面通知，并确保满足关闭采购的要求和批准所有的可交付成果。

9. 完成采购活动后，需要更新相关的组织过程资产，包括支付计划和请求、卖方绩效评估文件、预审合格卖方清单、经验教训知识库及采购档案等。

10.2 | 项目采购管理练习（共 50 题，单、多选题）

1. 内部材料制造存在发生延期的可能性，项目经理决定部分材料将从第三方制造商采购。项目经理接下来该做什么？

A. 选择卖方　　　　　　　B. 采购工作说明书
C. 需求文档　　　　　　　D. 工作大纲

2. 根据以往类似项目的经验为已选定的供应商提供了工作说明书。在项目执行阶段，该供应商宣布他们无法完成他们的职责。为了保证供应商的选择得到正式的评审，项目经理原本应该完成哪项？

    A. 定义并利用加权标准　　　　　B. 组织投标人会议

    C. 准备独立估算　　　　　　　　D. 应用德尔菲技术

3. 项目团队和第三方供应商签订合同，要求开发指定的设备。第三方供应商拒绝接受项目期间成本增加的风险，而项目团队希望尽量降低设备质量差的风险。什么样的合同类型对项目团队和第三方供应商最有利？

    A. 成本加奖励费用合同　　　　　B. 成本加固定费用合同

    C. 总价加激励费用合同　　　　　D. 工料合同

4. 项目资源短缺，而且预算紧张。项目经理考虑将项目中有一项较高风险的工作外包给第三方供应商，以下哪项是最好的供应商选择标准？

    A. 最低成本　　　　　　　　　　B. 仅凭资质

    C. 基于质量或技术方案得分　　　D. 基于质量和成本

5. 项目需要的部分资源公司无法提供。为解决这个问题，项目经理应该做什么？

    A. 制订采购管理计划

    B. 发起项目变更请求，使用不同的服务

    C. 要求职能经理推荐供应商

    D. 按照可用资源更新项目进度

6. 项目经理决定将部分标准化的工作外包，他需要重点考虑以下哪项？

    A. 质量和成本　　　　　　　　　B. 最低成本

    C. 质量或技术方案得分　　　　　D. 固定预算

7. 项目经理将与提供额外资源完成关键项目任务的外部供应商协商合同条款。为了减少项目风险，项目经理应选择什么合同类型？

    A. 成本补偿合同　　　　　　　　B. 固定总价合同

    C. 总价加激励费用合同　　　　　D. 工料合同

8. 一个项目能否取得成功取决于从供应商采购的一件商品。但是，该供应商库存里没有这件商品。项目经理计划从另一个合格供应商处获得采购订单。项目经理下一步该怎么做？

    A. 按照新供应商采购订单的交付周期更新进度计划

    B. 立即向客户通知该变更并请求批准

    C. 评估对预算或进度应急储备的影响

D. 要求采购部门取消原始供应商的合同

9. 当地政府在为一个环境治理的项目进行招投标，为了准确描述承包商需要执行的任务，以及承包商必须达到的标准。最好使用下列哪项？

A. 主承包商协议
B. 合同工作说明书
C. 工作大纲
D. 供方选择标准

10. 项目中一个重要的工作需要外部资源支持，项目经理要完成相应的采购策略的制定，其中哪两项不应包含在内？（选出 2 个答案）

A. 规定项目交付方法
B. 供方选择标准
C. 投标人会议
D. 规定如何在采购阶段推动采购进展
E. 规定具有法律约束力的协议类型

11. 项目经理刚刚启动一个需要从本地供应商处购买设备的大型项目。项目经理对供应商的报价表示怀疑，以下哪项可以避免该问题？

A. 自制或外购决策
B. 供方选择标准
C. 采购策略
D. 独立成本估算

12. 由于组织变更，有些人力资源将不再为项目工作。该组织缺乏内部资源来填补空缺。若要解决这个资源问题，项目经理应该怎么做？

A. 在剩余的职能资源中重新分配工作量
B. 评估外部资源
C. 重新制订项目进度计划
D. 将这个人力资源问题上报给项目发起人

13. 在发生自然灾害后，项目经理发现一个关键外部资源将延迟，并将导致团队延误一个交付期限。项目经理下一步该怎么做？

A. 查询沟通管理计划
B. 参考采购管理计划
C. 调整项目缓冲时间延长交付期限
D. 从另一个供应商处获得资源

14. 一幢公寓楼正在实施过程中，实施公司计划将某些工作分包出去。但是，由于房地产市场价格下跌，它们十分关心企业的营利性。项目经理与分包商签订的最佳合同类型是哪种？

A. 成本加固定费用合同
B. 工料合同
C. 总价加经济价格调整合同
D. 成本加激励费用合同

15. 供应商与项目经理对项目工作进展有争议。在项目执行期间，一名新项目经理替代了原项目经理，他需要对合同进行重新定义。为了更有效地管理供应商，新项目经理应该执行以下哪项？

　　A. 聘请外部法律顾问　　　　　　B. 执行第三方的采购审计

　　C. 按供应商的实际工时付款　　　D. 按供应商的可交付成果付款

16. 在一次管理会议期间，团队讨论了内部制造项目材料可能延迟的问题。团队决定从第三方制造商采购这些材料。项目经理下一步该做什么？

　　A. 投标人会议　　　　　　　　　B. 采购谈判

　　C. 采购工作说明书　　　　　　　D. 独立估算

17. 一个敏捷项目即将启动，公司决定将其外包给专业的互联网公司，而供应商对敏捷项目所包含的不确定性表示疑惑，项目经理应该采取什么措施来保证供应商的合理参与？

　　A. 经常举行会议，让供应商了解最新的变化情况

　　B. 双方根据经验商定一个合理的合同金额

　　C. 在合同内建立激励条款，并支持动态调整的项目范围

　　D. 公司承担实际发生的成本，以打消供应商的顾虑

18. 某组织已签发了建议邀请书，目前正在进行谈判，并评估现有方案。这是什么过程？

　　A. 规划采购　　　B. 控制采购　　　C. 估算成本　　　D. 实施采购

19. 在采购规划过程中，项目发起人指示项目经理必须创建一份具有最低风险的采购计划。下列哪个合同类型表明买方风险最低？

　　A. 成本加激励费用合同　　　　　B. 总价加激励费用合同

　　C. 成本加固定费用合同　　　　　D. 工料合同

20. 在获得项目资源的过程中，当无法快速定义一个精确的工作说明书时，下列哪种合同类型更适用？

　　A. 成本加奖励合同　　　　　　　B. 固定总价合同

　　C. 工料合同　　　　　　　　　　D. 成本加激励费用合同

21. 项目经理计划为一个工期覆盖以后三年的施工项目采购混凝土。由于没有足够的当地市场信息，项目经理不能预测未来的混凝土价格趋势。项目经理应该与混凝土供应商签订哪种合同？

　　A. 总价加经济价格调整合同　　　B. 总价加激励费用合同

C. 成本加激励费用合同　　　　D. 成本加固定费用合同

22. 公司要求对某个项目提供特定服务，但是项目团队不具备这个能力。为了找到能够提供最佳服务的供应商，项目经理开始制定招标文件，以下哪两项不应该被考虑？（选出 2 个答案）

A. 合同邀请书　　　　　　　　B. 信息邀请书
C. 工作说明书　　　　　　　　D. 报价邀请书
E. 建议邀请书

23. 在项目实施期间，一名供应商对合同的最终金额有争议，认为他们按照指示完成了部分额外工作，这些也应计入合同之中，项目经理应该查看哪项？

A. 工作绩效信息　　　　　　　B. 采购管理计划
C. 往来函件　　　　　　　　　D. 合同工作说明书

24. 新项目经理管理一个涉及机械采购的项目。一名同事曾经在类似项目上与一个供应商合作过，该项目因一个重大问题延迟了交付。项目经理询问这名同事有关供应商的问题，项目经理执行的是哪项活动？

A. 规划采购　　　　　　　　　B. 规划风险
C. 供方选择标准　　　　　　　D. 实施采购

25. 允许合同在完成之前由双方终止的条件称为下列哪项？

A. 替代争议解决　　　　　　　B. 合同变更控制
C. 终止条款　　　　　　　　　D. 违约条款

26. 项目团队准备一份外包工程设计服务的建议邀请书。项目团队要求高质量服务并且经验丰富的候选人，因此在建议邀请书中应着重强调哪一需求领域？

A. 财务能力　　B. 知识产权　　C. 技术方法　　D. 进度

27. 项目经理监控一个关键工作包的执行。项目经理了解到该工作包的供应商在前一个项目中出现过质量问题。为避免当前项目出现该问题，项目经理对该供应商实施了质量审计。项目经理在执行以下哪项工作？

A. 质量保证　　B. 质量控制　　C. 实施采购　　D. 控制采购

28. 项目解决方案的其中一部分估算成本为 75 000 美元，可以外包给分包商。在做出外包决定之前，应执行哪种分析类型？

A. 挣值分析　　　　　　　　　B. 自制或外购分析
C. 市场调研　　　　　　　　　D. 供方选择分析

29. 公司希望开发一个新的财务应用程序。完成自制或外购分析之后，公司审查了所有供应商的建议书并选择了其中一家供应商。继续进行项目的下一个任务是什么？

   A. 创建一份采购管理计划　　　　B. 制定合同工作说明书

   C. 进行合同谈判　　　　　　　　D. 进行采购审计

30. 项目经理获得供应商回复，并选择了一家供应商执行项目的一个关键组件。项目经理完成的是下列哪个过程？

   A. 控制采购　　　　　　　　　　B. 指导和管理项目工作

   C. 规划采购　　　　　　　　　　D. 实施采购

31. 管理层通知项目经理说，在合同中应该包含激励条款。那么，激励条款的目的是什么？

   A. 降低买方成本　　　　　　　　B. 帮助卖方控制成本

   C. 实现既定的绩效目标　　　　　D. 向买方转移风险

32. 在一个施工项目中，项目经理希望外包现场边界墙的建设。潜在供应商受邀参加会议。采购公司的建筑设计师准备了一份边界墙的施工成本估算，但未与潜在供应商分享。这属于以下哪项技术？

   A. 独立估算　　　　　　　　　　B. 建议书评价技术

   C. 专家判断　　　　　　　　　　D. 筛选系统

33. 在成本加激励费用合同中，预计成本为 100 000 美元，预计酬金为 10 000 美元，分摊比例为 70/30，实际成本为 120 000 美元，买方应该支付多少？

   A. 130 000 美元　B. 4 000 美元　　C. 124 000 美元　D. 110 000 美元

34. 项目经理必须决定是租借还是外购项目执行所需的设备。租借成本为每天 50 美元，外购成本为每天维护成本 20 美元加上一次性成本 3 000 美元。外购设备比租借设备更合算的阈值是在多少天之后？

   A. 80　　　　　　　B. 95　　　　　　C. 100　　　　　　D. 125

35. 一家顾问公司被聘来为一个项目执行数据分析。这家顾问公司的合同包含成本补偿以及人工固定单价。应使用哪份合同获取这家专业公司的服务？

   A. 成本补偿合同　　　　　　　　B. 工料合同

   C. 固定总价合同　　　　　　　　D. 总价加激励费用合同

36. 项目经理在考虑是内部开发项目，还是将工作外包给第三方承包商。项目经理应执行下列哪项分析？

A. 自制或外购分析　　　　　　　B. 成本效益分析

C. SWOT 分析　　　　　　　　　D. 卖方投标分析

37. 项目经理认识到可交付成果的范围变动非常大，因此必须考虑采用更加灵活的合同，以下哪两项合同是可以采用的类型？（选出 2 个答案）

A. 工料合同　　　　　　　　　　B. 成本百分比合同

C. 成本加奖励费用合同　　　　　D. 成本加固定费用合同

E. 总价加经济价格调整合同

38. A 公司的项目经理目前负责引进一项新服务，由 B 公司提供新服务的一部分。项目经理担心其质量可能无法满足期望。项目经理访问了 B 公司以识别其差距和缺点，项目经理执行的是下列哪项？

A. 实施质量保证　　　　　　　　B. 实施质量控制

C. 控制采购　　　　　　　　　　D. 执行采购

39. 一个安装水处理设备的项目外包给一家第三方供应商。外包项目团队得到一份带有惩罚性条款的详细工作说明书。该合同属于下列哪个合同类型？

A. 总价加激励费用合同　　　　　B. 成本加固定费用合同

C. 成本加激励费用合同　　　　　D. 工料合同

40. 分包商的费用是每小时 100 美元，并补偿所有直接成本。另外，在交付完工时，分包商还将获得 100 000 美元的费用。这属于哪种合同类型？

A. 成本加奖励费用合同　　　　　B. 成本加激励费用合同

C. 总价加激励费用合同　　　　　D. 成本加固定费用合同

41. 某新产品采用了革命性理念，可开拓一个蕴含巨大商业潜力的新市场，但其上市需由相关系统提供支持。项目经理正在寻找外部供应商开发该系统。鉴于理念的全新性，公司做好了可能有重大范围变更的准备。哪类合同有助于取得成功结果？

A. 固定总价合同　　　　　　　　B. 工料合同

C. 成本加奖励费用合同　　　　　D. 总价加经济价格调整合同

42. 下列哪项是采购合同中避免潜在范围争议的最重要因素？

A. 付款条件　　　　　　　　　　B. 需求跟踪

C. 卖方履约地点　　　　　　　　D. 采购工作说明书

43. 高级管理层要求项目团队将采购计划作为项目管理计划的组成部分。项目成员定义了一个采购计划，随后为了确保所有潜在供应商均对采购拥有明确的共识，项目经理应执行下列哪项工作？

    A．获取卖方建议书　　　　　　B．起草采购合同

    C．召开投标人会议　　　　　　D．将项目管理计划提供给所有供应商

44．执行组织的项目经理在投标人会议期间应开展下列哪两项活动？（选出 2 个答案）

    A．和相关人员讨论采购流程，并达成共识

    B．确保所有潜在投标人参加

    C．和指定投标人进行一对一的讨论和答疑

    D．保证参加人员对采购要求的理解保持一致

    E．针对采购各部分内容协调一个合理、公平的价格

45．到目前为止，项目进展顺利，项目任命了一名新项目经理，他与供应商对已完成工作的金额和价格存在分歧。项目经理应查阅哪份文件来解决这个问题？

    A．工作说明书　　　　　　　　B．合同

    C．采购计划　　　　　　　　　D．继续进行的通知

46．在项目执行过程中，项目经理要求某供应商变更交货地点，但供应商拒绝变更。项目经理应如何解决该问题？

    A．向变更控制委员会提交变更请求

    B．运用合同变更控制系统

    C．在交货地点上做出让步

    D．参考风险管理计划

47．某公司与供应商签署了一份总价加激励费用合同。项目的目标成本为 200 000 美元，供应商费用为 20 000 美元，并且买方/卖方分配比例为 80/20，双方还约定最高价为 230 000 美元。若实际成本为 230 000 美元，则应向供应商支付多少？

    A．220 000 美元　　　　　　　B．228 000 美元

    C．230 000 美元　　　　　　　D．235 000 美元

48．在项目收尾期间，供应商未履行提交强制性文档的合同义务，最终导致纠纷。若要解决与供应商的纠纷，项目经理首先应该怎么做？

    A．交由第三方仲裁解决该纠纷

    B．在项目文件中记录该纠纷

    C．在法院中解决该纠纷

    D．和供应商对话解决该纠纷

49．承包商安装最新产品并接受付款。项目经理随后发现安装地点不理想，要求承包

商免费重新安装。承包商应使用下列哪个论据拒绝项目经理的请求？

    A. 合同已关闭

    B. 项目经理要求的地点不当

    C. 承包商的质量政策不允许发生这种情况

    D. 财务收尾已批准

50. 在一个固定总价合同的项目中，项目经理认为客户的最后一个变更请求可能影响项目的进度计划。项目经理接下来应该怎么做？

    A. 与相关方开会   B. 与团队开会

    C. 遵循变更控制流程   D. 重新谈判合同的剩余部分

10.3 习题解答

1. B

解析：决定从第三方制造商采购材料，属于规划采购过程，因此选择规划采购的输出：采购工作说明书。工作大纲通常用于服务采购。

2. A

解析：供应商选择可使用加权系统来定义选择标准。加权系统针对不同的标准，可以用数值分数、颜色代码或书面描述，来说明卖方满足采购组织需求的程度。据此以加权打分的方法排列所有建议书的顺序，以便确定谈判的顺序，并与某个卖方签订合同。

3. D

解析：由于供应商拒绝接受成本增加的风险，同时，项目团队希望尽量减少质量差的风险，因此选择兼具成本补偿合同和总价合同特点的工料合同，该合同中双方的风险较为均衡。

4. D

解析：在基于质量和成本的方法中，综合考虑成本和质量来选择供应商。在项目的风险或不确定性较高的情况下，除了成本，质量也应该是一个关键因素，而最低成本标准适合常规和标准采购。

5. A

解析：由于公司无法提供资源，应考虑通过外部采购来获取资源。规划采购过程的输入包括资源需求、输出采购管理计划。

6. B

解析：最低成本法适用于标准化或常规采购。此类采购有成熟的实践与标准，有具体明确的预期成果，可以用较低的成本来取得。

7．B

解析：作为买方，优先选择固定总价合同。因为采购的价格在一开始就确定，并且不允许改变，对于买方来说是风险最小的合同。

8．C

解析：在控制采购过程中，由于供应商出了问题需要对计划进行变更，此时应该提出变更请求。变更应首先评估其影响，再发起变更请求审批。

9．C

解析：对于服务采购，经常使用工作大纲描述合同需求，包括承包商需要执行的任务，以及所需的协调工作；承包商必须达到的适用标准；需要提交批准的数据；由买方提供给承包商的、将用于合同履行的全部数据和服务的详细清单，以及关于初始成果提交和审查的进度计划等。

10．B、C

解析：当决定从项目外部进行采购时，应该制定采购策略。在采购策略中规定项目交付方法、具有法律约束力的协议类型，以及如何在采购阶段推动采购进展。供方选择标准是规划采购管理的输出，不是采购策略的内容。

11．D

解析：对于大型的采购，采购组织可以自行准备独立成本估算，或聘用外部专业估算师做出成本估算，并将其作为评价卖方报价的对照基准。如果二者之间存在明显差异，则可能表明采购工作说明书存在缺陷或模糊，潜在卖方误解了或未能完全响应采购工作说明书。

12．B

解析：由于无法提供内部资源，因此必须进行采购决策，评估外部资源并在规划采购管理中识别哪些项目需求最好或应该通过从项目组织外部采购产品、服务或成果来实现。

13．B

解析：关键外部资源将延迟，说明在控制采购管理过程中出现了问题，需要参阅采购管理计划的内容来应对。

14．C

解析：对买方来说，风险最小的合同类型为固定总价合同。总价加经济价格调整合同是固定总价合同的一种，允许根据条件变化（如通货膨胀、某些特殊商品的成本增降)，以事先确定的方式对合同价格进行最终调整。

15．D

N

解析：合同中应确保向卖方的付款与卖方实际已经完成的工作量之间有密切的关系。如果合同规定了基于项目输出及可交付成果来付款，而不是基于项目输入（如工时、进展），那么就可以更有效地开展采购控制。

16．C

解析：按工作顺序，先做出采购决策，选择规划采购管理的输出——采购工作说明书。采购工作说明书详细描述拟采购的产品或服务，以便供方确定是否有能力提供。

17．C

解析：敏捷项目管理强调客户合作要高于合同谈判，采用具备动态调整和激励机制的灵活条款的合同，双方按预先商定的比率共同承受收益或亏损，满足双方的合作要求。而单纯的固定合同或成本合同都将风险完全推给对方，不是最佳的选择。

18．D

解析：评估现有方案是评价技术和分析技术，是选择卖方的活动，属于实施采购过程。实施采购是获取卖方应答、选择卖方并授予合同的过程。

19．B

解析：作为买方，优先选择总价类合同。此类合同为既定产品、服务或成果的采购设定一个总价，买方不承担合同成本变化的风险。

20．C

解析：在不能很快编写出准确工作说明书的情况下，经常使用工料合同来增加人员、聘请专家和寻求其他外部支持。

21．A

解析：项目历时较长且无法预测外部的市场价格，因此选择总价加经济价格调整合同最佳。总价加经济价格调整合同适用于时间跨度长的合同，允许根据条件变化，如通货膨胀、某些特殊商品的成本增降等，以事先确定的方式对合同价格进行最终调整。

22．A、C

解析：招标文件用于向潜在卖方征求建议书。取决于所需的货物或服务，招标文件包括信息邀请书、报价邀请书、建议邀请书。

23．C

解析：合同中根据买方发布的指示，卖方采取了相应行动，但并未走变更流程，这属于推定变更。因为双方可能对推定变更存在争议，并可能引起一方向另一方索赔，所以通常应该在项目往来函件中对推定变更进行专门识别和记录。

24．A

解析：了解潜在供方的信息属于市场调研活动，因此项目经理正在规划采购管理过程。市场调研包括考察行业情况和供应商能力。

25. C

解析：合同中约定的终止条件属于终止条款。其中，合同提前终止是结束采购的一个特例。合同可由双方协商一致而提前终止，或因一方违约而提前终止，或者为买方的便利而提前终止。

26. C

解析：供应商的选择可以基于质量或技术方案得分。其邀请一些公司提交建议书，同时列明技术和成本详情，如果技术建议书可以被接受，再邀请这些公司进行合同谈判。采用此方法，会先对技术建议书进行评估，考察技术方案的质量。

27. D

解析：对采购执行质量审计，属控制采购过程。在项目执行过程中，应该根据合同规定，由买方开展相关的检查与审计，卖方应对此提供支持。通过检查与审计，验证卖方的工作过程或可交付成果对合同的遵守程度。

28. B

解析：在做出外包决定前，应先进行自制或外购分析。自制或外购分析是一种通用的管理技术，用来确定某项工作最好由项目团队自行完成，还是应该从外部采购。在做出外包决定后，才会考虑供方选择分析和市场调研。

29. C

解析：本题中已获得卖方应答并选定了一家卖方，说明已经有了选定的卖方，接下来应通过采购谈判来就合同达成一致，并签署合同。采购谈判是指在合同签署之前，对合同的结构、要求及其他条款加以澄清，以取得一致意见。

30. D

解析：实施采购是获取供应商应答、选择供应商并签订合同的过程。本过程的主要作用是，通过达成协议，使内部和外部相关方的期望协调一致。

31. C

解析：在激励合同中，买方对既定目标给予财务奖励。财务奖励通常与卖方的成本、进度或技术绩效有关。合同中绩效目标一开始就要制定好，而最终的合同价格要待全部工作结束后根据卖方绩效来确定。

32. A

解析：采购公司的建筑设计师准备的施工成本估算属于规划采购管理中的独立估算技术。对于许多采购，采购公司可以自行编制独立估算，或者邀请外部专业估算师做出成本估算，并将此作为标杆，用来与潜在卖方的应答做比较。

33. C

解析：在成本加激励费用合同中，为卖方报销履行合同工作所发生的一切可列支成本，并在卖方达到合同规定的绩效目标时，向卖方支付预先确定的激励费用。如果最终成本低于或高于原始估算成本，则买方和卖方需要根据事先商定的成本分摊比例来分享节约部分或分担超支部分。因此买方实际支付：120 000（实际成本）+（100 000–120 000）×30%（奖惩）+10 000（酬金）=124 000（美元）。

34．C

解析：因为外购有一次性成本 3 000 美元，所以设第 X 天开始外购和租借成本相同，即第 X 天之后，外购比租借更划算。由公式 3 000+20X=50X，计算出 X=100。所以，超出 100 天时，外购比租借更划算。

35．B

解析：供方提供专家服务，且合同兼具了成本补偿和固定人工价格的特点，因此属工料合同。工料合同是兼具成本补偿合同和总价合同的某些特点的混合型合同。在不能很快编写出准确工作说明书的情况下，经常使用工料合同来增加人员、聘请专家和寻求其他外部支持。

36．A

解析：自制或外购分析指产品或服务的采购组织在决定外购时，先要分析需求、明确资源，再比较采购策略。同时，组织还要对外购产品还是自制产品进行评估，以确定从何处获得产品对组织更有利。

37．C、D

解析：项目范围变化大，因此灵活的合同只能采用成本类合同，选项中有三个成本类合同，其中成本百分比合同因为报酬会随实际成本增加而提高，被明确禁止使用。

38．C

解析：对于供方质量的审查属控制采购过程。控制采购通过绩效审查对供应商质量、资源、进度和成本绩效进行测量、比较和分析，以审查供方工作的绩效。

39．A

解析：买方具有详细的工作说明书，且合同具备惩罚条款，说明该合同为总价加激励费用合同，属于总价类合同的一种。买方必须准确定义要采购的产品或服务，才可以使用总价类合同。

40．D

解析：补偿所有直接成本，说明该合同为成本补偿类合同。另外，完工时获得的费用为固定的 100 000 美元，且没有说明绩效因素，因此选择成本加固定费用合同。成本加固定费用合同为卖方报销履行合同工作所发生的一切可列支成本，并在卖方达到合同规定的绩效目标时，向卖方支付预先确定的费用。

41．C

解析：由于产品理念的全新性，且可能有重大范围变更，因此选择成本补偿类合同，这种合同适用于工作范围不明确，预计会在合同执行期间发生重大变更的情况。

42．D

解析：采购工作说明书应该详细描述拟采购的产品、服务或成果，以便潜在卖方确定他们是否有能力提供这些产品、服务或成果。采购工作说明书中可包括规格、数量、质量、性能参数、履约期限、工作地点和其他需求。

43．C

解析：为了确保所有潜在供应商均对采购拥有明确的共识，应召开投标人会议。投标人会议的目的是保证所有潜在卖方对采购要求都有清楚且一致的理解，保证没有任何投标人会得到特别优待。

44．B、D

解析：投标人会议的目的是保证所有潜在卖方对本项采购（包括技术要求和合同要求）都清楚且理解保持一致，保证没有任何投标人会得到特别优待。

45．B

解析：采购管理中以双方正式签署的合同作为解决分歧和澄清约定的依据。采购合同是对双方具有约束力的法律协议，包括工作说明书、价格、合同终止条款和替代争议解决方法等。

46．B

解析：买卖双方在处理变更时，应采用合同变更控制系统。合同变更控制系统规定了修改合同的过程。它包括文书工作、跟踪系统、争议解决程序，以及各种变更所需的审批层次。

47．C

解析：激励合同的计算应包括合法的实际直接成本、管理酬金和绩效费用三部分，并考虑合同中对总价或利润的上下限额约定。本题中实际直接成本为 230 000 美元，管理酬金为 20 000 美元，由于成本超支造成的卖方绩效扣罚为（200 000–230 000）×20%=－6 000（美元），总计 230 000+200 000－6 000=244 000（美元）。由于合同约定最高价为 230 000 美元，低于 244 000 美元，因此实际支付金额为 230 000 美元。

48．D

解析：在所有采购纠纷中，首选通过谈判公正地解决全部未决事项、索赔和争议。如果通过直接谈判无法解决，则可以尝试替代争议解决方法，如调解或仲裁。如果所有方法都失败了，就只能选择向法院起诉。

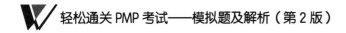

49．A

解析：采购管理中以双方正式签署的合同作为解决分歧和澄清约定的依据。安装并接受付款意味着采购已经完成，合同已经关闭，所以承包商可据此拒绝项目经理的请求。

50．C

解析：项目的任何相关方都可以提出变更请求。所有变更请求都必须以书面形式记录，并通过整体变更控制流程进行管理。

第 11 章

项目相关方管理

11.1 重点考点解析

▶ "识别相关方" 考点

1. 项目相关方管理包括识别和分析相关方，制定合适的管理策略来有效调动相关方参与项目决策和执行。

2. 项目相关方会受到项目的影响，或者能对项目施加积极或消极的影响，所以应在项目章程批准之前，就尽早开始正确识别相关方，并在项目过程中合理引导和监督相关方参与。

3. 收集相关方信息的方法包括问卷调查、头脑风暴、头脑写作等，其信息包括兴趣、合法权利和道德权利、所有权、知识和贡献等。

4. 在小型项目或关系很简单的项目中，可以通过权力/利益、权力/影响或作用/影响方格对相关方进行分类，也可以使用相关方立方体把上述方格中的要素组合成三维模型。

5. 在权力/利益方格中，对于权力高、利益高的相关方应重点管理，对于权力高、利益低的相关方应令其满意，对于权力低、利益高的相关方应随时告知，对于权力低、利益低的相关方可以花费少量时间监督。

6. 在复杂相关方社区或复杂关系网络中，可以使用凸显模型对相关方进行分类，通过权力、紧迫性和合法性三个维度，确定已识别相关方的相对重要性。

7. 相关方影响方向可以是向上、向下、向外或横向的，当大量相关方、成员频繁变化或关系复杂时，有必要进行优先级排序。

8. 相关方登记册记录着已识别的相关方的所有详细信息，包括基本信息、评估信息和相关方分类等。

▶ "规划相关方参与"考点

1. 规划相关方参与是制定项目相关方参与项目的方法，提供有效互动的可行计划的过程，应在项目早期制定并不断审查和更新。

2. 相关方参与度评估矩阵将相关方当前参与水平与期望参与水平进行比较。相关方参与度可分为：

- 不了解型，不知道项目及其潜在影响。
- 抵制型，知道项目及其潜在影响，但抵制项目工作或成果可能引发的任何变更。
- 中立型，了解项目，但既不支持，也不反对。
- 支持型，了解项目及其潜在影响，并且会支持项目工作及其成果。
- 领导型，了解项目及其潜在影响，而且积极参与以确保项目取得成功。

3. 相关方参与计划确定了用于促进相关方有效参与决策和执行的策略和行动。

▶ "管理相关方参与"考点

1. 管理相关方参与是与相关方进行沟通和协作，以满足其需要与期望，解决实际出现的问题，并促进相关方合理参与项目活动的过程。

2. 为提高相关方的支持和降低相关方的抵制，需要开展多项活动，包括引导、谈判、沟通、预测、澄清和解决等。

3. 要针对每个相关方采取相应的沟通方法和反馈机制，善用人际关系和团队技能，明确团队的基本规则及许可的行为。

▶ "监督相关方参与"考点

1. 监督相关方参与是监督项目相关方之间的关系，通过修订参与策略和计划来引导相关方合理参与项目的过程，其目的是维持或提升相关方参与效率和效果。

2. 监督相关方参与所使用的工具与技术包括数据分析、决策、数据表现、沟通技能、人际关系与团队技能、会议等。

11.2　项目相关方管理练习（共 50 题，单、多选题）

1. 按照项目技术规范，人力资源信息系统已完成，在第一次使用新系统后，人力资源总监表示旧系统比新系统提供更多的信息。若要防止这种情况发生，项目经理应该做什么？

    A. 制订应急计划　　　　　　　　B. 进行适当的相关方分析

    C. 创建工作分解结构　　　　　　D. 提出一项变更请求

2. 被分配到一个新项目后，项目经理收到项目章程的草稿。项目经理发现一些重要相关方并未参与初始范围的定义。项目经理首先应该怎么做？

    A. 获得项目章程的最终批准并考虑关键相关方的需求被纳入需求文件

    B. 尝试保持原来的要求并获得章程的批准

    C. 收集关键相关方的高层次需求并完成项目章程

    D. 获得发起人对项目章程的批准，并在项目执行过程中确定关键相关方的需求

3. 被任命管理一个新项目的项目经理与项目发起人、高级管理层开会讨论可能存在的项目相关方。项目经理与这些已识别到的相关方会面，并记录他们在公司中的职权等级以及他们对项目成果的关心程度。项目经理接下来应该怎么做？

    A. 更新项目章程

    B. 创建一份相关方参与度评估矩阵

    C. 设置权力/利益方格

    D. 计划召开项目开工会议

4. 当地社区领导对一个施工项目可能发生延期表示担忧。项目经理想要分析已识别关键项目相关方的类别。项目经理应该使用下列哪些方法？（选出 2 个答案）

    A. 权力/利益方格　　　　　　　　B. 沟通管理计划

    C. 相关方参与度评估矩阵　　　　D. 相关方登记册

    E. 凸显模型

5. 当新进公司的发起人 B 替代发起人 A 时，项目已接近完工。项目经理首先应该怎么做？

    A. 更新相关方登记册

    B. 与发起人 B 会面，确定是否需要项目变更

C. 根据发起人 A 的目标完成项目

D. 开始变更控制程序

6. 公司决定推出一项新产品来增加公司收入。作为管理这个新项目的项目经理，下列哪份文件中可以找到高层次需求和相关方期望？

A. 项目管理计划

B. 项目章程

C. 相关方登记册

D. 活动清单

7. 一个新的工程项目已经启动，由于环境复杂，涉及周边很多社区，项目经理最好采用哪项来识别相关方？

A. 权力/利益方格

B. 相关方立方体

C. 凸显模型

D. 影响方向

8. 核心项目团队在项目启动阶段执行了相关方分析，分析结果显示有少数相关方可能对项目产生负面影响。项目经理接下来应该怎么做？

A. 更新项目风险日志和分析结果

B. 让相关方理解他们的项目期望

C. 根据分析结果制订沟通管理计划

D. 制订计划管理相关方参与项目的程度

9. 进入执行阶段之前，项目经理准备向关键相关方提交项目管理计划，以获得关键相关方批准，这将有助于确保下列哪项？

A. 相关方承诺参与到该项目中

B. 将最佳资源分配到项目中

C. 确保完成项目

D. 项目将符合时间和预算要求

10. 实施一个新软件系统的项目将导致对公司结构和业务过程产生变更。职能经理对项目表示反对，项目经理接下来应该怎么做？

A. 认可职能经理，并将该状况记录在风险管理计划中

B. 让发起人与职能经理讨论

C. 按照相关方参与计划联系职能经理

D. 让职能经理信服项目价值

11. 谁可以请求与项目预算大幅超支有关的项目变更？

A. 只有项目发起人

B. 任何项目相关方

C. 只有项目经理

D. 交付额外成本的组织

12. 团队成员担心一位要求苛刻的相关方的要求很难得到满足。团队成员应参考哪份

文件来正确解决相关方的要求？

　　A．沟通管理计划　　　　　　　B．相关方登记册

　　C．影响/作用方格　　　　　　　D．相关方参与计划

　　13．一个自动化审计系统项目已立项，新项目经理编制相关方登记册。项目经理应该使用下列哪项作为相关方登记册的主要参考？

　　A．显示审计管理流程所有步骤的多职能流程图

　　B．之前项目的沟通管理计划

　　C．项目章程

　　D．审计管理流程的客户调查数据

　　14．发起人准备实施一个公司治理项目，在项目启动期间，需要包括以下哪两项子过程？（选出两个答案）

　　A．制订项目管理计划　　　　　　B．制定项目章程

　　C．规划相关方参与　　　　　　　D．识别相关方

　　E．指导和管理项目工作

　　15．项目发起人和相关方希望立即开始一个项目。项目目标和需求已在之前的会议中讨论过。但是，项目经理认为开始项目之前还有一些未决的任务。为了开始项目，项目经理需要下列哪项？

　　A．经批准的项目管理计划　　　　B．经批准的项目章程

　　C．项目资金估算　　　　　　　　D．已定义的工作说明书

　　16．一个 Scrum 团队正在执行项目的第三个冲刺，冲刺临近结束时，项目团队和相关方召开了一次评审会议，相关方在会议上提出本次冲刺的大部分用户故事都符合需求，但有两个用户故事并未达到相关方期望，项目经理应该如何处理？

　　A．审查用户故事并提出变更请求

　　B．根据相关方反馈，重新编写用户故事

　　C．推迟本次冲刺，直至用户故事达到相关方要求

　　D．告诉相关方，敏捷方法中团队被授权自主完成需求

　　17．项目经理发现一个高级主管对项目有极大的影响力，但是对项目没有兴趣。对该相关方应使用哪种方法？

　　A．重点管理　　　B．监督　　　　C．令其满意　　　D．随时告知

　　18．项目经理管理一个涉及拆除旧建筑并在原地建设新建筑的项目。项目经理获得一些施工车辆可能经过的附近地段业权人姓名。项目经理首先应该做什么？

A. 将该地段业权人包含在项目团队会议中

B. 将该地段业权人姓名添加到沟通管理计划中

C. 创建包括正常工作时间之外活动的项目进度计划

D. 将该地段业权人姓名添加进相关方登记册中

19. 项目经理接管一个处于执行阶段的项目。项目经理发现之前的项目经理与一些外部相关方之间存在问题，且一些高级项目主管经常缺席状态会议。项目经理接下来应该怎么做？

A. 审查相关方参与计划

B. 审查工作绩效报告

C. 制订相关方团队建设计划

D. 与相关方开会，解释项目管理计划

20. 项目经理启动一个新项目，并开始识别项目相关方。下列哪项对这项任务有帮助？（选出 2 个答案）

A. 风险登记册　　　　　　　　B. 工作分解结构

C. 项目工作说明书　　　　　　D. 协议

E. 以往项目的相关方登记册

21. 项目经理组织一个项目相关方参与的会议，会上一位相关方提出，项目需要考虑对周边自然环境的影响，这属于以下哪项？

A. 兴趣　　　　B. 权利　　　　C. 所有权　　　　D. 知识

22. 项目经理与相关方和发起人一起澄清项目范围，并定义时间线等。项目经理准备召开项目开工会议。项目经理处于下列哪个过程组？

A. 启动　　　　B. 执行　　　　C. 监控　　　　D. 规划

23. 项目经理在制定项目章程，他分析了商业论证并审查了项目假设条件和制约要素。项目经理接下来应该怎么做？

A. 分析项目将如何帮助客户实现其商业目标

B. 分析范围蔓延、预算和进度表

C. 分析项目所需的关键技能

D. 分析项目相关方的目标和制约因素

24. 项目经理正在创建相关方登记册。项目经理召集团队成员开始识别相关方，团队可以采用什么方法？（选出 2 个答案）

A. 人际关系技能　　　　　　　B. 咨询主题专家和行业组织

C. 标杆对照 　　　　　　　D. 头脑风暴

E. 根本原因分析

25. 项目启动期间，项目经理和一位高层经理开会讨论项目资源的分配，高层经理表示会协调相关资源，以确保项目的成功。高层经理属于以下哪种类型？

A. 不知晓型　　B. 支持型　　C. 中立型　　D. 领导型

26. 项目正在进行中，项目经理从公司离职，发起人任命了一名新的项目经理，并让新项目经理检查一名关键相关方变更请求的状态。新项目经理可以从哪里找到这个信息？

A. 项目文件更新　　　　　　B. 变更日志

C. 相关方参与计划　　　　　D. 沟通管理计划

27. 一个项目的预期持续时间为七周。但是，由于假期原因，多名相关方此时都不在。项目经理下一步该怎么做？

A. 评估对项目的影响　　　　B. 暂停项目，直至相关方回来

C. 更新资源日历　　　　　　D. 将问题上报给高级管理层

28. 一个需要客户员工参加的项目任务将在周末进行。在周末前三天，项目经理了解到客户的人力资源经理拒绝为其员工支付加班费。因此，必须重新安排该项任务的进度。为避免这个问题，项目经理应该事先完成下列哪项？

A. 将加班费包含在项目预算中

B. 告知客户在周末完成这项任务的重要性

C. 让客户的员工将加班情况通知给他们的人力资源经理

D. 识别并规划相关方参与

29. 一个已批准的战略计划向一个建筑翻新项目分配了 1 500 万美元。当前项目的高级主管离职，并任命了新的高级主管。项目经理下一步该怎么做？

A. 更新项目章程　　　　　　B. 更新相关方登记册

C. 更新需求文件　　　　　　D. 更新风险管理计划

30. 一家网络开发公司按时向客户交付产品，但超出原始预算 20%。客户目前正在为一个新网络项目招标。若要增强客户关系，网络开发公司的项目经理在收尾阶段应怎么做？

A. 询问新网络项目的需求　　B. 进行相关方分析

C. 与客户开会，了解客户满意度　　D. 执行预算控制的纠正措施

31. 一名新雇用的项目经理审查项目章程时发现可能未将一些相关方包含在内。新项目经理应如何核实相关方登记册？

A. 识别主动参与项目的人员

B. 识别参与项目或在项目中享有利益的任何人

C. 包含在项目中享有重大利益的人员

D. 包含公司的高级管理层

32. 由于意外情况，一个项目在执行期间停止。六个月后，该组织希望重启项目，并任命了一个新项目经理。项目经理首先应该做什么？

A. 审查所有启动和规划输出，并识别项目相关方

B. 审查所有启动和执行输出，并修订项目管理计划

C. 审查项目管理计划并继续执行直到完成项目

D. 审查所有规划输出，并遵循变更管理计划

33. 由于组织不稳定，项目经理发现相关方流动率很高，而且对项目状态更新的频率、详细程度以及沟通方法有不同看法，若要解决这个问题，项目经理下一步应该做什么？

A. 使用推式沟通方法，以保持一致性

B. 继续按项目开始时的约定提供状态更新

C. 更新相关方登记册和沟通管理计划

D. 在项目过程中为所有相关方使用交互式沟通方法

34. 在客户最终验收可交付成果期间，项目经理遭遇到地方团体的反对意见。项目经理所在公司开展了一次根本原因分析，发现项目并未充分考虑项目的环境因素。这本应该在哪个过程中完成？

A. 启动　　　　B. 监控　　　　C. 规划　　　　D. 执行

35. 在升级公司的会计应用程序项目中，项目经理每周发送一次有关项目状态以及后续活动的电子邮件。该应用程序的一位新关键用户抱怨应用程序的停用影响他们的工作绩效。项目经理接下来应该怎么做？

A. 继续按照计划执行

B. 向主管报告该关键用户的情况

C. 审查相关方分析并更新该关键用户信息

D. 审查相关方分析并通知所有相关方

36. 在实施验收评审期间，客户总监表示对项目团队所交付的质量不满意。另外，客户认为预算超支。项目经理应该做什么来改进客户对下一个项目的满意度？

A. 与项目团队开会，审查并修订项目管理计划

B. 加强预算和质量的监控活动

C.　增加项目状态会议的频率

D.　与已收尾项目的相关方和项目团队开会收集经验教训

37.　在为一个内部项目制定项目章程时，项目经理意识到一些职能经理的期望与另一些职能经理的期望有冲突，可能对项目产生负面影响。项目经理下一步该怎么做？

A.　制订沟通管理计划　　　　　　B.　执行相关方分析

C.　评估风险　　　　　　　　　　D.　上报给项目发起人

38.　在项目初始阶段，一些相关方向项目经理提出了许多更改项目需求的建议。在这种情况下，项目经理首先应该怎么做？

A.　关注确保项目成功所必需的关系

B.　减轻每个相关方可能导致的负面影响

C.　识别每个相关方的利益、期望、重要性和影响水平

D.　考虑所有建议并实施项目计划

39.　在项目计划批准会议上，出现了一位未曾识别的相关方。若要避免这种情况，应该更加注意下列哪项活动？

A.　识别相关方　　　　　　　　　B.　执行相关方分析

C.　管理相关方参与项目的程度　　D.　更新相关方登记册

40.　在项目开始时，一名相关方质疑这种类型的项目与公司以往开发的项目并不类似。应使用下列哪项工具获得相关信息？

A.　标杆对照　　　B.　市场研究　　　C.　组织过程资产　　　D.　统计抽样

41.　在项目启动阶段，项目经理了解到还未签署正式项目合同。项目经理接下来应该怎么做？

A.　与项目发起人协商　　　　　　B.　停止项目

C.　与客户协商　　　　　　　　　D.　与高级管理层协商

42.　在项目启动期间，项目经理发现相关方人员变化非常频繁，若要更好地和相关方建立关系，项目经理下一步该怎么做？

A.　建立权力/利益矩阵　　　　　　B.　通过凸显模型评估相关方

C.　对相关方进行优先级排序　　　D.　了解相关方的影响方向

43.　在项目实施阶段，指导小组成员抱怨一项主要需求尚未纳入项目范围。这种情况由下列哪项导致？

A.　项目范围说明书尚未定稿　　　B.　工作分解结构尚未完成

C. 问题日志尚未完成　　　　　　D. 没有考虑所有相关方的利益

44. 在敏捷项目的冲刺执行期间，一位关键的项目相关方十分不满，他指出一个用户故事应该被立刻实现，但该用户故事并未被列入当前冲刺计划，在这种情况下，项目经理应该做什么？

A. 更改当前冲刺计划，以包括该需求

B. 和团队评估该用户故事纳入当前冲刺的影响

C. 要求相关方提出书面变更请求

D. 安排相关方参与的会议，讨论用户故事的优先级

45. 在项目执行阶段，项目经理担心某些团队成员不理解项目目的，对团队、相关方和发起人的期望存在误解。为避免这种情况，项目经理应该事先做什么？

A. 重新核实需求　　　　　　　　B. 进行相关方分析

C. 制定沟通管理策略　　　　　　D. 召开项目开工会议

46. 在项目执行阶段，之前的项目经理被替换了。管理层、客户和项目团队成员都对项目之前的沟通方法感到不满意。项目经理首先应该怎么做？

A. 更新沟通管理计划　　　　　　B. 查询相关方登记册

C. 创建项目管理信息系统　　　　D. 制订相关方参与计划

47. 在项目执行期间，项目发起人从公司离职。项目经理应该怎么做？

A. 执行整体变更控制　　　　　　B. 更新项目决策流程

C. 制作一份项目状态报告　　　　D. 进行相关方分析

48. 在项目执行期间，一个变更请求被批准并影响了项目计划。在之后的范围确认中发现，项目成员负责的一个可交付成果是按照原始的项目计划进行的。应该采取什么行动防止这种情况发生？

A. 有效的相关方识别　　　　　　B. 相关方参与变更审批流程

C. 变更请求的有效沟通　　　　　D. 加强对范围控制的管理

49. 在一次需求审查会议中，项目经理意识到一个关键业务领域代表没有参加会议，这让需求审查存在风险。为确保所有受影响的领域都有适当人员代表，项目经理应完成下列哪项工作？

A. 执行相关方分析　　　　　　　B. 修订组织图

C. 完成相关方参与评估矩阵　　　D. 审查资源管理计划

50. 职能经理参加了一个实施信息系统的项目开工会议，并安排组织内的资源在一个

月后开始执行项目任务。但职能经理又将这些资源分配给公司内的另一个项目。项目经理
应该尝试使用下列哪项人际关系技能？

A．谈判　　　　　B．文化意识　　　C．政治意识　　　　D．观察和交谈

11.3 | 习题解答

1．B

解析：人力资源总监表示新系统不如旧系统，这说明相关方的需求没有得到满足。为
预防此类问题的发生，应做好相关方的分析并评估其相关信息，包括但不限于主要需求、
主要期望、对项目的潜在影响、与生命周期的哪个阶段最密切相关等。

2．C

解析：项目章程目前是草稿状态，且一些重要相关方并未参与初始范围的定义，因此
有必要收集重要相关方的高层次需求，在完善项目章程后进行审批。在项目章程中应记录
业务需要、假设条件、制约因素、对客户需要和高层级需求的理解，以及需要交付的新产
品、服务或成果。

3．C

解析：相关方分析包括多种分类模型，其中权力/利益方格是根据相关方的职权（权力）
大小及对项目结果的关注（利益）程度进行分类的。

4．A、E

解析：相关方分析中可以利用不同方法对相关方进行分类，比如权力/利益方格，适
用于简单的项目，而凸显模型则适用于复杂的大型项目。

5．A

解析：任何相关方发生变化，应首先更新相关方登记册并进行分析，再确定是否有必
要采取措施。在整个项目生命周期中相关方可能发生变化，也可能识别出新的相关方，项
目经理应定期查看并更新相关方登记册。

6．B

解析：高层次的需求和相关方期望记录在项目章程中。在项目章程中记录业务需要、
假设条件、制约因素、对客户需要和高层次需求的理解，以及主要的可交付成果。

7．C

解析：凸显模型通过评估相关方的权力、紧迫性和合法性，对相关方进行分类。凸显
模型适用于复杂的相关方大型社区，或在相关方社区内部存在复杂的关系网络的情况。

8．D

解析：在启动阶段识别相关方，并更新相关方登记册后，接下来应通过规划相关方参与制订相关方参与计划。基于对相关方需要、利益及对项目成功的潜在影响的分析，制定合适的管理策略，以有效调动相关方参与整个项目生命周期。

9. A

解析：在规划过程中，项目团队应当征求所有相关方的意见，并鼓励所有相关方的参与，以便获取、确认或维持他们参与项目的持续承诺。

10. C

解析：职能经理属于相关方之一，当相关方不支持项目时，应依据相关方参与计划来管理相关方参与。管理相关方参与的作用是帮助项目经理提升来自相关方的支持，并把相关方的抵制降到最低，从而显著提高项目成功的机会。

11. B

解析：项目的任何相关方都可以提出变更请求，变更请求应被书面记录，并纳入整体变更控制流程。

12. D

解析：相关方参与计划是为了有效调动相关方参与而制定的相关管理策略，而相关方登记册则是登记已识别的相关方清单。

13. C

解析：相关方登记册是识别相关方过程的输出，其输入包括项目章程、采购文件、事业环境因素和组织过程资产，其中项目章程是最为重要的参考文件。

14. B、D

解析：项目管理 49 个子过程中，处于启动过程组的有两个子过程，分别是制定项目章程和识别相关方。

15. B

解析：项目章程是项目启动的标志性文件，由项目启动者或发起人发布，是正式批准项目，并授权项目经理动用组织资源开展项目活动的文件。

16. B

解析：Scrum 方法中，在冲刺评审会议上相关方对本次冲刺交付的功能进行评审，并提出反馈，Scrum 团队会根据反馈来重新编写用户故事，并在未来的冲刺中实现。

17. C

解析：根据相关方权力/利益方格，高级主管对项目有极大影响属于权力高，没有兴趣属于利益低。权力/利益方格中权力高、利益低的相关方应对策略为令其满意。

18. D

解析：地段业权人虽然不是项目范围内的合法性成员，但可能对项目造成影响，因此应通过识别相关方，将相关方信息记录在相关方登记册中，以便后续的分析和处理。

19．A

解析：项目部分相关方的参与程度存在问题，因此项目经理需要通过审查相关方参与计划，其中包括关键相关方的所需参与程度和现阶段相关方的沟通需求。

20．D、E

解析：识别相关方过程的输入包括协议和组织过程资产，其中组织过程资产包括以往项目的相关方登记册。

21．B

解析：权利包括合法权利和道德权利。合法权利是指国家的法律框架对相关方的合法权利做出的规定，如职业健康和安全，道德权利可能涉及保护历史遗迹或环境的可持续性。

22．D

解析：项目开工会议在制订项目管理计划过程中召开，通常意味着规划阶段结束和执行阶段开始，旨在传达项目目标、获得团队对项目的承诺，以及阐明每个相关方的角色和职责。

23．D

解析：本题中，项目经理目前处在启动过程，识别相关方是启动过程的主要工作之一。在项目或阶段的早期就应该识别相关方，并分析他们的利益层次、个人期望、重要性和影响，把他们与项目的目的联系起来。

24．B、D

解析：根据题意目前处于识别相关方过程，该过程的工具包括头脑风暴和专家判断，其中专家指具有某应用领域、知识领域、学科和行业等专业知识的任何小组或个人。

25．D

解析：领导型相关方了解项目及其潜在影响，而且积极参与以确保项目取得成功。

26．B

解析：变更日志用来记录项目过程中出现的变更。新项目经理应该与相关的相关方沟通这些变更及其对项目时间、成本和风险的影响。被否决的变更请求也应该记录在变更日志中。

27．A

解析：由于相关方不在，有可能对项目产生影响。需要先进行影响评估，再考虑是否需要采取必要的变更措施。

28．D

解析：客户的人力资源经理拒绝支付加班费，说明未对关键相关方进行识别和分析。项目或阶段的早期就应识别相关方，并分析他们的利益层次、个人期望、重要性和影响力，这对项目成功非常重要。

29．B

解析：在监督相关方参与的过程中，相关方可能发生变化，也可能识别出新的相关方，项目经理应将相关信息及时更新到相关方登记册中。

30．C

解析：项目收尾阶段除了可交付成果的移交，还包括客户满意度调查，以便积累经验教训和持续改进流程，为长期客户合作打下基础。

31．B

解析：项目相关方是能影响项目决策、活动或结果的个人、群体或组织，以及会受或自认为会受项目决策、活动或结果影响的个人、群体或组织。因此任何参与或对项目享有利益的相关方都需要被识别和管理。

32．A

解析：项目被停止六个月，重新启动时，应识别项目相关方，并根据当前的相关方期望和事业环境因素，重新审查启动和规划的输出。

33．C

解析：相关方高流动率代表着相关方登记册需要定时更新，同时沟通管理计划也需要随着相关方的变化不断更新，以适应相关方沟通需求。

34．A

解析：地方团体作为相关方未被识别与分析，属于识别相关方过程的问题。识别相关方是识别能影响或被项目决策、活动或结果影响的个人、群体或组织，并分析和记录他们的相关信息的过程，属于启动过程组的工作。

35．C

解析：关键用户属于相关方，他的抱怨代表着相关方的需求和立场，因此应被识别和分析。项目经理应定期查看并更新相关方登记册，因为在整个项目生命周期中相关方可能发生变化，也可能识别出新的相关方。

36．D

解析：对下一个项目的满意度，属于针对未来项目所使用的信息，因此选择收集经验教训。项目收尾时要把历史信息和经验教训信息存入经验教训知识库，供未来项目或阶段使用，可包括问题与风险的信息，以及适用于未来项目的有效信息。

37．B

解析：相关方的期望存在差异，因此要对相关方进行分析，完善相关方登记册后再采取合理的措施。通过相关方分析，识别出相关方的利益、期望和影响，并把它们与项目的目的联系起来。

38．C

解析：随着项目的复杂程度不同，相关方对项目可能存在不同的利益、期望、重要性和影响水平，这些因素可能彼此统一也可能彼此矛盾。项目经理应通过相关方分析与分类，尽可能专注于那些与项目成功密切相关的重要因素。

39．A

解析：出现了一位未曾识别的相关方，说明识别相关方时有遗漏。为避免该问题的发生，应做好识别相关方过程，确保相关方登记册的有效性和完整性。

40．C

解析：组织过程资产是执行组织所特有并使用的计划、流程、政策和知识库，包括来自任何项目参与组织的，可用于执行或治理项目的任何产物、实践或知识，还包括组织的知识库，如经验教训和历史信息。

41．A

解析：还未正式签署协议，说明目前尚处于项目边界之外，应和项目发起人进行协商。在项目边界之外和项目启动过程中，项目发起人始终领导着项目，直到项目被正式批准。

42．C

解析：如果项目有大量相关方、相关方成员频繁变化，相关方和项目团队之间或相关方社区内部的关系复杂，有必要对相关方进行优先级排序。

43．D

解析：项目处于实施阶段，说明项目管理计划已经完成，因此答案 A、B 都不正确。成员对于主要需求的抱怨，其主要原因是启动阶段没有考虑到所有相关方的利益、期望和影响。

44．D

解析：敏捷项目中，在每个冲刺开始时，应该按照用户故事的优先级进行规划。产品负责人在排列用户故事优先级时，需要充分考虑相关方的意见和要求。

45．D

解析：项目开工会议是规划阶段的最后一项工作，通常意味着规划阶段结束和执行阶段开始，旨在传达项目目标、获得团队对项目的承诺，以及阐明每个相关方的角色和职责。

46．B

解析：相关方对于沟通方法不满意，首先要查询相关方登记册，对相关方的期望和沟通需求进行分析和评估，再对相关方参与计划和沟通管理计划进行必要的更新。

47．D

解析：项目发起人的离职代表着相关方发生变化，使用监督相关方参与过程的工具：相关方分析，确定相关方群体和个人在项目任何特定时间的状态。

48. C

解析：批准的变更请求作为指导和管理项目工作过程的输入，由项目团队更新项目计划后付诸实施。项目成员并不知晓变更的内容，说明成员未得到有效沟通，应通过项目管理信息系统和会议来确保已批准的变更正确执行。

49. A

解析：相关方分析是系统地收集和分析各种定量与定性信息，以便确定在整个项目中应该考虑哪些人的利益。通过相关方分析，识别出相关方的利益、期望和影响，并把他们与项目的目的联系起来。

50. A

解析：在管理相关方参与过程中，项目经理应通过谈判，获得支持或达成关于支持项目工作或成果的协议，并解决团队内部或团队与其他相关方之间的冲突。

第 12 章

模拟题

12.1 模拟题（共 200 题，单、多选题）

1. 招募项目经理时，项目发起人列出面试人选的候选名单，项目发起人应该将哪项技能列为最高选择标准？

A. 进度安排　　　B. 沟通　　　　C. 规划　　　　D. 问题解决

2. 高层领导批准了一个战略项目，项目团队估算了开发产品所需的时间。随后，项目部分团队成员离开公司，一些新的成员补充入团队，在成本估算时，项目经理应考虑哪些因素？

A. 工作小时数、小时费率和过往项目的历史数据

B. 工作小时数、小时费率和新成员经验水平

C. 交付进度计划、小时费率和资源可用性

D. 新成员专业知识、工作条件和资源可用性

3. 在发生已识别的风险后，项目经理遭遇项目开发延迟，项目经理应该怎么做？

A. 执行整体变更控制过程

B. 通知项目发起人

C. 评估风险并审查风险应对策略

D. 审查风险管理计划

4. 项目团队识别到一个软件实施项目的新业务需求，然而，该项目已经完成开发阶段，目前正处于测试阶段。项目经理下一步应该怎么做？

A. 向变更控制委员会提交一份变更请求

B. 拒绝变更，因为可能导致项目延期

C. 更新项目基准

D. 通知项目发起人预算可能增加

5. 一个关键项目可交付成果被部署在客户环境中进行用户验收测试，在执行多组测试后，由于缺陷问题，客户拒绝接受。若要避免这个问题，项目经理事先应该怎么做？

A. 通过定期检查核实可交付成果　　B. 审查质量核对单

C. 执行质量审计　　　　　　　　　D. 确认范围

6. 在执行一个施工项目期间，发生一些之前已识别到的风险，导致产生额外费用，项目经理应使用哪项储备？

A. 管理储备　　B. 风险储备　　C. 预算储备　　D. 应急储备

7. 一个为期 12 个月的项目，在第 8 个月结束时，项目经理得知一家供应商正在重组，这可能导致项目进度计划延期。项目经理应该怎么做？

A. 更新项目管理计划，反映该风险

B. 登记该风险，以供进一步观察

C. 评估项目应急储备

D. 和专家团队执行风险分析

8. 项目经理在和职能经理谈判以获取所需资源，以下哪两项是项目经理应获取的成果？（选出 2 个答案）

A. 项目团队派工单　　　　　　　　B. 团队绩效评价

C. 资源日历　　　　　　　　　　　D. 工作绩效信息

E. 团队章程

9. 在一个需求变化非常快的项目中，项目经理使用敏捷方法以保证项目的交付。但是高层经理要求项目必须严格控制成本。项目经理应该怎么处理？

A. 通过整体变更控制程序，来保证成本受控

B. 告诉高层经理，在敏捷方法中控制成本没有太大的意义

C. 通过更改范围，来保证成本的有效控制

D. 通过自下而上估算，来保证成本的准确控制

10. 项目目前符合预算、进度和范围，项目经理希望在每周项目状态会议上跟踪项目的所有工作。然而，由于项目进展顺利，这些会议的出席人数一直在下降。若要鼓励人员出席并积极参加会议，项目经理应查询什么计划？

A. 进度管理计划　　　　　　　B. 沟通管理计划

C. 资源管理计划　　　　　　　D. 相关方参与计划

11. 高层经理正在对一个应用系统集成项目进行关口审查，审查结论显示项目的可交付成果符合验收标准，但是仍存在一些小的错误，会影响产品的使用体验。以下哪项是最好的建议？

A. 进入下一阶段　　　　　　　B. 整改后进入下一阶段

C. 停留在当前阶段　　　　　　D. 重复本阶段

12. 在收到一个为期三年项目的可交付成果后，客户发送正式通知称，由于质量太差，他们不接受该可交付成果，并决定停止所有沟通，项目经理应该怎么做？

A. 审查范围说明书和质量测试指标来评估问题

B. 估算纠正该问题所需工作的额外成本

C. 考虑替代争议解决方案

D. 与客户和项目发起人开会，解决冲突

13. 一家组织启动一个项目，以升级技术基础设施，并迁移其关键业务流程，哪份文件中包含了项目的详细范围描述？

A. 商业论证　　　　　　　　　B. 项目章程

C. 范围管理计划　　　　　　　D. 项目范围说明书

14. 项目经理负责管理一个项目，为满足紧急客户需求，项目经理将需要哪项来制订项目管理计划？（选出 2 个答案）

A. 商业文件　　　　　　　　　B. 项目章程

C. 合同　　　　　　　　　　　D. 组织过程资产

E. 批准的变更

15. 一家在线零售公司需要将其库存从其当前仓库运输到一个新地点，项目经理接到运输公司的电话，被告知其中一辆卡车涉及一起事故，大部分存货已损毁。项目经理应该怎么做？

A. 实施风险应对计划

B. 立即联系项目发起人告知该信息

C. 使用类比估算，确定需要多长时间才能获得一辆新卡车

D. 重新谈判供应商合同，并转移风险

16. 项目团队正在展开头脑风暴会议，并识别了可能的项目风险，团队接下来应该怎么做？

A. 创建概率和影响矩阵   B. 制订风险应对计划

C. 执行应急储备分析   D. 计算预期货币价值

17. 组织目标的设定和实现方式，属于以下哪项考虑的内容？

A. 治理框架   B. 管理要素   C. 组织架构   D. 企业章程

18. 项目经理正处于评估质量成本中一致性成本的过程中，项目经理应该考虑下列哪项内容？（选出 2 个答案）

A. 培训和设备改进   B. 报废和返工

C. 产品召回和业务流失   D. 名誉损失和保修工作

E. 检查和破坏性试验损失

19. 在介绍了项目任务后，每位团队成员都必须单独对任务的持续时间做出最佳估算，估算结果将被汇总并发回给每位成员，他们将根据结果再次进行估算，该过程重复多次。这使用的是什么技术？

A. 德尔菲技术   B. 三点估算

C. 专家判断   D. 自下而上估算

20. 因为之前的权变措施和风险减轻策略均不成功，导致发生一个已知风险，项目经理应该怎么做？

A. 记录该问题并请求额外的资源   B. 使用管理储备

C. 更新风险管理计划   D. 评估应急储备，并更新风险登记册

21. 项目经理知道至少有 20 个潜在供应商能够满足项目需求，但只收到两份建议书，在项目的采购过程中，项目经理应事先完成哪项工作？

A. 创建一支多学科评审团队，拥有采购文件中包含的各个领域专业知识

B. 调查市场，包含行业及某些供应商能力调查

C. 在报纸或专业贸易出版物上投放广告

D. 开发相应的付款系统

22. 两名团队成员意见有分歧，项目经理担心这将延迟项目执行时间，项目经理与两名成员谈话，强调一致而非差异。项目经理使用的是哪种冲突解决技巧？

A. 强迫/命令   B. 妥协/调解   C. 缓解/包容   D. 撤退/回避

23. 项目经理被任命管理一个重要项目，项目需要更多该行业和组织的知识和专业技能，这属于项目经理的哪项要求？

A. 技术项目管理能力   B. 领导力

C. 战略和商务管理能力　　　　D. 商业分析能力

24. 项目团队完成产品测试，评估项目目前符合时间和预算要求，这时产品经理要求增加一个小的功能更新，需要计划之外的产品测试。项目经理应该怎么做？

A. 提交变更请求，获得该功能更新的批准

B. 忽视产品经理的请求

C. 分配团队成员测试新的功能更新

D. 一旦项目验收，将新的功能更新作为一项升级实施

25. PMO 要求项目经理管理一个执行中的软件开发项目，并按照最新的公司政策进行敏捷转型，若要保证项目交付物的质量，项目经理应该怎么做？

A. 组建一个独立的测试团队，确保交付物符合验收标准

B. 和项目团队一起讨论 DoD

C. 安排质量审计，确保团队执行了所有质量过程

D. 在每个迭代结束的时候进行全面测试

26. 一家公司正在导入敏捷文化，项目经理希望项目中能够不断地收集经验教训，了解团队对项目的建议和意见，以保证项目的持续改进，项目经理应该通过哪一项获取相关信息？

A. 回顾会议　　　　　　　　　B. 每日站会

C. 工作绩效报告　　　　　　　D. 迭代评审会议

27. 一名新项目经理在项目早期阶段加入项目，项目经理可以从哪里找到项目业务需要、形势分析等相关信息？

A. 项目章程　　　　　　　　　B. 商业论证

C. 效益管理计划　　　　　　　D. 组织过程资产

28. 项目团队由 12 名成员组成，项目经理希望新加入一位工程经理，并撤除基础设施经理和风险专家。在此项目中，最终有多少条沟通渠道？

A. 11　　　　　B. 55　　　　　C. 66　　　　　D. 78

29. 根据政府发布的规定，一个化工企业启动了一个项目，以提高对环境污染的处理能力，这属于以下哪种项目启动的情况？

A. 符合法律、法规或社会要求　B. 满足相关方的要求或需求

C. 执行、变更业务或技术战略　D. 创造、改进或修复产品、过程或服务

30. 管理一个外包项目时，工程师向人力资源部抱怨说需要额外的培训才能完成任务，

项目经理应与人力资源部查阅下列哪项？

- A. 员工培训记录
- B. 工作绩效报告
- C. 资源管理计划
- D. 能力规划方案

31. 敏捷软件开发项目进行到第三个迭代，在冲刺即将结束的时候，项目经理发现有两个用户故事质量未能满足 DoD，项目经理应该如何处理？

- A. 延长冲刺时间，以满足用户故事的质量标准
- B. 在下一个冲刺计划中包括未完成的用户故事
- C. 评估未完成用户故事的影响，并发起变更请求
- D. 增加测试人员并赶工，确保在冲刺时间内完成

32. PMO 要求项目经理立即开始项目收尾，以下哪两项工作不属于收尾的组成部分？（选出 2 个答案）

- A. 收集客户满意度
- B. 举办庆功会
- C. 制定工作绩效报告
- D. 验收项目可交付成果
- E. 总结经验教训

33. 公司的首席执行官通知 PMO 经理，公司打算进军新市场，PMO 经理应制定哪份文件来满足首席执行官的目标？

- A. 项目章程
- B. 商业文件
- C. 假设日志
- D. 风险管理计划

34. 公司计划发布一款新的软件产品以应对市场需求，项目经理组织了一次与所有内部项目相关方的研讨会，讨论产品创意和想法。项目经理执行的是下列哪项？

- A. 思维导图
- B. 决策分析
- C. 亲和图
- D. 头脑风暴

35. 项目发起人提供了一份奖金，如果项目能够比进度计划提前一个月完成就能得到这份奖金。项目团队受到奖金的激励，加快了进度，却导致项目未按标准化流程实施。项目经理应使用什么来调查该问题？

- A. 石川图
- B. 控制图
- C. 质量审计
- D. 检查

36. 敏捷团队正在评估项目的工作量，团队应该使用哪一项估算一个用户故事的规模？

- A. 故事点
- B. 小时
- C. 速度
- D. 迭代

37. 为确保所有执行的工作和完成的可交付成果能被买方接受，采购部门记录卖方的绩效、确定未来合同的改进空间、执行经验教训审查并确定最佳实践，这正在执行哪项任务？

A. 索赔管理　　　　　　　　　B. 合同收尾

C. 采购检查和审计　　　　　　D. 采购绩效审查

38. 一项新技术被确定将提高成果质量，但会影响进度计划，项目经理开始实施整体变更控制过程，并获得批准。项目经理下一步应该怎么做？

A. 召开会议分析影响　　　　　B. 整合新技术

C. 更新项目文件　　　　　　　D. 调查新技术

39. 项目开始后三个月时，项目经理发现进度明显落后于计划，他需要了解项目当前的进度状态，项目经理需要采用哪些信息？（选出两个答案）

A. 计划价值　　　　　　　　　B. 实际成本

C. 完工尚需价值　　　　　　　D. 完工预算

E. 挣值

40. 在项目执行期间，公司聘用了一名新采购副总裁，考虑到项目范围与采购领域无关，项目经理应使用哪项相关方管理策略？

A. 随时告知　　B. 监督　　　C. 令其满意　　D. 重点管理

41. 项目发起人担心项目会对组织的竞争优势产生负面影响，项目经理可以使用什么来了解该影响？

A. SWOT 分析　　　　　　　　B. 假设情景分析

C. 专家判断　　　　　　　　　D. 风险分析

42. 由于出现了未在风险登记册中识别的变更请求，项目范围和成本在项目执行阶段发生变化，哪项储备应包含这个成本？

A. 缓冲储备　　B. 应急储备　　C. 管理储备　　　D. 紧急问题储备

43. 项目经理准备与相关方召开工作会议，包括分配的主题专家，项目经理应使用什么来分解和展现项目的范围和可交付成果？

A. 工作分解结构　　　　　　　B. 范围分解结构

C. 需求跟踪矩阵　　　　　　　D. 控制账户

44. 在制订项目进度计划过程中，项目发起人要求项目经理在不造成成本增加的情况下，比原先要求的时间提早交付项目，项目经理应该怎么做？

A. 使用快速跟进技术　　　　　B. 减少工作分解结构中的活动

C. 外包一些活动　　　　　　　D. 让团队加班工作

45. 项目经理正在准备一份季报，其中包括项目的简短描述、对主要偏差或风险的评论，以及说明项目进展的统计信息，哪个值表示项目在实际进度和成本进展方面的健康情况？

A. 完工价值和计划价值　　　　B. 净现值和内部收益率

C. CPI 和 SPI　　　　　　　　D. 计划价值和实际成本

46. 一名新项目经理被任命管理一个正在进行中的项目，项目经理在收集需求时，通过描述角色，以及角色要完成的工作来记录需求，这属于以下哪项？

A. 质量功能展开　　　　　　　B. 需求跟踪矩阵

C. 用户故事　　　　　　　　　D. 项目范围说明书

47. 公司过去曾发生过因为大量项目范围变更造成成本超支的问题，为解决这个问题，实施了结构化的标准和流程，项目经理应该使用什么方法来记录项目状态？

A. CPI　　　　　　　　　　　B. 绩效测量基准

C. 完工偏差　　　　　　　　　D. 挣值管理

48. 项目经理和团队正在制订项目的敏捷发布规划，团队发现产品的需求复杂多样，并且客户对产品交付物十分挑剔。为了能够提供客户满意的产品，项目团队应该怎么做？

A. 尽可能地在产品中包括更多的功能

B. 在合同中明确需求

C. 让客户参与项目的每次迭代

D. 尽量地简化需求并管理客户期望

49. 项目经理希望通过将项目产品与竞争对手的产品进行比较得出改进项目质量的方案，项目经理使用的是什么技术？

A. 标杆对照　　B. 头脑风暴　　C. 故事板　　D. 备选方案分析

50. 项目的战略方向发生变化，项目经理需要重新评估项目相关方及其参与项目的程度，项目经理可能不再需要涉及一些现有相关方，同时还可能需要增加一些新的相关方。项目经理将执行哪个过程？

A. 监督相关方参与　　　　　　B. 管理相关方参与

C. 识别相关方　　　　　　　　D. 规划相关方参与

51. 在从执行阶段过渡到收尾阶段时，项目经理收集并分发项目相关方的相关信息，以便改进未来绩效。这应记录在哪份文件中？

A. 历史记录　　　　　　　　　B. 组织过程资产

C. 事业环境因素　　　　　　　D. 项目管理信息系统

52. 项目经理正在审查项目风险，项目经理希望通过提示清单来确定风险识别的框架，以下哪种不属于提示清单？（选出 2 个答案）

　　A. 政治、经济、社会、技术、法律、环境（PESTLE）

　　B. 必须有、应该有、可以有、不会有（MoSCoW）

　　C. 技术、环境、商业、运营、政治（TECOP）

　　D. 易变性、不确定性、复杂性、模糊性（VUCA）

　　E. 优势、劣势、机会和威胁（SWOT）

53. 由于商业需求不断发生变化，一个大型项目在实施中途被取消。因为项目之前一直进展顺利，所以导致项目团队士气低落。项目经理应该怎么做来管理团队士气？

　　A. 将团队成员重新分配到其他项目

　　B. 和团队成员展开一次团队建设活动

　　C. 为公司的知识库收集经验教训

　　D. 将团队推荐给项目发起人

54. 项目团队、客户和产品负责人分散在不同的地方，项目目前符合进度计划。一个负责重要部件的关键团队成员此时提出辞职。项目经理应该怎么做？

　　A. 实施风险应对计划　　　　　　B. 通知项目发起人

　　C. 通知客户项目将延迟　　　　　D. 更新项目管理计划

55. 项目经理注意到返工发生率不断增加，应使用什么工具或技术来确定缺陷的主要原因？

　　A. 石川图　　　　B. 流程图　　　　C. 控制图　　　　D. 直方图

56. 负责交付关键部分的承包商联系不上，因此，项目经理无法确认他们是否将按时交付。另一名提供商被识别为该项目部分的后备计划。如果新承包商的费用高于原始承包商的费用，项目经理应使用什么来支付额外的成本？

　　A. 合同罚款　　　B. 管理储备　　　C. 应急储备　　　D. 备用策略

57. 公司启动一个工业互联网项目，并决定采用敏捷开发方法，项目经理需要建立一支高绩效的团队，他可以采用哪一项实践？

　　A. 项目经理安排和分配每一项任务

　　B. 组建一个自我组织的团队

　　C. 在团队内鼓励竞争，并给予奖励

　　D. 获取各个专业的主题专家

58. 项目相关方对项目经理月报中提供的信息不满意，这有可能是什么原因造成的？

A. 未邀请项目相关方参加项目开工会议

B. 项目需求文件不准确

C. 相关方沟通策略无效

D. 执行、负责、咨询和知情（RACI）矩阵未正确定义

59. 在加入一个现有项目后一周，项目经理得知一个重要项目相关方存在验收的问题。若要管理该问题，项目经理应该查阅下列哪份文件？

A. 风险管理计划、工作绩效数据和质量审计报告

B. 项目管理计划、相关方登记册

C. 质量需求、项目管理计划和过程文档

D. 风险登记册、工作分解结构和变更请求

60. 项目经理和项目团队在一个偏远地区执行项目。在关键阶段，一名重要工程资源请求项目经理准许其立即离开现场。项目经理应该怎么做？

A. 使用人际关系技能劝说该员工留下

B. 通知项目发起人，并允许该员工离开

C. 评估对进度计划的影响

D. 要求该员工继续工作

61. Scrum Master 正领导一个敏捷项目，并且发现需求变动程度超出预期，若要确保最终产品满足业务要求，Scrum Master 应该怎么做？

A. 要求团队参加迭代回顾会议

B. 获得产品负责人对业务需求的确认

C. 向相关方发送定期状态报告

D. 确保项目相关方均获邀参加产品评审会议

62. 敏捷团队分处于两个不同地点，团队成员之间似乎一直有分歧，团队内部协作受到影响。若要创造一个更具有协作性的团队环境，项目经理可以怎么做？

A. 将其中一组成员开除

B. 引入外部专家客观定义问题，并提供解决建议

C. 为每个团队各指定一位领导者负责沟通

D. 举办每日站会

63. 项目经理发现一个问题，可能导致成本增加以及延迟进度计划。花两个月时间排除问题后，项目经理发现这个问题在之前一个类似项目中发生过。为避免这个情况再次发生，项目经理应该事先做什么？

A. 石川图　　　　　　　　　　B. 帕累托图

C. 咨询主题专家　　　　　　　D. 企业知识库

64. 一个为期 8 个月的项目已经完成了 50%，项目预算（BAC）为 360 000 美元，实际支出（AC）为 150 000 美元，项目计划价值（PV）为 170 000 美元，项目完工估算可能是多少？（选出 2 个答案）

A. 300 000 美元　B. 320 000 美元　C. 330 000 美元　D. 360 000 美元

E. 390 000 美元

65. 敏捷项目中，负责确保包括商业管理者和开发团队在内的所有相关方有效协作的角色是？

A. 发起人　　　　　　　　　　B. 产品负责人

C. 客户　　　　　　　　　　　D. 项目领导者

66. 项目经理使用紧前关系绘图法制订项目管理计划。任务 A 的持续时间为 3 天，任务 A 与任务 B 是完成到开始（FS）关系，持续时间为 6 天，任务 B 与任务 D 是完成到开始（FS）关系，持续时间为 8 天，任务 B 与任务 C 是完成到开始（FS）关系，持续时间为 4 天，任务 C 与任务 E 是完成到开始（FS）关系，持续时间为 7 天，任务 A 与任务 F 是完成到开始（FS）关系，持续时间为 6 天，任务 D 的浮动时间是多少天？

A. 3　　　　　B. 8　　　　　C. 11　　　　　D. 20

67. 项目经理在与不同层次的不同项目相关方沟通，现在项目经理需要向某一特定项目相关方发送一份数据报告。项目经理应该使用什么沟通方法？

A. 交互式沟通　　B. 推式沟通　　C. 个体沟通　　D. 拉式沟通

68. 在开展项目期间，为了更好地和客户进行沟通，项目经理必须保证可交付成果以一个稳定的节奏进行验收，若要做到这一点，项目经理应该通过哪种方式？

A. 项目收尾会议　　　　　　　B. 召开评审会议

C. 回顾总结会议　　　　　　　D. 工作状态会议

69. 一名新商务经理加入公司，一个由该商务经理发起的关键项目即将实施，这时项目经理收到增加一个新功能的要求。项目经理应该怎么做？

A. 执行定性风险分析　　　　　B. 审查相关方参与计划

C. 审查范围管理计划　　　　　D. 执行定量风险分析

70. 由于实施新的变更，项目落后于进度计划，项目将无法满足包含在初始范围内的一项法律要求。项目经理接受变更之前，事先应完成哪项工作？

A. 识别相关的新风险　　　　　B. 要求延长进度

C. 修订项目要求　　　　　　　D. 执行风险定量分析

71. 客户与开发经理对项目成本估算意见不一致，在项目经理与客户和开发经理开会后，大家获得一致意见。项目经理使用的是什么技术？

A. 冲突管理　　B. 成本估算　　C. 项目治理　　D. 客户批准

72. 由于可交付成果不满足项目要求，项目团队成员收到质量保证团队的关于问题的描述，以及改进的措施，这属于哪项内容？

A. 测试和评估文件　　　　　　B. 质量测量指标

C. 质量报告　　　　　　　　　D. 质量管理计划

73. 在定义范围时，项目团队识别到一个重大预算限制，并得到项目发起人的确认，若要提早识别到这个问题，项目经理应该事先做什么？

A. 将其纳入总体预算中　　　　B. 定义项目的描述和边界

C. 创建一份相关方名单　　　　D. 记录假设日志

74. 项目经理发现团队成员对项目有许多不同意见和观点，这描述的是塔克曼阶梯理论的哪个阶段？

A. 震荡阶段　　B. 规范阶段　　C. 形成阶段　　D. 解散阶段

75. 项目经理正在排列活动的顺序，其中 A 活动必须在 B 活动完成之前两天完成，这使用到以下哪两种活动关系？（选出 2 个答案）

A. 完成到开始　　　　　　　　B. 完成到完成

C. 开始到完成　　　　　　　　D. 提前量

E. 滞后量

76. 项目 A 有 20%的概率损失 10 万美元以及 80%的概率盈利 20 万美元，项目 B 有 40%的概率损失 20 万美元以及 60%的概率盈利 30 万美元，项目经理下一步应该怎么做？

A. 选择 A 项目，预期货币价值为 14 万美元

B. 选择 A 项目，预期货币价值为 10 万美元

C. 选择 B 项目，预期货币价值为 14 万美元

D. 选择 B 项目，预期货币价值为 10 万美元

77. 在每周项目评审会议上，团队成员识别了新风险，重新评估当前风险，并识别出不再有效的风险，每次此类会议之后应更新哪份文件？

A. 风险分解结构　　　　　　　B. 概率和影响矩阵

C. 项目管理计划　　　　　　　D. 风险登记册

78. 项目经理领导一个远程项目，一些虚拟团队成员未参与每周电话会议，项目发起人要求每周更新项目信息。项目经理首先应该做什么？

　　A. 向项目发起人发送当前信息

　　B. 更新沟通管理计划

　　C. 邀请所有团队成员参加团队会议

　　D. 与未参加电话会议的团队成员谈话

79. 项目组合经理和项目总监抱怨说他们缺少制定决策所需的基本项目信息，项目经理了解到在项目报告中已提供这些信息，而且这两名项目相关方均已被识别并接收这些报告。若要解决这个问题，项目经理应该怎么做？

　　A. 审查和更新项目报告

　　B. 审查并更新相关方登记册

　　C. 向两名项目相关方发送一封电子邮件，附上最新项目报告

　　D. 审查并更新沟通管理计划

80. 在项目中途，项目发起人注意到产品的缺陷频率标准太高，他们要求项目经理更改技术规范，降低缺陷频率。项目经理应该怎么做？

　　A. 提交变更请求更新质量测量指标

　　B. 请求项目发起人进行质量审计，修订过程

　　C. 拒绝该要求，因为不能在项目中途更改质量测量指标

　　D. 更新质量测量指标，并实施管理质量过程

81. 在项目进入收尾阶段时，发现一个技术问题，项目经理应该怎么做？

　　A. 取消该项目，并开始一个具有新范围的新项目

　　B. 修改项目管理计划，包含新活动

　　C. 与项目发起人沟通该问题

　　D. 执行回归分析，确定额外成本

82. 项目经理正在开展项目的持续改善过程，发现一些项目活动不符合项目要求的政策和法规，项目经理应使用什么工具来发现类似问题？（选出 2 个答案）

　　A. 质量改进的方法　　　　　　B. 检查

　　C. 专家判断　　　　　　　　　D. 审计

　　E. SWOT 分析

83. 一个项目处于收尾阶段，项目经理发现一个供应商的产品存在质量问题，但是供应商拒绝承认，并表示不会为此修改供应协议，项目经理应该如何处理？

A. 宣布供应商违约，并拒绝付款

B. 对供应商提出整改要求，限期解决

C. 使用合同中的 ADR 条款处理争议

D. 召集会议，邀请供应商参加

84. 公司计划引进一款新产品，项目经理识别到恶劣天气会带来潜在交付风险，为了降低风险，项目经理要求承包一架飞机随时待命，以备在陆路交通发生问题时使用。项目经理采用的是何种风险策略？

A. 减轻　　　　B. 回避　　　　C. 应急　　　　D. 转移

85. 项目相关方对项目进展感到担忧，为解决这个问题，项目经理创建了一份报告，显示哪些工作包还未开始，哪些正在进行中以及哪些已经完成。项目经理创建的是哪份报告？

A. 项目状态报告　　　　　　　B. 项目进度计划

C. 质量报告　　　　　　　　　D. 工作包报告

86. 项目发起人告知项目经理，由于内部资源制约，处于关键路径上的任务必须外包，项目经理应该怎么做？

A. 执行采购分析　　　　　　　B. 审查企业知识库

C. 检查供方选择标准　　　　　D. 开展自制或外购分析

87. 一位敏捷专家加入公司，并负责领导一个新项目，在新项目中该专家引入了敏捷回顾总结会议，使用该方法对项目有什么影响？

A. 将使需求优先级排序更加及时

B. 可对未来的工作进行持续改进

C. 能不断获取相关方的反馈信息

D. 可以及时了解团队的工作状态

88. 在项目执行过程中，项目团队发现一个将缩短施工进度的新流程，项目经理应该怎么做？

A. 修订质量管理计划并审计项目

B. 修订工作分解结构并启动变更控制

C. 更新风险登记册并评估影响

D. 更新成本和进度基准

89. 由于内部组织结构调整，重点战略项目的可交付成果被严重推迟，该组织的首席执行官听到此消息感到十分惊讶。若要避免这个问题发生，项目经理应该事先做什么？

A. 为受影响的项目重新排列优先顺序

B. 制订一份沟通管理计划

C. 遵从绩效报告

D. 更新相关方参与计划

90. 项目经理在制订风险应对计划时,哪些应对措施可以同时应用于机会和威胁?（选出 2 个答案）

A. 减轻　　　　B. 接受　　　　C. 上报　　　　D. 转移

E. 回避

91. 项目经理召开一次团队会议,评估可能影响关键路径的进度计划变更请求,项目经理建议增加另一名团队成员来满足该请求。项目经理提议的是哪项进度压缩技术?

A. 快速跟进　　B. 招募　　　　C. 资源平衡　　　D. 赶工

92. 项目发起人要求项目经理提供某项活动的乐观估算,项目经理应使用什么工具或技术?

A. 关键路径法　　　　　　　B. 三点估算

C. 图形评审技术　　　　　　D. 紧前关系绘图法

93. 在一个软件项目的实施中途,范围基准已设定,且代码开发已开始,这时一名关键相关方要求项目经理完成一份新的范围需求清单。项目经理应该怎么做?

A. 执行这些需求的影响分析

B. 将这些需求包含在范围中,并修订范围基准

C. 拒绝范围蔓延

D. 处理变更请求

94. 一个项目处于执行阶段,由于人力资源团队引入额外的需求,发生成本超支,若要避免成本超支,项目经理应该事先做什么?

A. 为新需求增加资源　　　　B. 为新需求增加预算

C. 提出新需求的变更请求　　D. 减少交付新需求的测试时间表

95. 客户希望对项目预算变更,即增加 70 万美元,项目经理应该怎么做?

A. 更新成本和进度基准

B. 提交变更请求,并遵循变更管理计划

C. 批准变更,并立即修订项目管理计划

D. 记录变更,并更新工作说明书

96. 项目执行过程中一名开发人员被传召履行一段长时间的陪审义务，项目经理要求人力资源经理安排替代人员，得知聘用将花费两周时间后，项目经理重订项目基准。项目经理执行的是哪个过程组？

  A. 启动过程组   B. 监控过程组

  C. 规划过程组   D. 执行过程组

97. 在项目执行期间，增加一名关键相关方，但该相关方对新产品实施表现出消极和抗拒，项目经理应该怎么做？

  A. 将该问题记录在经验教训中   B. 管理相关方参与项目的程度

  C. 更新风险登记册   D. 更新沟通管理计划

98. 敏捷项目经理正在为一家汽车企业开发配套软件，客户对可交付成果感到不满，并要求进行变更。项目经理下一步应该怎么做？

  A. 将这些变更加入产品待办事项

  B. 在冲刺期间实施变更

  C. 在下次评审会议期间讨论这些变更

  D. 尽可能地限制变更

99. 项目经理被任命管理一个项目，项目发起人已为该项目选定一个外部供应商，但该供应商并没有历史业绩信息。项目经理应如何定义项目预算？

  A. 向项目发起人提交该供应商的报价

  B. 分析个别可交付成果的价格，并执行储备分析

  C. 考虑使用自上而下估算，并执行储备分析

  D. 询问主题专家意见作为参考

100. 项目经理正在准备用于验收产品可交付成果的文件，在同客户一起验收可交付成果时，项目经理应该怎么做？

  A. 收尾项目可交付成果   B. 将可交付成果文件存档

  C. 转移可交付成果的所有权   D. 获得客户对可交付成果的反馈

101. 在检查一个产品批次期间，客户报告了一个缺陷，项目经理应使用什么来监测产品批次质量？

  A. 石川图   B. 统计抽样   C. 控制图   D. 直方图

102. 项目经理召开了一次团队会议，对一个有众多相关方参与的项目进行相关方评估，可以使用什么方法来评估这些相关方？（选出 2 个答案）

  A. 概率影响矩阵   B. 权力/利益方格

C.　凸显模型　　　　　　　　　　D.　SWOT 分析

E.　气泡图

103.　在项目收尾阶段，项目经理得知初始范围中的多个需求已经变更，项目经理请求与客户开会修订项目预算，但客户拒绝。若要避免这个问题，项目经理最好应制订哪份计划？

A.　范围管理计划　　　　　　　　B.　配置管理计划

C.　变更管理计划　　　　　　　　D.　需求管理计划

104.　一家工程公司正在一家食品厂进行生产控制系统的升级，由于食品行业生产需要 24 小时不间断工作，该工程公司在组建团队时，必须考虑团队成员工作时间的安排，这应该记录在以下哪项中？

A.　资源日历　　　　　　　　　　B.　项目人员派工单

C.　资源分解结构　　　　　　　　D.　职责与职权

105.　项目经理收到一名相关方的电子邮件显示，根据部门最新发展计划，他们需要将原先估算的建设面积增加一倍，项目经理应采用下列哪个过程？

A.　控制进度　　　　　　　　　　B.　实施质量保证

C.　实施整体变更控制　　　　　　D.　控制质量

106.　在项目启动过程中，项目经理与业务单位召开焦点小组会议，项目经理尝试确定哪项？

A.　项目进度计划　　　　　　　　B.　相关方登记册

C.　经验教训　　　　　　　　　　D.　详细需求

107.　在规划阶段，项目经理安排了一次与项目相关方的会议，以制订进度管理计划。在这种情况下，项目经理应使用下列哪项？（选出 2 个答案）

A.　范围基准　　　　　　　　　　B.　风险登记册

C.　问题日志　　　　　　　　　　D.　历史信息

E.　项目章程

108.　项目团队成员发现某项任务落后于进度计划，如果这个问题被公开，则项目发起人有可能终止该项目。项目经理应该怎么做？

A.　向项目发起人报告这个问题，并请求增加时间

B.　利用资源平衡来调整项目进度计划

C.　执行蒙特卡洛分析，为每项活动制订新的进度计划

D.　向项目发起人报告这个问题，并提供进度赶工方案

109. 公司希望使用类似项目的信息来估算项目成本和持续时间，应该使用哪种估算技术？

    A. 储备分析   B. 三点估算   C. 参数估算   D. 类比估算

110. 一名高级职能副总裁属于项目相关方，他向项目团队成员分配了与项目无关的工作，一名团队成员让项目经理提供应先完成什么工作的指导原则。项目经理应使用哪份文件来明确项目的职权级别？

    A. 范围管理计划   B. 项目章程

    C. 责任分配矩阵   D. 资源管理计划

111. 项目收尾期间，一名新项目经理接管项目，发现已验收的可交付成果与客户批准的产品技术规范不一致，项目经理应该怎么做？

    A. 查阅质量管理计划，确保未来能提前识别到问题

    B. 最终确定所有活动，并正式完成项目

    C. 召开项目团队会议，分析并了解差异

    D. 提交变更请求解决差异

112. 由于供应商未能及时提供支持，项目实施了将一个外部软件模块替换成内部模块的临时应对措施。供应商对此问题一直没有答复，项目经理应该怎么做？

    A. 等待供应商的答复，并将该问题上报给项目发起人

    B. 将该临时应对措施作为一项变更请求提交给变更控制委员会

    C. 遵循范围管理计划

    D. 更新问题日志

113. 在项目执行阶段，项目发起人决定终止项目，项目经理应该怎么做？（选出 2 个答案）

    A. 总结项目经验教训   B. 咨询 PMO

    C. 创建项目收尾文件   D. 讨论项目发起人的决定的影响

    E. 发起变更请求

114. 项目团队在过去几次冲刺期间速度有所下降。项目经理在与团队讨论后，发现实际开发时间要高于估算时间，这导致团队在冲刺期间做出了过高的承诺。要解决这个问题，项目经理接下来应该做什么？

    A. 制定奖励政策以激励团队

    B. 记录这个问题并在回顾会议上讨论

    C. 引入自动化工具以提高开发效率

D. 增加团队人员以匹配开发速度

115. 一个新项目涉及来自两个不同地方的团队成员，他们具备不同的知识，为了促进有效的知识分享，项目经理首先应该怎么做？

A. 询问团队成员他们认为自己最擅长哪些方面，并创建一个远程培训计划

B. 建立一个具备权限管理的知识分享库

C. 定期召开互动研讨会

D. 奖励分享知识的成员

116. 项目经理对供应商交付的一批产品进行检查，项目经理的核查表中记录了其中100 个产品的检查结果，结果显示有 98 个合格品，2 个不合格品，项目经理执行的是哪项？

A. 散点图　　　B. 控制图　　　C. 属性抽样　　　D. 变量抽样

117. 项目经理加入一个项目，开发石油平台监控系统，该项目运行顺利。但在过去三个月中，油价下跌导致石油公司决定通过减少项目范围削减成本。若要更好地应对这种情况，项目经理应事先做什么？

A. 将应急因素纳入项目预算

B. 执行一次考虑到外部因素的全面风险分析

C. 安排与公司高层次管理层开会，更好地了解石油市场情况

D. 在制定项目范围时让主题专家参与

118. 项目经理必须估算一个时间表，但工作包仍过于笼统，难以应用估算技术，应使用什么技术来解决这个问题？

A. 滚动式规划　　　　　　　B. 产生替代方案

C. 产品分析　　　　　　　　D. 分解

119. 一名项目团队成员发现并登记了一个项目事故，并制定和实施了纠正措施，一个月后，另一名项目团队成员发现了具有相同情况的类似事故。项目经理应查阅哪份文件了解这些事故并与团队沟通该信息？

A. 问题日志　　　　　　　　B. 绩效报告

C. 风险登记册　　　　　　　D. 变更日志

120. 敏捷项目经理需要向相关方展示当前项目的状态，目前项目完工预算为 300 万美元，在预计 10 个迭代中已经完成了 5 个迭代，并完成了 600 个故事点中的 350 个故事点，项目当前实际成本为 150 万美元，项目经理应该使用以下哪一项？

A. S 曲线　　　　　　　　　B. 迭代燃尽图

C. 信息发射源　　　　　　　D. 横道图

121. 项目经理获得发起人对项目计划的批准，若要开始执行项目，项目经理下一步应该怎么做？

A. 召开项目开工会议　　　　　　B. 核实范围

C. 进行团队招募　　　　　　　　D. 分发项目章程

122. 一名项目团队成员负责安装项目要求的服务器，团队成员询问项目经理是否使用更快的服务器替换，更快的服务器来自相同的厂商，成本相近。项目经理应该怎么做？

A. 在接受或拒绝这个要求之前，执行一个正式的评审过程

B. 更新质量管理计划

C. 让团队成员推迟安装，等待进一步通知

D. 提供口头批准，并更新安装的要求

123. 企业资源规划项目经理要求与变更经理沟通所有相关方的需求，在哪里可以找到这个信息？

A. 活动资源需求　　　　　　　　B. 需求跟踪矩阵

C. 相关方登记册　　　　　　　　D. 变更管理计划

124. 一家采矿公司批准一个制定有毒材料处理指南的项目，该项目的关键商业驱动因素是什么？

A. 符合法律、法规或社会要求　　B. 满足相关方的要求或需求

C. 执行、变更业务或技术战略　　D. 创造、改进或修复产品、过程或服务

125. 在项目执行阶段结束时，一名关键相关方识别到一个可能影响项目交付日期的风险，项目经理应该怎么做？

A. 安排与项目发起人开会

B. 更新风险概率和影响矩阵

C. 将识别到的风险记录在风险登记册中

D. 对风险数据进行质量评估

126. 项目立项之后，项目经理已经拿到项目范围的初始需求清单，但客户表示后续可能有很多变更，因此以下哪种项目和开发生命周期最为合适？

A. 预测型　　　　　　　　　　　B. 迭代型

C. 适应型　　　　　　　　　　　D. 增量型

127. 一个项目的计划价值（PV）为 10 000 美元，而实际成本（AC）为 8 000 美元，如果成本偏差为 2 000 美元，则成本绩效指数（CPI）是多少？

A. 0.6　　　　　B. 0.75　　　　　C. 0.8　　　　　D. 1.25

128. 项目经理决定和质量测试团队展开质量改进活动，识别最常见的问题，并确定潜在的改进领域，下列哪项有助于识别和评估这些问题？（选出 2 个答案）

    A. 决策树 　　　　　　　　　　B. 六西格玛

    C. 计划评审技术 　　　　　　　D. 统计抽样

    E. PDCA 持续改进循环

129. 项目经理在计划一个项目中使用的标准品的采购，在制定供应商选择策略时，项目经理应该考虑哪项？

    A. 固定预算 　　　　　　　　　B. 质量和成本

    C. 质量和技术方案 　　　　　　D. 最低成本

130. 一个复杂施工项目的项目经理希望尽可能地减少采购过程的风险，在采购混凝土时，项目经理应选择哪种合同类型？

    A. 成本加奖励费用合同 　　　　B. 工料合同

    C. 总价加激励费用合同 　　　　D. 固定总价合同

131. 某敏捷项目被正式立项，团队已经组建，由于项目涉及多个领域知识，项目经理急需对需求进行定义，以便后续的工作开展。项目经理应该做什么？

    A. 确保产品负责人制定待办事项清单

    B. 确保项目团队的成员具备复合技能

    C. 确保有一位使用敏捷方法的领导者协调项目

    D. 确保相关方的干扰和阻碍被排除

132. 项目的所有任务均已完成，且客户对产品很满意，项目组成员参加庆祝晚宴。项目经理下一步应该怎么做？

    A. 更新里程碑清单 　　　　　　B. 更新组织过程资产

    C. 总结经验教训 　　　　　　　D. 解散项目团队

133. 由于公司合并，一名新项目发起人在项目中途加入，这会影响哪项输出？

    A. 相关方参与计划 　　　　　　B. 项目章程

    C. 相关方登记册 　　　　　　　D. 责任分配矩阵

134. 在制定项目章程过程中，项目发起人宣布裁减人员，导致多个关键项目岗位上，只有一名资源可以满足角色要求。这会影响项目章程的哪个元素？

    A. 整体项目风险 　　　　　　　B. 项目目标

    C. 商业目的 　　　　　　　　　D. 项目发起人职权

135. 在项目执行期间，客户向项目经理提交了一个范围变更，可用的应急储备大于这个变更的成本影响。项目经理应该怎么做？

A. 更新范围说明书，并相应减少应急储备

B. 批准变更请求，并更新变更日志

C. 开拓该变更请求的机会

D. 向项目管理计划中描述的相关组织提交变更请求

136. 项目 B 已启动，需要项目 A 正在使用的资源，而项目 A 的项目经理认为当前项目的资源无法按计划释放，接下来应该如何处理？

A. 按计划将资源分配给项目 B

B. 将资源保留在项目 A，并发起变更请求

C. 启动问题解决

D. 启动虚拟团队

137. 一个项目无法满足约定的交付进度计划中的时间要求，将导致大额罚款，项目经理应该怎么做？

A. 准备并提交一份进度变更请求

B. 按相关方参与计划管理相关方

C. 更新相关的项目文件

D. 检查进度计划，确定是否能够通过赶工缩短时间

138. 一名关键项目团队成员就工作量过多向项目经理提出抗议，项目经理和成员详细讨论了哪些工作可以重新分配以及团队成员若要完成所有分配工作在哪些方面比较困难。项目经理采用的是哪项冲突管理技术？

A. 强迫/命令

B. 撤退/回避

C. 妥协/调解

D. 合作/解决问题

139. 在项目执行阶段，项目经理听到传言说一名关键相关方对项目的优先顺序十分担忧，虽然项目经理还未收到正式通知，但为了避免对项目产生负面影响，项目经理应该怎么做？

A. 与项目团队确认范围，并签发变更请求

B. 更新沟通管理计划

C. 更新问题日志

D. 更新风险登记册

140. 项目团队正处于一个项目的冲刺过程中，项目经理发现迭代燃尽图趋势线连续

一周都处于对角线的下方，这可能是什么原因造成的？

    A. 团队成员使用了新技术

    B. 新成员加入团队

    C. 冲刺待办事项当中删减了用户故事

    D. 团队成员加班赶工

141. 项目经理计划召开项目开工会议，该会议的重点是什么？（选择两个答案）

    A. 获得团队对项目的承诺   B. 批准项目正式立项

    C. 获得项目章程的发布   D. 选择项目团队成员

    E. 获得项目计划的正式发布

142. 根据敏捷宣言，以下哪个选项描述更有价值？

    A. 客户的合作，遵循计划，工作的软件，个体之间的互动

    B. 工作的软件，个体之间的互动，应对变化，完善的文档

    C. 个体之间的互动，工作的软件，客户的合作，应对变化

    D. 应对变化，个体之间的互动，过程和工具，和客户的合作

143. 公司收到一家供应商在两年前完成的项目发票，若要避免这个问题发生，项目经理事先应该做什么？

    A. 遵循实施采购过程   B. 遵循结束项目或阶段过程

    C. 遵循控制采购过程   D. 遵循控制成本过程

144. 由于项目的重要性，项目经理为项目团队分配了公司的高级工程师，在项目执行过程中，多名工程师抱怨任务对于他们的专业知识水平不具有挑战性。结果，工作效率下降，任务无法按时完成，项目经理应该怎么做？

    A. 减少分配给项目的高级工程师数量

    B. 利用项目预算，开展团队建设活动

    C. 为高级工程师提供按时完成任务的激励

    D. 交换高级工程师之间的任务

145. 在一个项目的识别风险过程中，项目经理必须考虑项目活动规划的不确定性对项目的影响，项目经理应该考虑哪种方法？

    A. 原型法   B. 蒙特卡洛分析

    C. 专家意见   D. 增量开发

146. 一家施工公司必须决定在 A 国还是 B 国建造新工厂，假设公司的风险影响均已包含在决策树中，则在 B 国的预期货币价值是多少？

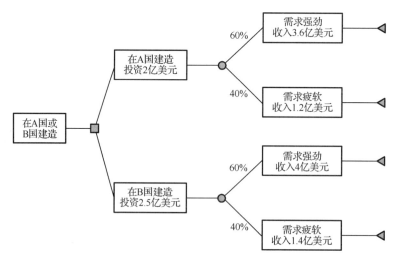

A. 0.9 亿美元
B. 1 亿美元
C. 1.5 亿美元
D. 0.46 亿美元

147. 在分配到一个开发项目后，项目经理意识到最近两个可交付成果可能延迟完成，项目发起人要求更新项目信息。向发起人提供更新信息之前，项目经理还应该做什么？

A. 执行关键过程分析
B. 执行趋势分析
C. 使用名义小组技术
D. 审查亲和图

148. 由于项目存在大量变更，项目经理准备采用适应型开发生命周期，项目经理应该使用哪项对项目的范围进行描述？

A. 项目范围说明书
B. 工作分解结构
C. 待办事项清单
D. 需求跟踪矩阵

149. 项目经理需要通过影响相关方来确保项目成功，以下哪项不属于影响力的范畴？（选出 2 个答案）

A. 说服他人
B. 清晰表达观点和立场
C. 管理个人和团队情绪
D. 沟通愿景并鼓舞项目团队
E. 积极且有效的倾听

150. 在引导讨论各种创意的会议时，项目经理应使用什么工具或技术来收集需求？

A. 概念/思维导图
B. 头脑风暴
C. 焦点小组会议
D. 多标准决策分析

151. 一个项目在多个部门分不同阶段实施，第一阶段按时按预算实施，团队存档了所有相关项目文件，并召开经验教训会议，然后进入下一个项目阶段。在进入下一个阶段之前，团队还应完成哪项工作？

A. 召开阶段审查会议　　　　B. 执行成本效益分析

C. 评估供应商绩效　　　　　D. 演示最终产品

152. 在项目的第二个阶段，项目经理必须制定一份完成项目活动所需的资源估算，由于项目启动延期以及严格的项目时间表，预算计划必须在未来几天内完成。项目经理应使用什么成本估算技术？

A. 参数估算　　　　　　　　B. 类比估算

C. 头脑风暴　　　　　　　　D. 自下而上估算

153. 客户表达了对已执行工作质量的担忧，项目经理应如何确认项目团队成员已按照质量标准执行工作？

A. 将已完成的工作样品与质量管理计划进行对比

B. 向客户询问其担忧的详情

C. 与项目团队讨论该担忧

D. 将该担忧添加进问题日志和风险登记册

154. 项目团队资源位于三个不同国家，所处时区至少比项目经理的时区早 12 个小时，项目经理过去只有与集中办公团队一起工作的经验。在首次项目团队会议上，项目经理注意到存在许多冲突和争论。项目经理应在这次会议之前使用哪项来解决问题？

A. 团队建设活动　　　　　　B. 团队章程

C. 培训　　　　　　　　　　D. 集中办公

155. 项目团队成员告知项目经理一个项目威胁，评估风险后，项目经理指示团队建立应急储备。项目经理使用的是哪种风险策略？

A. 转移　　　B. 接受　　　C. 回避　　　D. 减轻

156. 由于材料和颜色不满足要求，客户拒收初始产品原型，项目经理应该怎么做？

A. 执行管理质量过程

B. 获得新的客户需求

C. 提交变更请求

D. 与项目设计师和质量审计员开会，审查该原型

157. 项目中途有一位新的高层经理加入，这位高层经理积极参与项目，并致力于项目获得成功，这属于以下哪项？

A. 支持型　　　B. 领导型　　　C. 中立型　　　D. 不知晓型

158. 项目经理加入一个财务信息系统的建设项目，以满足当前的业务需求。设计团

队识别到一个现有服务器可能性能下降的风险，并可能对项目产生重大影响。在风险应对规划会上，项目经理发现一名外部供应商能够提供解决方案。项目经理应该怎么做？

A. 由外部供应商提供支持以转移风险

B. 签发一份变更请求，更改服务水平协议

C. 接受以较低性能运行的风险

D. 使用新技术进行开拓

159. 项目经理拥有一个庞大而多元化的团队，虽然所有团队成员都受器重，且都具有优秀和均衡的技能，但有些成员比另一些成员敢于发言。随着项目继续进行，一些团队成员对那些较少发言的成员表示不满，导致团队发生冲突，工作效率下降。为了提高团队的效率，项目经理应该怎么做？

A. 改变团队和任务结构，让任务可以在发生较少互动的情况下交付

B. 改变团队结构，鼓励较少发言的团队成员更为自由地表达他们的意见

C. 改变团队结构，更均衡地混合分布所有成员

D. 改变团队结构，并确保所有成员对交付任务的方法达成共识

160. 项目沟通模型中属于互动沟通模型中的要素是以下哪两项？（选出 2 个答案）

A. 编码   B. 解码

C. 确认收到   D. 传递信息

E. 反馈响应

161. 一个施工项目的执行阶段进入六个月时，一个新成立的环境组织表达其对项目影响的担忧，项目经理首先应该做什么？

A. 将该问题上报给项目发起人

B. 将该环境组织纳入相关方参与计划中的一名新项目相关方

C. 忽略这个问题，并继续按计划执行活动

D. 与该环境组织的代表开会评审环境影响报告

162. 项目处于执行阶段，一个风险拥有较高优先级和重大影响，现在风险已经变成一个严重问题，项目经理应该怎么做？

A. 为该问题制定减轻措施   B. 与关键相关方讨论该问题

C. 提出变更请求   D. 查阅风险登记册中的行动计划

163. 在产品的下一个版本中，有三个功能打算发布，但是公司的资源只足以实施一个功能，项目经理应该怎么做？

A. 执行赶工   B. 执行可行性研究

C. 对功能排列优先级　　　　　D. 获得更多资源

164. 在与首选供应商的一次非正式午餐会议上，来自项目团队的一名工程师讨论到即将征求建议书的未来产品计划。会后，该工程师告诉项目经理他可能与该潜在供应商分享了过多详情。项目经理应该如何解决这个问题？

A. 修订采购管理计划　　　　　B. 召开投标人会议

C. 更新风险登记册　　　　　　D. 更新合格卖方清单

165. 在制订项目进度计划时，项目经理发现一名关键团队成员过度分配，若要解决这个问题，项目经理应该使用什么方法？

A. 资源平衡　　 B. 快速跟进　　 C. 关键路径法　　 D. 赶工

166. 在项目执行过程中，客户组织中一名之前未识别到的相关方请求了一项可能影响项目范围的变更，该相关方在客户组织中的影响力很强。项目经理首先应该做什么？

A. 安排一次会议，并根据会议结果更新项目管理计划

B. 向变更控制委员会签发一份变更请求

C. 识别新相关方，并更新相关方登记册

D. 与所有相关方开会，讨论该变更

167. 一个项目处于规划阶段，项目经理应该按下列哪个活动列表顺序来进行该项目？

A. 估算资源、制定工作分解结构和排列活动顺序

B. 制定项目预算、制定工作分解结构和制订进度计划

C. 制定工作分解结构、估算持续时间和制订进度计划

D. 排列活动顺序、制订进度计划和制定工作分解结构

168. 一些项目团队成员面临管理冲突和解决问题的困难，从而影响全队的士气和绩效，这些项目团队成员并不直接向项目经理报告。谁应该负责改进团队协作，并提高团队绩效？

A. 职能经理　　　　　　　　　B. 项目发起人

C. 人力资源经理　　　　　　　D. 项目经理

169. 必须为一个产品开发项目创建项目进度网络图，外部接口的同步开发和完成对产品交付十分关键。项目经理识别的一些任务如下：

- 任务 A：设计产品架构。
- 任务 B：基于定义的架构开发产品部件。
- 任务 C：开发外部接口。

以上这些任务之间的关系应怎么定义？

A. 任务 A 是任务 B 的紧后任务，是完成到开始（FS）关系，任务 B 和任务 C 是完成到完成（FF）关系

B. 任务 B 是任务 A 的紧后任务，是完成到开始（FS）关系，任务 B 和任务 C 是完成到完成（FF）关系

C. 任务 A 是任务 B 的紧后任务，是完成到开始（FS）关系，任务 B 和任务 C 是开始到开始（SS）关系

D. 任务 B 是任务 A 的紧后任务，是完成到开始（FS）关系，任务 B 和任务 C 是开始到开始（SS）关系

170. 在为新项目制定项目章程的过程中，项目经理审查了以往项目的经验教训。经验教训文件显示，经常出现相关方低参与度以及相关方对项目目标存在偏差的问题。为避免项目中再次出现该问题，项目经理应该做什么？

A. 允许任何相关方在项目的任何时间加入变更控制委员会

B. 将所有项目相关方包含进验收可交付成果的责任分配矩阵中

C. 收集每位相关方提供的需求，将其包含进工作分解结构中

D. 在所有相关方中建立起项目章程中所示关键可交付成果的共识

171. 在迭代评审会议过程中，项目团队收到客户的负面反馈，客户认为需求没有体现业务优先级，项目经理应该采取什么措施来进行改进？

A. 要求用户提供更多的技术细节

B. 由开发团队就业务优先级进行讨论

C. 使用 MoSCoW 法则

D. 要求团队使用需求说明书澄清需求

172. 项目落后于进度计划三周时间，距计划完成日期只有两个月，管理团队表明没有加班工资预算。若要按项目进度计划完成该项目，项目经理应该怎么做？

A. 分配更多的资源   B. 提出范围变更请求

C. 赶工   D. 快速跟进项目进度计划

173. 在跟踪项目进度时，使用对角线来表示理想进度，根据实际工作分析当前项目进度偏差，这属于哪项工具或技术？

A. 散点图   B. 迭代燃尽图

C. 产品发布图   D. 关键路径法

174. 在审查项目管理计划后，项目经理注意到一些有抵触的团队成员现在已经变得支持了，项目经理应在哪里更新这一信息？

A.　质量管理计划　　　　　　B.　资源管理计划

C.　相关方参与计划　　　　　D.　沟通管理计划

175.　公司中有两个项目正在使用敏捷方法，其中 A 团队每个迭代可以完成 30 个故事点，而 B 团队每个迭代只能完成 20 个故事点，高层经理要求 B 团队在下个迭代中赶上 A 团队的速度，项目经理应该怎么办？

A.　两个独立的项目团队的故事点数是不可比的

B.　为 B 团队增加人员以匹配速度

C.　延长 B 团队的迭代时间以匹配速度

D.　重新对 B 团队的用户故事进行编写以匹配故事点大小

176.　项目处于执行阶段，运营团队请求一项变更，该变更被确定为超出项目范围外，并在变更控制委员会审查时被拒绝了。项目经理应该怎么做？

A.　不采取行动，因为变更已被拒绝

B.　更新经验教训文件，可以与其他项目团队分享变更请求的原因

C.　通知运营团队变更不能够得到满足，但可以在未来考虑

D.　更新变更日志，并通知项目相关方变更已被拒绝

177.　一个复杂项目正处于收尾阶段，有很多负面影响发生。虽然来自组织不同领域的项目相关方可能再也不会一起合作，但项目经理必须总结经验教训。项目经理应该如何完成这个工作？

A.　仅记录负面经验，可以为未来项目提供参考

B.　安排与项目团队开会，只审查正面的经验

C.　接触每位项目相关方，在项目的每个阶段收集他们的经验反馈

D.　使用问题日志记录正面和负面经验

178.　项目经理希望定义跨职能需求并协调相关方的需求差异，以下哪项不适合？（选出 2 个答案）

A.　质量功能展开　　　　　　B.　名义小组技术

C.　用户故事　　　　　　　　D.　联合应用开发

E.　焦点小组会议

179.　在执行某 IT 项目时，项目经理警告，由于当地经常停电，主服务器可能会死机，项目经理签署合同，从当地公司额外租用一台服务器。项目经理使用的是什么策略？

A.　分享　　　B.　转移　　　C.　减轻　　　D.　增强

180.　为了适应不断变化的环境，一个信息系统建设项目建立了由复合型人才组成的

项目团队，项目经理的角色也从领导型转为支持型，这属于以下哪项？

A. 扁平化组织
B. 虚拟团队
C. 自组织团队
D. 自由团队

181. 项目发起人通知项目经理新项目将包含来自多个地理区域的项目团队，并建议所有团队会议通过视频会议召开。以下哪项属于项目章程中的输入？（选出 2 个答案）

A. 事业环境因素和组织过程资产
B. 批准的变更和工作绩效报告
C. 项目管理计划和项目文件
D. 商业文件和协议
E. 采购文档和可交付成果

182. 项目发起人声称一个可交付成果显示没有任何进展迹象，IT 经理指示项目经理停止实施项目，直到这一问题得到解决。这种情况最可能在下列哪个组织结构中发生？

A. 矩阵型组织　　B. 职能型组织　　C. 项目型组织　　D. PMO 型组织

183. 项目经理发现一个重大项目的可交付成果存在显著缺陷，这正在执行哪个项目管理过程？

A. 管理质量　　B. 控制质量　　C. 规划质量　　D. 确认范围

184. 项目经理举行投标人会议，由供应商提交各自的标书，项目团队接下来应该怎么做？

A. 进行供方选择分析
B. 选择成本最低的供应商
C. 进行采购谈判
D. 分发招标材料清单

185. 质量报告显示项目的一个模块出现大量的缺陷，项目截止期限很快即将到来，项目经理首先应该做什么？

A. 获得变更请求和批准
B. 审查该模块的质量标准
C. 执行根本原因分析
D. 修复缺陷并推迟产品发布

186. 在一个敏捷项目的启动阶段，必须确保需求能够反映商业价值和业务目标，哪个角色应该对此负责？

A. 项目指导委员会
B. 项目开发团队
C. Scrum Master
D. 产品负责人

187. 指导委员会质疑进度报告是否遵循公司的方法论，若要确保报告的可靠性，项目经理应该怎么做？

A. 开展审计工作

B. 要求所有项目团队成员审查报告

C. 组建专家组评估报告

D. 向指导委员会主席发送额外信息

188. 在制订项目管理计划后，项目经理安排了一次与关键相关方的会议，这意味着项目将进入哪一个新的阶段？

A. 监控　　　　B. 规划　　　　C. 启动　　　　D. 执行

189. 一家软件公司发起一个新项目，为他们的电话系统构建一个应用程序。项目团队已经组建，所有项目团队成员参加了一项应用程序培训，充分了解该项目的需求以及如何生产一个高质量的产品。这属于哪一项质量成本？

A. 内部失败成本　　　　　　　B. 预防成本

C. 评估成本　　　　　　　　　D. 外部失败成本

190. 在一个为期三年的项目中途，任命了一名新项目经理。在第一次团队会议上，新项目经理得知有关洪水的情况，以及洪水可能摧毁设备的风险。项目经理首先应该做什么？

A. 为设备购买洪水保险，减轻该风险

B. 实地访问，评估情况

C. 更新风险登记册

D. 跟踪这个问题，先不采取行动

191. 两名项目团队成员之间的冲突正在扰乱项目团队，若要解决这个问题，项目团队成员应该怎么做？

A. 将问题上报给项目发起人解决

B. 开会讨论这个问题

C. 忽视该冲突，因为他们都是专业人员

D. 让项目经理代表项目团队解决该问题

192. 作为每周定期会议上的常规议程，项目团队审查所有风险、应对策略并关闭过时的风险，下列哪项是这项工作的描述？

A. 风险审计　　B. 风险评估　　C. 风险审查　　D. 风险减轻

193. 在为一项设计活动工作两周后，一名设计团队成员发现当前项目正在使用不正确的方法，该成员通知项目经理必须重新进行这些活动。项目经理下一步应该怎么做？

A. 将不正确的方法定义为一个风险

B. 要求该团队成员继续进行下一个计划活动

C. 根据影响分析提出一项变更请求

D. 提出一项变更请求，变更可交付成果的范围

194. 在项目的执行阶段，项目经理识别到对项目成功至关重要的一名新相关方，项目经理下一步应该怎么做？

A. 更新相关方参与计划　　　　　B. 更新沟通管理计划

C. 请求发起人接洽该新相关方　　D. 接洽该新相关方，了解他的期望

195. 下列哪两项不属于可能影响项目经理成功交付项目的事业环境因素？（选出 2 个答案）

A. 项目管理信息系统　　　　　　B. 特定的组织标准

C. 员工能力　　　　　　　　　　D. 政府或行业标准

E. 财务数据库

196. 项目经理负责一个拥有众多功能的综合性网站开发项目，项目交付后，由于频繁的缺陷问题，受到大量用户的投诉，这属于以下哪项的例子？

A. 高质量，高等级　　　　　　　B. 高质量，低等级

C. 低质量，高等级　　　　　　　D. 低质量，低等级

197. 在收尾项目时，由于一些纠纷导致项目难以正式交付。用户不同意进行谈判，项目经理下一步应该怎么做？

A. 通知项目团队成员停止工作

B. 发起诉讼，因为所有工作均已完成

C. 继续执行收尾程序

D. 启动仲裁程序

198. 项目团队在评估项目的风险优先级，团队采用了影响、紧迫性和可监测性对风险进行评估，以下哪项是最好的表现方法？

A. 概率和影响矩阵　　　　　　　B. 层级图

C. 亲和图　　　　　　　　　　　D. 逻辑数据模型

199. 一个工作包必须在两个月内以 2 000 美元的预算成本完成，此时，已经花去 1 500 美元，而只完成了 2/3 的工作。这可以确定项目状态是什么？

A. 项目符合预算　　　　　　　　B. 项目低于预算

C. 项目超出预算　　　　　　　　D. 项目符合进度

200. 在一个咨询服务项目中，项目经理发现供应商未执行部分市场调研活动，下列哪份文件将确认供应商是否应该执行该活动？

A. 采购管理计划   B. 工作说明书

C. 工作大纲   D. 信息邀请书

12.2 模拟题解答

1. B

解析：沟通是项目经理最重要的技能，人际交往及人际关系技能普遍应用于项目管理的全过程，好的项目经理应花费 90% 的时间在沟通上。

2. A

解析：成本估算的方法包括类比估算（使用类似项目的历史数据）和参数估算（使用统计关系和变量数据，如工作小时数和小时费率）。

3. C

解析：项目执行期间发生了已识别的风险，应根据风险登记册中记录的风险应对策略执行应对，并展开风险再评估。

4. A

解析：项目还在执行过程中，所有新的业务需求都应纳入正式的整体变更控制流程，由变更控制委员会审查及批准变更请求。

5. A

解析：客户在验收过程中拒绝接受可交付成果，属于确认范围过程，为避免该情况发生，应在确认范围过程之前进行控制质量过程，核实项目可交付成果和工作已经达到主要相关方的质量要求。

6. D

解析：风险已被识别属于已知风险，应急储备针对已知风险，管理储备针对未知风险。

7. B

解析：供应商的重组可能造成进度延期，属于风险范畴。项目经理获知该信息，应首先进行识别风险过程，将风险记录在风险登记册中。

8. A、C

解析：通过谈判获取资源属于资源管理中的获取资源过程，其输出包括物资资源分配单、项目团队派工单、资源日历、变更请求等。

9. C

解析：在敏捷环境下需求是变动 ，如果项目遵循严格的预算，通常需要更频繁地更改范围，以始终保持项目在成本控制范围内。

10．B

解析：项目状态会议属于管理沟通过程，项目经理可以查询沟通管理计划，对沟通方式进行优化，提高沟通的效率。

11．B

解析：在项目阶段关口审查时，可交付成果符合验收标准，代表通过验收，但应对相关方提出的问题和存在的错误进行整改，才能进入下一阶段。

12．C

解析：出现纠纷，首选谈判解决问题。如果无法解决，则需要按合同中规定的程序，依据替代争议解决方案去处理。当前客户停止沟通，代表谈判无法展开。

13．D

解析：项目范围说明书是对项目范围、主要可交付成果、假设条件和制约因素的描述。它记录了整个范围，包括项目和产品范围，详细描述了项目的可交付成果，描述要做和不要做的工作的详细内容。

14．B、D

解析：制订项目管理计划的输入包括项目章程、其他过程的输出、事业环境因素及组织过程资产。

15．A

解析：当风险发生时，首先应该查阅风险登记册，并根据风险登记册中记录的风险应对计划执行应对。

16．A

解析：识别风险之后，下一步应执行风险定性分析。概率和影响矩阵是风险定性分析的工具，用于评估单个项目风险发生的概率和影响以及其他特征，对风险进行优先级排序，从而为后续分析或行动提供基础。

17．A

解析：组织系统的治理框架会影响组织目标的设定和实现方式、风险监控和评估方式、绩效优化方式。

18．A、E

解析：一致性成本包括预防成本（如培训、过程标准化、设备优化、花时间把事做好等），以及评估成本（测试、破坏性试验损失、检查等）。

19．A

解析：德尔菲技术通过匿名征询专家意见的方法，采取多轮反馈来收集意见，得出一致同意的结论。

20. D

解析：已知风险应使用应急储备应对，并在风险登记册中记录风险的执行和变化情况。

21. C

解析：潜在供应商未获知项目的采购需求，应事先在实施采购时采取广告形式进行宣传。

22. C

解析：强调一致而非差异，属于缓解/包容的冲突解决技巧。

23. C

解析：项目经理人才三角重点关注三个关键技能组合：技术项目管理、领导力、战略和商务管理。其中战略和商务管理指关于行业和组织的知识和专业技能，有助于提高绩效并取得更好的业务成果。

24. A

解析：项目管理计划以外的新增功能和工作，需要经由整体变更控制程序，对变更请求进行审批后，方可执行。

25. B

解析：敏捷方法中要求质量工作贯穿于每个迭代的实施过程中，而不是在面临项目或迭代结束时才执行。首先团队应该定义敏捷工作完成的标准，这也被称为 DoD，执行过程中则由实施团队共同保证质量，而不是依靠独立的测试团队。

26. A

解析：敏捷方法中，每个迭代的最后一天会召开团队参加的回顾会议，以了解团队的建议和意见，分析问题或缺陷的根本原因，进行持续改进。

27. B

解析：商业论证指文档化的经济可行性研究报告，用来对尚缺乏充分定义的所选方案的收益进行有效性论证，包括但不限于如下内容：业务需要、形势分析、推荐和评估。

28. B

解析：沟通渠道的计算公式为 $N(N-1)/2$，本题相关方包括项目团队 12 人，新增工程经理，并撤出基础设施经理和风险专家，因此相关方总数为 11 人，计算结果为 55 条。

29. A

解析：项目启动的主要原因是根据政府发布的规定，属于项目启动背景中的符合法规、法律或社会要求。

30. C

解析：资源管理计划的内容包括但不限于：识别资源、获取资源、角色与职责、项目组织图、项目团队资源管理、培训、团队建设、资源控制、认可计划等。

31．B

解析：本题说明在本次冲刺内无法按时完成用户故事，Scrum 中不允许通过延长冲刺时间或增加人员赶工的方式解决问题，而是将未完成的工作重新放入待办事项，在未来的冲刺中重新计划并完成。

32．C、D

解析：制定工作绩效报告属于监控项目工作过程的内容，而验收项目可交付成果是在确认范围过程中开展的活动。

33．B

解析：商业文件包括商业论证和效益管理计划。商业论证从商业视角描述必要的信息，并且据此决定项目的期望结果是否值得所需投资。高于项目级别的经理和高管通常使用该文件作为决策的依据。

34．D

解析：头脑风暴用于在短时间内获得大量创意，适用于团队环境，需要引导者进行引导。

35．C

解析：项目未按标准化流程实施，说明项目过程存在问题。质量审计可用于确定项目活动是否遵循组织和项目的政策、过程或流程，识别所有违规的做法、差距与不足。

36．A

解析：敏捷团队应使用故事点来对用户故事进行相对估算。

37．D

解析：对照协议，对质量、资源、成本及进度绩效进行测量、比较和分析，以审查合同工作的绩效，这是采购绩效审查的内容。

38．C

解析：变更请求应遵循整体变更控制流程，在变更请求获得批准后，应对涉及的项目管理计划和项目文件进行更新。

39．A、E

解析：进度状态的指标为进度偏差和 SPI，这两个指标都要用到挣值和计划价值。

40．C

解析：副总裁属于权力大的岗位，但由于业务不相关（利益较小），因此根据权力/利益方格，管理策略为令其满意。

41．A

解析：SWOT 分析对项目的优势、劣势、机会和威胁进行逐个检查，还可以分析组织优势能在多大程度上克服威胁，组织劣势是否会妨碍机会的产生。

42．C

解析：应急储备应对已知风险，管理储备应对未知风险，本题发生的风险未在风险登记册中记录，属于未知风险。

43．A

解析：工作分解结构是项目团队为实现项目目标、创建所需可交付成果而需要实施的全部工作范围的层级分级，组织和定义了项目的总范围。

44．A

解析：项目中可以通过赶工和快速跟进来压缩进度，由于赶工需要额外的资源投入，而发起人要求不能造成成本增加，因此只能选择快速跟进。

45．C

解析：项目在实际进度和成本进展方面的健康情况，可以使用 SPI、CPI、进度偏差和成本偏差来表示。

46．C

解析：收集需求时所用的工具中，用户故事是对所需功能的简短文字描述，经常产生于需求研讨会，描述哪个相关方将从功能中受益（角色），他需要实现什么（目标），以及他期望获得什么利益（动机）。

47．D

解析：挣值管理是将范围、进度和成本测量值综合起来，以评估项目绩效和进展的方法。其他答案都是挣值管理中的组成部分。

48．C

解析：敏捷方法中客户应该持续参与项目，随同可交付成果的创建提供反馈意见，并确保产品待办事项反映他们的当前需求。

49．A

解析：标杆对照是将实际或计划的项目实践或项目的质量标准与可比项目的实践进行比较，以便识别最佳实践。

50．C

解析：识别相关方通常在编制和批准项目章程之前首次开展。同时需要在必要时重复开展，至少应在每个阶段开始时，以及项目或组织出现重大变化时重复开展。

51．B

解析：在结束项目或阶段时，应记录相关方的信息来改进未来绩效，并把相关信息归入经验教训知识库，成为组织过程资产的一部分。

52．B、E

解析：提示清单是关于可能引发单个项目风险以及可作为整体项目风险来源的风险类

别的预设清单。常用于识别风险的战略框架包括 PESTLE、TECOP 及 VUCA。MoSCoW 法则用于需求优先级排序，SWOT 用于风险分类。

53. B

解析：管理团队士气属于建设团队的内容，可以通过团队建设活动来提高团队成员之间的信任和认同感，以提高士气、减少冲突和增进团队协作。

54. A

解析：关键团队成员辞职属于项目常见风险，首先应按照风险登记册中的应对策略来实施风险应对计划。

55. A

解析：石川图将问题陈述的原因分解为离散的分支，有助于识别问题的主要原因或根本原因。

56. C

解析：由于采用新承包商的措施是既定的后备计划，说明该风险为已识别风险，因此使用应急储备来支付额外的成本。

57. B

解析：在敏捷项目管理中，通常使用无须集中管控运作的自组织团队。成功的自组织团队通常由具备复合技能的通用人才而不是主题专家组成，他们能够不断适应变化的环境并被充分授权自主完成工作。

58. C

解析：相关方的沟通需求包括沟通渠道、沟通方式及所需传递的信息，项目经理应以此完成沟通规划，制定合适的沟通策略。

59. B

解析：管理相关方参与过程的输入包括项目管理计划（沟通管理计划、风险管理计划、相关方参与计划、变更管理计划）、项目文件（变更日志、问题日志、经验教训登记册、相关方登记册）、事业环境因素及组织过程资产。

60. C

解析：相关方提出变更请求时，应遵循整体变更控制程序，评估该变更请求带来的影响后，再根据流程进行审批和处理。

61. D

解析：敏捷方法中项目相关方应该持续参与项目，随同可交付成果的创建提供反馈意见，并确保产品待办事项反映他们的当前需求。在每个迭代最后一天召开的产品评审会议上，团队通过展示可以使用的产品原型来获取相关方反馈，以确保交付满足相关方要求的产品。

62. D

解析：团队协作不佳的原因在于团队成员沟通不畅，每日站会可以帮助团队了解当前状态，促进协作。在地理位置分散的情况下，沟通尤其重要，敏捷团队更要保证远程虚拟每日站会的召开。

63．D

解析：组织过程资产包括企业知识库，记录了以往项目的项目档案和历史信息与经验教训。

64．A、C

解析：本题中 EV 为 360 000×50%=180 000（美元），CPI=EV/AC=1.2。项目完工估算有两种算法，第一种是假设后续工作按计划完成，公式为 AC+（BAC-EV）=150 000+(360 000-180 000)=330 000（美元）。第二种是假设后续工作按当前 CPI 完成，公式为 BAC/CPI= 360 000/1.2=300 000（美元）。

65．D

解析：敏捷项目中的项目领导者，也被称为仆人式领导。敏捷项目领导者鼓励合作、积极聆听，愿意为团队提供支持，排除团队工作中遇到的阻碍和干扰，并负责敏捷价值观和原则在团队中得以应用。

66．A

解析：由题可知，关键路径为 A-B-C-E，工期为 20 天。活动 D 的最早完成时间为 17 天，最晚完成时间为 20 天，因此浮动时间为 3 天。

67．B

解析：在沟通方法中，互动沟通用于实时多向信息交换，推式沟通用于向特定接收方发送或发布信息，拉式沟通用于大量复杂信息或大量信息受众的情况。

68．B

解析：敏捷项目在每个迭代最后一天召开评审会议，团队对完成的功能进行演示，以获取产品负责人、客户代表及其他相关方的反馈和验收，确保产品能够符合业务要求。

69．C

解析：增加新功能属于产品范围发生变化，应通过审查范围管理计划来查阅如何定义、制定、监督、控制和确认范围。

70．A

解析：由于变更可能导致项目无法满足法律要求，这是一项风险。风险首先应该识别，然后进行定性和定量分析，最后执行应对措施。

71．A

解析：解决矛盾冲突，让相关方或团队成员达成一致，这属于冲突管理中的合作/解决策略。

72．C

解析：质量报告的信息包含团队上报的质量管理问题，针对过程、项目和产品的改善建议，纠正措施建议，以及在控制质量过程中发现的情况的概述。

73．D

解析：定义范围的输入包括假设日志，用于记录整个项目生命周期中的所有假设条件和制约因素，特别是在项目启动之前编制商业论证时，应识别高层次的假设条件和制约因素。

74．A

解析：在塔克曼阶段理论中，震荡阶段的特点是存在较多的冲突矛盾，不能以合作和开放的态度对待不同观点和意见。

75．B、D

解析：A 活动完成需要依赖 B 活动完成这属于完成到完成，提前两天属于提前量。

76．A

解析：A 项目预期货币价值为 20%×（−10）+20%×80=14（万美元），B 项目预期货币价值为 40%×（−20）+60%×30=10（万美元）。

77．D

解析：识别新风险、重新评估当前风险并识别出不再有效的风险，属于监督风险过程的活动，应将最新的风险信息在风险登记册中更新。

78．D

解析：项目经理应首先进行观察与交谈，与团队成员进行沟通，了解问题发生的原因以及沟通需求，再对沟通管理计划进行调整。

79．D

解析：相关方与项目经理对于信息的传递和接受存在异议，说明沟通存在问题。因此首先需要对沟通管理计划进行审查和更新，管理和控制沟通。

80．A

解析：更换技术规范属于变更请求，应按照整体变更控制流程处理。

81．D

解析：收尾阶段发生问题应首先分析和评估问题，再进行处理。可以使用结束项目或阶段过程的工具：回归分析，该技术可用于分析项目结果的不同项目变量之间的相互关系。

82．A、D

解析：项目的持续改进属于管理质量过程，可使用其工具——审计和质量改进的方法。

83．D

解析：在采购过程中，谈判是解决所有索赔和争议的首选方法。如果合同双方无法自行解决索赔和争议问题，则需要按合同中规定的程序，用替代争议解决方法去处理。

84．A

解析：承包飞机会降低风险发生后所产生的影响，这属于风险减轻策略。风险减轻是指采取措施来降低威胁发生的概率或影响。

85．A

解析：工作绩效报告包括项目状态报告、备忘录等，用于汇编表达项目工作绩效信息，为制定决策、提出问题、采取行动或引起关注提供依据。

86．D

解析：对于项目采购外包的要求，应通过自制或外购分析，做出该项工作最好由项目团队自己完成，还是需要从外部渠道采购的决策。

87．B

解析：敏捷方法中，每个迭代的最后一天会召开团队参加的回顾总结会议，以了解团队的建议和意见，分析问题或缺陷的根本原因，进行持续改进。

88．C

解析：带来积极影响的风险被称为机会。项目团队识别到缩短进度的机会，首先应更新风险登记册并评估影响。

89．B

解析：信息传递的不及时，或相关方的沟通需求未被满足，这属于规划沟通过程的问题。为避免该问题发生，事先应完善沟通管理计划。

90．B、C

解析：风险应对措施中上报和接受是机会和威胁都可以使用的应对措施。

91．D

解析：进度压缩技术包括赶工和快速跟进，其中赶工是通过增加资源缩短进度，快速跟进是通过并行开展活动来缩短进度。本题增加了额外的成员来满足请求，属于赶工的实例。

92．B

解析：三点估算是一种估算技术，当单个活动的成本或持续时间估算不易确定时，计算其乐观估算、悲观估算和最可能估算的平均值或加权平均值。

93．A

解析：相关方提出增加需求的变更请求，应该按照整体变更控制程序，首先对该变更请求的影响进行评估，以便后续审批和处理。

94．C

解析：由于项目没有对变更进行有效控制，所以人力资源团队引入的额外需求造成范围蔓延，因此事先应当执行整体变更控制程序，提出变更请求并遵循流程审批。

95．B

解析：针对相关方的变更请求，应遵循整体变更控制程序，正式提出变更请求后，遵循流程审批。

96．B

解析：项目过程中重新制定项目基准，是对项目管理计划的变更，属于监控过程组。其跟踪、审查和调整项目进展与绩效，识别必要的计划变更并启动相应变更。

97．B

解析：管理相关方参与是与相关方进行沟通和协作以满足其需求与期望、处理问题，并促进相关方合理参与的过程，用以解决相关方的消极和抗拒。

98．A

解析：敏捷方法强调拥抱变化，当客户提出变更需求时，产品负责人应该将这些变更加入产品待办事项，并排列优先级。然后在后续的冲刺中根据需求优先级进行计划和实施。

99．D

解析：由于缺少详细的历史信息，因此无法采用类比和参数估算，可采用专家判断的方式来获取估算的参考数据。

100．D

解析：验收可交付成果属于确认范围过程，应获得客户的反馈，包括从客户或发起人那里获得正式文件，证明相关方对项目可交付成果的正式验收。其他选项都是结束项目或阶段的工作。

101．C

解析：控制图通过观测实际数据与控制界限的关系，可以评测批次内产品是否符合质量标准，以及质量的偏差程度。

102．B、C

解析：在相关方分析中，可以使用权力/利益方格或凸显模型对相关方进行分类。

103．C

解析：项目经理在收尾时才了解项目范围已经发生变化，说明变更请求的控制、审批以及变更信息的沟通都存在问题，这些内容应记录在正式批准的变更管理计划中。

104．A

解析：获取资源过程产生资源日历，其中识别了每种具体资源可用时的工作日、班次、正常工作的上下班时间、周末和公共假期。

105．C

解析：相关方提出新需求，这属于变更请求，应遵循整体变更控制程序进行合理的管理活动。

106．B

解析：启动阶段的主要工作包括制定项目章程和识别相关方。其中识别相关方过程产生相关方登记册。

107．D、E

解析：制订进度管理计划属于规划进度管理过程，其输入包括项目章程、范围管理计划、事业环境因素和组织过程资产，其中组织过程资产包括历史信息和经验教训知识库。

108．D

解析：项目经理应该遵守负责任和诚实的职业道德，如实汇报项目的问题，并主动积极针对问题提出解决方案。答案 A 则较为被动。

109．D

解析：类比估算是一种使用相似活动或项目的历史数据，来估算当前活动或项目的持续时间或成本的技术。

110．D

解析：资源管理计划提供了关于如何分类、分配、管理和释放项目资源的指南，其中包括项目所需资源的职责和权力。

111．C

解析：发现实际与计划不符合，应执行整体变更控制程序。变更首先应对差异进行分析评估，再提交变更请求按流程进行处理。

112．D

解析：供应商不能及时提供支持，这是一个问题。项目经理采取临时应对措施，但供应商尚未答复，因此该问题仍在处理过程中。问题日志是一种记录和跟进所有问题的项目文件，所需记录和跟进的内容可能包括问题描述、问题状态、最终解决情况等，帮助项目经理有效跟进和管理，确保问题得到调查和解决。

113．A、C

解析：发起人作为项目的所有者，当决定终止项目时，项目经理应进行项目收尾，移交当前的可交付成果，创建项目收尾文件，总结项目经验教训并记录项目终止的原因。

114．B

解析：题目中实际开发时间超出估算时间，这是一个问题，最好的办法是在回顾会议上讨论，找出根本原因并制定改进措施。A 并不能真正解决这个问题，D 则不是敏捷解决问题的选项，C 只是解决问题的潜在措施之一。

115．C

解析：知识管理工具和技术将员工联系起来，使他们能够合作生成新知识、分享隐性知识，以及集成不同团队成员所拥有的知识。通常，面对面互动最有利于建立知识管理所需的信任关系。一旦信任关系建立，可以用虚拟互动来维护这种信任关系。

116. C

解析：统计抽样是指从目标总体中选取部分样本用于检查，样本用于测量和确认质量。统计抽样分为属性抽样和变量抽样。属性抽样结果显示为合格或不合格，变量抽样则是在连续的量表上标明结果所处的位置，表明合格的程度。

117. B

解析：当前问题是由于未考虑到项目外部风险，导致项目发生变更。因此，应事先考虑外部因素，对风险进行识别、分析。

118. D

解析：由于工作包笼统，难以进行完整细致的估算，因此应通过分解把项目范围和项目可交付成果逐步划分为更小、更便于管理的组成部分，直到可以对其成本和持续时间进行估算和管理。

119. A

解析：在管理和监督沟通过程中，问题日志提供项目的历史信息、相关方参与问题的记录，以及它们如何得以解决。

120. C

解析：敏捷团队使用信息发射源共享项目信息，包括工作进展状态、质量、问题和风险等，信息发射源应该处在显而易见的位置，方便团队和相关方及时了解项目当前状态。

121. A

解析：项目开工会议通常意味着规划阶段结束和执行阶段开始，旨在传达项目目标、获得团队对项目的承诺，以及阐明每个相关方的角色和职责。

122. A

解析：任何相关方提出与原计划不符的建议或要求，都应遵守整体变更控制程序，提出变更请求、分析影响后报批，并根据正式评审结果进行处置。

123. B

解析：需求跟踪矩阵是把产品需求从其来源连接到能满足需求的可交付成果的一种表格。其中包括每个需求的提出者及需求的描述。

124. A

解析：项目商业论证的编制可由一个或多个因素引发，其中涉及环境和环保的内容属于政策要求，因此选择符合法律、法规或社会要求。

125. C

解析：识别到新风险后，首先应将风险记录在风险登记册中，随后进行分析、规划应对和监控等风险管理活动。

126. C

解析：适应型生命周期又称变更驱动方法或敏捷方法，通过快速迭代和需求排序进行产品开发，适合应对快速变化的环境，或者在需求和范围难以事先确定时使用，强调"持续且适应式规划"。

127. D

解析：成本绩效指数（CPI）=EV/AC，成本偏差（CV）=EV−AC。根据已知数据，成本偏差（CV）=2 000，AC=8 000，则 EV=10 000，CPI=1.25。

128. B、E

解析：PDCA 持续改进循环和六西格玛是最常用于识别和评估改进机会的两种质量改进工具。

129. D

解析：在规划采购时所采取的供方选择方法中，最低成本策略适用于标准化或常规采购的情况。

130. D

解析：大多数买方都喜欢风险最小的固定总价合同，其价格在一开始就已确定，并且不允许改变（除非工作范围发生变更）。

131. A

解析：四个选项都来自敏捷实践，但是题目场景是需求定义。在敏捷方法中的需求以用户故事的形式记录在产品待办事项中。产品负责人维护产品待办事项及其优先级排序，并将其作为与商业管理者、客户代表以及团队之间沟通的媒介。

132. D

解析：项目所有任务都已完成，此时可进行项目收尾的最后一步：解散团队，释放资源。

133. C

解析：当相关方发生变化时，首先应识别相关方，更新相关方登记册，并记录相关方信息和对其分类。然后再根据相关方的需求和期望进行其他相应处理。

134. A

解析：资源限制可能造成多个关键岗位无法满足需求，这属于整体项目风险。该问题不涉及项目对战略的支持、项目启动的原因或者发起人的职权。

135. D

解析：任何相关方提出的变更，都应该遵循整体变更控制程序，先提出变更请求，然后按照正式流程进行审批，之后对变更日志进行更新。

136．C

解析：控制资源过程的工具包括问题解决，其采取有条不紊的步骤，帮助项目经理解决控制资源过程中出现的问题。问题可能来自组织内部或组织外部。

137．D

解析：绩效存在偏差，应首先分析进度计划，评估可采取的措施及其影响，随后再提出正式的变更请求。

138．D

解析：项目经理听取成员的意见并共同讨论解决方案，这是合作/解决的实例。合作/解决旨在综合考虑不同的观点和意见，采用合作的态度和开放式对话引导各方达成共识和承诺。

139．D

解析：当前事件尚未对项目产生影响，这是一个新识别的风险。首先应更新风险登记册，并制定应对措施，积极管理风险。

140．A

解析：迭代燃尽图上趋势线处于对角线下方说明进度提前。Scrum 中团队成员一般保持稳定，也不鼓励通过赶工来加快进度。另外，为了保护团队成员不受外部干扰，Scrum 要求冲刺计划一旦制订不允许在本冲刺过程中修改计划。因此可以选择的选项只有 A。

141．A、E

解析：项目开工会议旨在传达项目目标、获得团队对项目的承诺，以及阐明每个相关方的角色和职责。并且获得相关方对项目管理计划的批准。

142．C

解析：敏捷宣言中包括：个体和互动高于流程和工具；可以工作的软件高于详尽的文档；客户合作高于合同谈判；响应变化高于遵循计划。

143．C

解析：控制采购是管理采购关系，监督合同绩效，实施必要的变更和纠偏，以及关闭合同的过程。其中，关闭合同要确保已按时按质按技术要求交付全部可交付成果，没有未决索赔或发票，全部最终款项已经付清。

144．B

解析：团队建设活动旨在帮助各团队成员更加有效地协同工作，促进团队成员互动，改善团队整体氛围，以提高项目绩效。同时，按时完成任务并不属于优良行为，不应获得奖励。

145．B

解析：项目活动规划的不确定性属于非事件类风险中的变异性风险，此类风险可通过蒙特卡洛分析加以处理。

146．D

解析：决策树中所使用的预期货币价值方法，需对每条逻辑路径的预期货币价值进行计算。B 国的预期货币价值为：（60%×4 亿+40%×1.4 亿）−2.5 亿=0.46 亿（美元）。

147．B

解析：项目状态更新除了反映当前的项目绩效，还应对项目的未来绩效进行预测。趋势分析旨在审查项目绩效随时间的变化情况，以判断绩效是正在改善还是正在恶化。

148．C

解析：在敏捷型或适应型方法中，把需求列入待办事项，并通过维护待办事项清单，对进展和绩效进行跟踪、审查和调整。

149．C、D

解析：识别、评估和管理个人情绪、他人情绪及团体情绪的能力，这属于情商。沟通愿景并鼓舞项目团队属于领导力。

150．B

解析：头脑风暴是一种用来产生和收集对项目需求与产品需求的多种创意的技术。

151．A

解析：项目阶段的其中一个关键组成部分是阶段审查，确保上个阶段的工作都已完成，可交付成果都已验收和移交。

152．B

解析：在项目详细信息不足时，经常使用类比估算来估算项目成本或持续时间，因为相对于其他估算技术，类比估算通常成本较低、耗时较少。

153．A

解析：确认质量标准是否实现是控制质量过程的工作。控制质量过程关注工作成果与质量要求的比较，确保结果可接受。

154．B

解析：团队章程是为团队创建团队价值观、共识和工作指南的文件。其为团队应如何决策、举行会议和解决冲突提供指南。

155．B

解析：在规划风险应对策略中，接受策略分为主动接受和被动接受，最常见的主动接受策略是为风险建立应急储备。

156．D

解析：在确认范围时，对已经完成但未通过正式验收的可交付成果，应该分析其未通过验收的原因，以便提出变更请求，开展缺陷补救工作。

157. B

解析：根据相关方参与度评估矩阵，相关方分为不了解型、抵制型、中立型、支持型和领导型。其中领导型了解项目及其潜在影响，而且积极参与以确保项目取得成功。

158. A

解析：服务器性能下降是一个威胁，因此使用威胁的风险应对策略——转移，将应对威胁的责任转移给第三方，让第三方管理风险并承担威胁发生的影响。由于风险影响重大，不宜采用接受策略。

159. D

解析：在解决冲突的方法中，只有合作/解决可以取得双赢，通过综合考虑不同的观点和意见，采用合作的态度和开放式对话引导各方达成共识和承诺。

160. C、E

解析：互动沟通模型包括确认收到和反馈响应，基本沟通模型包括编码、传递信息和解码。

161. B

解析：所有与项目利益相关或可能产生影响的相关方都应被及时识别和管理，所以环境组织首先需要被纳入相关方参与计划，再据此规划后续管理措施。

162. D

解析：由于项目是在执行阶段，在监督风险时需要重新评估当前风险，以及对比风险登记册中的信息，考虑原定措施或储备是否与当前风险相匹配，随后在必要时进行变更。

163. C

解析：由于公司的资源只足以实施一个功能，所以无法通过获得资源或者赶工来完成。应该通过确定项目工作的优先级，确保把项目资源在合适的时间分配到合适的工作上。

164. B

解析：由于首选供应商获得了更多的采购详情，造成了不公平竞争。因此需要在提交建议书之前召开投标人会议，确保所有潜在投标人对采购要求都有清楚且一致的理解，并确保没有任何投标人会得到特别优待。

165. A

解析：在制订项目进度计划时，如果共享资源或关键资源只在特定时间可用，数量有限，或被过度分配，就需要进行资源平衡。

166. C

解析：当新的相关方出现时，首先应进行识别和分析，更新相关方登记册。新的相关方信息将成为调整项目工作或变更请求的输入。

167. C

解析：根据各子过程的输入和输出关系排列先后顺序。制定工作分解结构应该在排列活动顺序、估算资源、制订进度计划和制定项目预算之前开展。

168．D

解析：项目经理应该能够定义、建立、维护、激励、领导和鼓舞项目团队，使团队高效运行，并实现项目目标。团队协作是项目成功的关键因素，而建设高效的项目团队是项目经理的主要职责之一。

169．B

解析：本题任务 B 的开始基于任务 A 设计的架构，所以任务 A 和任务 B 是完成到开始（FS）关系，而外部接口开发和产品开发需要同步完成，所以任务 B 和任务 C 是完成到完成（FF）关系。

170．D

解析：项目章程中包含对项目和产品特征的高层级描述，以及可测量的项目目标和相关的成功标准，确保相关方在总体上就主要可交付成果、里程碑以及每个项目参与者的角色和职责达成共识。

171．C

解析：敏捷中由产品负责人维护产品待办事项及其优先级排序，常见的优先级排序方法包括 MoSCoW 法则、KANO 模型等。

172．D

解析：进度压缩的方法包括增加资源的赶工，以及并行活动的快速跟进。本题表明没有预算，因此只能选择快速跟进。

173．B

解析：迭代燃尽图用于追踪迭代待办事项中尚待完成的工作，分析与理想迭代燃尽图的偏差。在迭代燃尽图中，先用对角线表示理想的燃尽情况，再每天画出实际剩余工作情况，最后基于剩余工作情况得出趋势线以预测完成情况。

174．C

解析：当新的个人或群体成为相关方，现有相关方不再是相关方社区的成员，或特定相关方对项目成功的重要性发生变化时，需要更新相关方参与计划，记录相关方的沟通需求和参与程度。

175．A

解析：敏捷中由于人员数量、技能等级、项目复杂度、迭代周期和需求变化情况等因素影响，不同团队的故事点大小和数量没有可比性，不需要保持一致。

176．D

解析：变更被拒绝后，也应在变更日志中登记。变更日志用于向受影响的相关方传达变更，以及变更请求的批准、推迟和否决情况。

177．C

解析：当结束项目或阶段时，应将在整个项目期间或阶段期间获得的经验教训和知识归入经验教训知识库，供未来项目使用。

178．B、E

解析：引导技术常与研讨会结合使用，用于快速定义跨职能需求并协调相关方的需求差异，适合的情景包括联合应用设计或开发、质量功能展开、用户故事。

179．C

解析：减轻策略旨在降低风险发生的概率或影响。额外租用的服务器，可以有效降低主服务器死机后造成的影响。

180．C

解析：适应型或敏捷方法中广泛使用自组织团队，成功的自组织团队通常由通用的专才而不是主题专家组成，他们能够不断适应变化的环境并采纳建设性反馈。

181．A、D

解析：项目章程的输入包括商业文件、协议、事业环境因素和组织过程资产。

182．A

解析：本题中出现了项目经理和职能经理（IT 经理），而且职能经理权力大于项目经理，因此不是职能型组织（无项目经理）或项目型组织（无职能经理）。PMO 型组织中项目经理权力较大。因此最有可能是弱矩阵组织。

183．B

解析：控制质量过程是确定项目可交付成果是否达到预期目的，是否满足所有适用标准、要求、法规和规范的过程。

184．A

解析：根据采购活动的顺序，投标后应首先进行供方选择分析，随后进行采购谈判，而分发招标材料则应在投标之前。答案 B 过于武断，且属于答案 A 的一部分。

185．C

解析：通过控制质量发现缺陷，应首先进行根本原因分析，再据此规划纠正措施。

186．D

解析：在 Scrum 中，产品负责人负责项目商业文件的制定和维护，商业文件中通过产品愿景来体现商业价值，并通过产品路线图将产品愿景与公司的业务目标联系起来。

187．A

解析：审计是用于确定项目活动是否遵循了组织和项目的政策、过程与程序的一种结构化且独立的过程。

188．D

解析：制订项目管理计划后，通常会召开项目开工会议，意味着规划阶段结束和执行阶段开始。

189．B

解析：预防成本指预防特定项目的产品、服务或成果质量低劣所带来的相关成本，包括培训、设备优化、过程标准化等。

190．C

解析：执行过程中识别到新的风险，应首先在风险登记册中登记，再进行分析、规划应对措施等风险管理活动。

191．B

解析：解决冲突的最佳方法是合作/解决，采用合作的态度和开放式对话引导各方达成共识和承诺。

192．C

解析：风险审查可以识别出新的项目风险，重新评估当前风险，关闭已过时风险，讨论风险发生所引发的问题，以及总结可用于当前项目后续阶段或未来类似项目的经验教训。

193．C

解析：当前的项目工作存在偏差，应该遵循整体变更控制流程来进行修订，在提出具体的变更请求之前，应先进行影响分析和评估。

194．D

解析：识别相关方是定期识别项目相关方，分析和记录他们的利益、参与度、相互依赖性、影响力和对项目成功的潜在影响的过程。该过程通过调查、讨论获取相关方的需求和期望，并记录在相关方登记册中。

195．B、E

解析：特定的组织标准和财务数据库都属于组织过程资产。

196．C

解析：功能多代表产品等级高，缺陷多代表产品质量低。

197．D

解析：谈判是解决所有索赔和争议的首选方法。如果合同双方无法通过谈判自行解决索赔问题，则需要按合同中规定的程序，用替代争议解决方法去处理，包括调解和仲裁。

198．B

解析：对风险进行数据表现时，若使用了两个以上的参数对风险进行分类，那就不能使用概率和影响矩阵，而需要使用其他表现形式。层级图能显示三维数据。

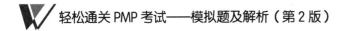

199．C

解析：项目状态包括成本偏差和进度偏差，本题中 PV 为 2 000 美元，AC 为 1 500 美元，EV 为 PV 的 2/3，为 1 333 美元，因此项目成本超支、进度延误。

200．C

解析：本题所采购的内容为咨询服务，而对于服务采购，通常会用工作大纲来说明承包商需要执行的任务、必须达到的适用标准、需要提交批准的数据等。